管理类经典书系

GUANLI TONGJIXUE
# 管理统计学

[第四版]

宋光辉 编著

·广州·

## 内 容 简 介

统计研究的基础是统计数据。数据是经济状况的反映,对数据进行深入的统计分析是管理决策的重要环节。统计数据的分析是统计学的核心内容,它是通过统计描述和统计推断的方法探索出数据内在数量规律性的过程。本书共分13章,内容包括管理统计学概述、数据的收集和整理、数据特征的描述、时间序列分析、统计指数、概率及其分布、抽样与参数估计、参数检验、非参数检验、方差分析、回归分析、统计决策、大数据中的管理统计学等。

本书可作为高等院校经济管理类专业本科生和研究生的教材,也可作为企业管理人员的培训教材及对于统计理论和应用方法感兴趣的人士的自学参考书。

**图书在版编目(CIP)数据**

管理统计学/宋光辉编著. —4版. —广州:华南理工大学出版社,2017.2 (2019.6重印)

(管理类经典书系)

ISBN 978-7-5623-5167-2

Ⅰ.①管⋯ Ⅱ.①宋⋯ Ⅲ.①经济统计学 Ⅳ.①F222

中国版本图书馆 CIP 数据核字(2017)第 004433 号

**管理统计学(第四版)**

宋光辉 编著

---

出 版 人:卢家明
出版发行:华南理工大学出版社
　　　　　(广州五山华南理工大学17号楼,邮编510640)
　　　　　http://www.scutpress.com.cn　E-mail:scutc13@scut.edu.cn
　　　　　营销部电话:020-87113487　87111048(传真)
责任编辑:谢茉莉
印 刷 者:虎彩印艺股份有限公司
开　　本:787mm×1092mm　1/16　印张:13.25　字数:345千
版　　次:2017年2月第4版　2019年6月第12次印刷
定　　价:35.00元

---

版权所有　盗版必究　　印装差错　负责调换

# 前　言

　　统计学是一门收集、整理和分析统计数据的方法科学，其目的是探索数据内在的数量规律性，以达到科学认识客观事物的目的。数据是经济活动的结果体现，对数据进行深入的统计分析是管理决策的重要环节。统计研究的基础是统计数据，获取统计数据是进行统计分析的前提，离开了统计数据，统计方法就失去了用武之地。统计数据的分析是统计学的核心内容，它是通过统计描述和统计推断的方法挖掘数据内在数量规律性的过程。

　　21世纪以来，我国高等统计教育取得了快速发展。2011年2月国务院学位办已将统计学列为一级学科，可见统计学的重要性日渐凸显。随着大数据时代的到来，我们深切地感受到，无论是科学研究，还是国家宏观管理和企业经营管理，甚至人们的日常生活，需要处理的数据量非常庞大，数据挖掘技术日益复杂，这就需要进一步发展新的统计技术，以支撑更具挑战性的统计数据分析。我们一直思考怎样进行统计学教育才能使学生适应时代发展的客观需要。在整理历年教学经验并反复酝酿的基础上，2003年本人主编了《管理统计学》第一版，受到了读者的普遍欢迎，后来进行了两次修订。面对大数据时代，2014年底贵阳成立了大数据交易所，这更加突出数据的价值，对数据进行价值挖掘的统计学也需要得到更新与发展，为此，决定对《管理统计学》第三版进行较大幅度的修订，并在第三版的基础上增加两章内容，即第九章"非参数检验"及第十三章"大数据中的管理统计学"。新版共分十三章，内容包括管理统计学概述、数据的收集和整理、数据特征的描述、时间序列分析、统计指数、概率及其分布、抽样与参数估计、参数检验、非参数检验、方差分析、回归分析、统计决策、大数据中的管理统计学。

　　与第三版相比，第四版主要做了以下6点修订：
（1）更新了整本教材的数据，尽可能使数据更新到2016年5月。
（2）对第三版的错误进行了更正。
（3）每章增加了案例导入部分。
（4）增加了第九章"非参数检验"以及第十三章"大数据中的管理统计学"。
（5）增加了课后习题答案（扫描习题后二维码），方便学生自学参考。
（6）增加了配套的PPT（扫描末页二维码），方便教师教学参考。

　　感谢华南理工大学出版社的同志们，他们怀着发展我国管理统计学的热情和提高统计学教育水平的愿望，经过反复论证，使本教材第四版及新增配套课件顺利出版。特别感谢我的研究生团队参与本次《管理统计学》教材的修订工作，他们是陈苗臻（负责第一、二、三章的修订）、钟慧（负责第四、五章的修订）、仇潇颖（负责第六、十章的修订)、钱崇秀(负责第七、八章的修订)、董永琦(增加了第九章内容)、李洪发(负责第十一、十二章的修订)、许林(增加了第十三章内容)。本人对整本教材的修订原则、思想和内容进行了全面指导,并负责全书的校对、统稿和审核工作。

由于作者水平有限,书中不足之处,欢迎各位统计理论与实践界同仁批评指正,并将意见反馈到邮箱:bmghsong@scut.edu.cn,以便再次修订时进一步完善,谢谢!

宋光辉

2016 年 11 月

# 目 录

**第1章 管理统计学概述** (1)
  1.1 统计和统计学 (1)
    1.1.1 统计 (1)
    1.1.2 统计学的研究对象 (2)
    1.1.3 描述统计和推断统计 (2)
  1.2 管理统计学的基本知识 (3)
    1.2.1 管理统计学的起源与发展 (3)
    1.2.2 管理统计学的应用 (3)
    1.2.3 管理统计学与其他统计学学科的区别 (4)
  1.3 统计学的基本知识 (5)
    1.3.1 总体和个体 (5)
    1.3.2 统计数据的类型 (5)
    1.3.3 变量 (5)
    1.3.4 统计指标及其形式 (6)
    1.3.5 统计数列 (7)

**第2章 数据的收集和整理** (9)
  2.1 数据的收集 (9)
    2.1.1 数据的来源 (9)
    2.1.2 普查和抽样调查 (10)
    2.1.3 调查方案 (10)
    2.1.4 收集数据的方法 (11)
  2.2 数据汇总方法 (12)
    2.2.1 数量数据汇总方法 (12)
    2.2.2 品质数据汇总方法 (14)
    2.2.3 双变量相关关系和散点图 (16)

**第3章 数据特征的描述** (19)
  3.1 描述统计 (19)
    3.1.1 描述统计的分类 (19)
    3.1.2 集中趋势和离中趋势 (20)
  3.2 正态分布特征的描述 (20)
    3.2.1 众数、中位数、四分位数和均值 (20)
    3.2.2 极差、四分位差、标准差和变异系数 (21)

## 3.3 偏态分布特征的描述 (23)
### 3.3.1 偏态分布：正偏态和负偏态 (23)
### 3.3.2 分组下的众数和中位数 (24)
### 3.3.3 分组下的均值及其与众数和中位数的关系 (24)
### 3.3.4 标准差、变异系数和偏度系数 (25)
## 3.4 双变量交叉分布特征的描述 (25)
### 3.4.1 相关关系与协方差 (25)
### 3.4.2 相关系数 (27)

# 第4章 时间序列分析 (29)
## 4.1 发展水平和发展速度分析 (29)
### 4.1.1 时间序列 (29)
### 4.1.2 发展水平和增长量 (30)
### 4.1.3 发展速度和增长率 (30)
## 4.2 序时平均数和平均发展速度 (32)
### 4.2.1 绝对数数列的序时平均数 (32)
### 4.2.2 相对数的序时平均数和平均数的序时平均数 (32)
### 4.2.3 几何法平均发展速度 (33)
### 4.2.4 累计法平均发展速度 (33)
## 4.3 长期趋势分析 (34)
### 4.3.1 移动平均长期趋势 (34)
### 4.3.2 最小平方直线趋势 (36)
### 4.3.3 非线性趋势 (37)
## 4.4 季节变动分析 (38)
### 4.4.1 月平均法 (39)
### 4.4.2 趋势剔除法 (39)

# 第5章 统计指数 (45)
## 5.1 统计指数及其编制方法 (45)
### 5.1.1 个体指数和总体指数 (45)
### 5.1.2 物价指数和物量指数 (47)
### 5.1.3 综合物价指数和加权平均物价指数 (47)
### 5.1.4 拉氏指数和派氏指数 (48)
## 5.2 一些很重要的价格指数 (50)
### 5.2.1 消费价格指数 (50)
### 5.2.2 生产价格指数 (51)
### 5.2.3 股票价格指数 (52)
## 5.3 综合评价指数 (52)
### 5.3.1 综合评价概述 (52)
### 5.3.2 标准比值综合评价指数 (53)
### 5.3.3 功效系数综合评价指数 (54)

# 第6章 概率及其分布 (58)

## 6.1 事件与概率 (59)
### 6.1.1 什么是概率 (59)
### 6.1.2 概率的统计定义 (59)

## 6.2 概率分布 (60)
### 6.2.1 数据波动与统计规律 (60)
### 6.2.2 概率分布 (61)

## 6.3 正态分布 (62)
### 6.3.1 正态分布的特点 (62)
### 6.3.2 标准正态分布 (63)
### 6.3.3 概率的计算方法 (64)

## 6.4 二项分布与泊松分布 (66)
### 6.4.1 二项分布 (66)
### 6.4.2 泊松分布 (67)

# 第7章 抽样与参数估计 (70)

## 7.1 简单随机抽样 (70)
### 7.1.1 从有限总体中抽样 (71)
### 7.1.2 从无限总体中抽样 (72)

## 7.2 点估计和区间估计 (73)
### 7.2.1 点估计的方法 (73)
### 7.2.2 点估计的性质 (73)
### 7.2.3 区间估计 (74)

## 7.3 抽样误差与概率保证 (75)
### 7.3.1 样本容量与抽样平均误差的关系 (75)
### 7.3.2 抽样误差与概率保证程度的关系 (78)

## 7.4 一个总体参数的区间估计 (79)
### 7.4.1 总体均值的区间估计 (79)
### 7.4.2 总体比率(成数)的区间估计 (81)
### 7.4.3 正态总体方差的区间估计 (81)

## 7.5 两个总体参数的区间估计 (82)
### 7.5.1 两个总体均值差的区间估计 (82)
### 7.5.2 两个总体比率差的区间估计 (83)
### 7.5.3 两个正态总体方差比的区间估计 (83)

## 7.6 用已知参数估计样本容量 (84)
### 7.6.1 样本容量的确定 (84)
### 7.6.2 影响样本必要抽样数目(样本容量)的因素 (85)

7.7 抽样方式及其参数估计 ············································································ (86)
    7.7.1 分层抽样 ······················································································ (86)
    7.7.2 等距抽样 ······················································································ (87)
    7.7.3 整群抽样 ······················································································ (87)
    7.7.4 多种抽样方式灵活运用 ·································································· (88)

## 第8章 参数检验 ································································································ (91)

8.1 参数检验的思想 ······················································································ (91)
    8.1.1 参数检验解决的问题 ······································································ (91)
    8.1.2 参数检验的主要思想 ······································································ (92)
8.2 参数检验的步骤与两类错误 ····································································· (93)
    8.2.1 参数检验的步骤 ············································································ (93)
    8.2.2 参数检验中的两类错误 ·································································· (95)
    8.2.3 两类错误的概率 $\alpha$ 和 $\beta$ 的关系 ······································ (95)
8.3 一个总体参数的假设检验 ········································································ (96)
    8.3.1 总体均值的假设检验 ······································································ (96)
    8.3.2 总体比率(成数)的假设检验 ··························································· (97)
    8.3.3 总体方差的假设检验 ······································································ (98)
8.4 两个总体参数的假设检验 ········································································ (98)
    8.4.1 关于两个正态总体均值的检验 ······················································· (98)
    8.4.2 关于两个正态总体比率差的检验 ··················································· (100)
    8.4.3 关于两个正态总体方差比的检验 ··················································· (102)
8.5 区间估计与参数检验的关系 ··································································· (103)
    8.5.1 区间估计与假设检验的关系 ·························································· (103)
    8.5.2 参数检验中的 $P$ 值 ····································································· (104)

## 第9章 非参数检验 ··························································································· (107)

9.1 非参数检验的概述 ················································································· (107)
9.2 单个总体的非参数检验 ·········································································· (108)
    9.2.1 单个总体的位置检验 ···································································· (108)
    9.2.2 单个总体的分布函数检验 ····························································· (110)
9.3 两个总体的非参数检验 ·········································································· (111)
    9.3.1 两个配对样本的检验 ···································································· (111)
    9.3.2 两个独立样本的检验 ···································································· (113)

## 第10章 方差分析 ··························································································· (117)

10.1 方差分析的内容和思想 ········································································ (117)
    10.1.1 方差分析的内容 ········································································· (117)
    10.1.2 方差分析的原理 ········································································· (119)

10.2 单因素方差分析 …………………………………………………………… (120)
    10.2.1 单因素方差分析的步骤 …………………………………………… (120)
    10.2.2 $F$ 分布与 $F$ 值的计算 ……………………………………………… (121)
    10.2.3 样本容量不等下方差分析 …………………………………………… (123)
10.3 双因素方差分析 …………………………………………………………… (124)

## 第 11 章 回归分析 ……………………………………………………………………… (129)
11.1 回归分析方法 ……………………………………………………………… (129)
    11.1.1 回归分析的定义 ……………………………………………………… (129)
    11.1.2 相关关系、函数关系与回归分析 …………………………………… (130)
    11.1.3 回归模型的建立 ……………………………………………………… (131)
11.2 总体回归、样本回归和误差项的标准假定 ……………………………… (132)
    11.2.1 总体回归函数 ………………………………………………………… (132)
    11.2.2 样本回归函数 ………………………………………………………… (133)
    11.2.3 误差项的标准假定 …………………………………………………… (134)
11.3 总体方差的估计和最小平方估计的性质 ………………………………… (134)
    11.3.1 总体方差的估计 ……………………………………………………… (134)
    11.3.2 最小平方估计量的性质 ……………………………………………… (135)
11.4 一元线性回归模型的估计、检验和预测 ………………………………… (136)
    11.4.1 一元线性回归模型的估计 …………………………………………… (136)
    11.4.2 一元线性回归模型的检验 …………………………………………… (136)
    11.4.3 一元线性回归模型的预测 …………………………………………… (139)
11.5 多元线性回归分析 ………………………………………………………… (142)
    11.5.1 标准的多元线性回归模型 …………………………………………… (142)
    11.5.2 多元回归模型的估计 ………………………………………………… (142)
    11.5.3 多元回归模型的检验 ………………………………………………… (144)
    11.5.4 多元回归模型的预测 ………………………………………………… (146)
    11.5.5 非线性回归的直线化 ………………………………………………… (147)
    11.5.6 多元回归统计案例：中国民航客运量影响因素分析与预测 ………
        ………………………………………………………………………… (148)
    11.5.7 多元回归统计案例：香港股市变动的原因分析 …………………… (150)

## 第 12 章 统计决策 ……………………………………………………………………… (155)
12.1 统计决策概述 ……………………………………………………………… (155)
12.2 风险型决策方法 …………………………………………………………… (156)
    12.2.1 以期望值为准则的决策方法 ………………………………………… (156)
    12.2.2 以最大可能性为准则的决策方法 …………………………………… (157)
    12.2.3 决策树 ………………………………………………………………… (158)
    12.2.4 贝叶斯决策方法 ……………………………………………………… (159)

## 第 13 章 大数据中的管理统计学 ……………………………………………………（165）
### 13.1 大数据概述 …………………………………………………………………（165）
#### 13.1.1 大数据的定义 ……………………………………………………（165）
#### 13.1.2 大数据的特征 ……………………………………………………（166）
### 13.2 大数据时代对管理统计学的影响 …………………………………………（167）
#### 13.2.1 推断统计、回归分析法的淘汰 ……………………………………（167）
#### 13.2.2 大数据挖掘方法的兴起 ……………………………………………（167）
#### 13.2.3 从注重因果分析到注重相关分析 …………………………………（168）
#### 13.2.4 从结构化数据决策到非结构化数据决策 …………………………（169）

## 附录 1　Excel 统计函数一览表 …………………………………………………（171）
## 附录 2　常用统计表 ………………………………………………………………（176）

## 参考文献 ……………………………………………………………………………（201）

# 第 1 章　管理统计学概述

**引例**

近年来,网络上经常曝光女司机开车事故,女司机的驾驶能力遭到严重质疑,从而被冠上"马路杀手"的恶名。然而,东莞交警部门对本市交通事故进行统计发现:广东东莞市驾驶员数量男女比例约为 7:3,2014 年全市共发生涉及驾驶员一般以上事故 4 212 宗,其中涉及女司机 447 宗,仅占事故总量的 10.6%;同时全年发生死亡的交通事故为 462 宗,女司机涉及死亡的事故仅为 20 宗,大大低于男司机的 442 宗,还不到男司机的 5%。

我们发现,事实与我们的认知恰恰相反,女司机的事故比例远低于男司机。然而,为什么人们会产生"女司机是马路杀手"的刻板印象?这还需要我们进一步学习统计学,对现象背后的原因进行调查。

> **□学习目标**
> 本章学习统计学的有关概念。重点要掌握统计学的研究对象、描述统计和推断统计的关系、总体和变量等知识。

## 1.1　统计和统计学

### 1.1.1　统计

人们对统计一词很难进行简单的定义。它可以是指统计数据的搜集活动,即统计工作;也可以是指统计活动的结果,即统计数据;还可以是指对统计数据进行收集、汇总和分析的方法和技术,即统计学。

对一国或某地区的人均收入水平进行调查就是统计工作。统计工作的过程可以分为设计调查方案、实际收集数据、对数据进行汇总整理、对整理结果进行统计分析等几个环节。统计调查得到的数据有原始数据和次级数据之分。未经过加工的数据称为原始数据。例如,对某产品重量进行抽样调查,得到样本的 4 个数据分别为 8,5,6,6,它们的总和为 25,其平均值为 6.25。8,5,6,6 就是原始数据。而如果收集到的统计数据就是已经加工后的数据,如 25(总和)和 6.25(平均值)等,则称为次级数据。原始数据和次级数据都是统计工作的结果,统称为统计数据。如何科学地收集、汇总和分析统计数据,则是统计学的研究任务。

### 1.1.2 统计学的研究对象

统计学的研究对象是大量现象在数量方面的总体特征,即数量总体。如人体身高的特征、居民收入水平和收入差距、人口性别比例、产品不合格率等,这些数量总体都是由数据集来表现的。

需要强调的是,统计学的研究对象有三大特点:大量性、同质性和差异性。也就是说,我们要研究某种现象的特征或变化规律,就要对其进行大量观察,获得足够多的数据,并且这些数据又不能来自异质总体,否则就失去代表性。用无代表性的数据研究问题,无法得出正确的结论。虽然我们用了大量数据,这些数据也来自同一总体,但是如果每个数据都没有差异性,也无统计学上的研究意义。

### 1.1.3 描述统计和推断统计

统计数据的分析是统计学的核心内容,它是通过统计描述和统计推断的方法探索数据内在规律的过程。

描述统计学研究如何取得反映客观现象的数据,并通过图表形式对所收集的数据进行加工处理和显示,进而通过综合、概括与分析,得出反映客观现象的规律性数量特征。内容包括统计数据的收集方法、数据的加工处理方法、数据的显示方法、数据分布特征的概括与分析方法等。例如,对某产品重量进行抽样调查,抽得样本的4个数据8,5,6,6,通过计算得到其总和为25以及平均值为6.25,这个过程就是描述统计。

推断统计学则是研究如何根据样本数据去推断总体数量特征的方法,它是在对样本数据进行描述的基础上,对统计总体的未知数量特征作出以概率形式表述的推断。在前一个例子中,我们用样本平均值6.25来推断全部产品的平均重量为6.25千克时,这个过程就是推断统计。

推断统计学的研究过程如图1-1所示。

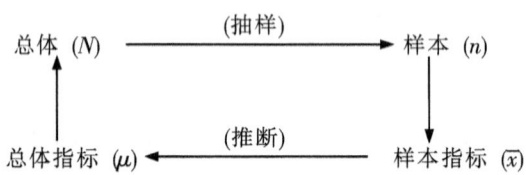

图1-1 推断统计学的研究过程

描述统计是整个统计学的基础,推断统计则是现代统计学的主要内容。在对现实问题的研究中,由于所获得的数据主要是样本数据,要认识总体特征就必须进行推断分析。因此,推断统计在现代统计学中的地位和作用越来越重要,已成为统计学的核心内容。

## 1.2 管理统计学的基本知识

### 1.2.1 管理统计学的起源与发展

管理统计学作为一门应用型学科，它同时结合了管理学的基本理论和统计学的应用方法，对管理对象进行数量关系方面的资料收集、整理和研究，为接下来的管理决策提供科学可靠的依据。

古时候，人们"本能"地使用一些简单的统计方法来管理工作和生活中遇到的一些问题。据史料记载，早在公元前21世纪夏禹治国时期，人们就已经利用统计方法记录当时的国土面积、农耕面积和人口数量等国家基本情况，以便更好地制定国策治国兴邦。此后，我国虽历经几千年文明，将统计学广泛应用于政治、军事、商业等领域，却始终未形成系统的管理统计学理论。

直至1935年，在英国科学家费雪（Fisher）等人的研究下，推断统计发展日益成熟，现代统计学的基本理论开始形成。人们开始广泛地将统计理论从最初的人口学、天文学等学科向社会学、遗传学等领域扩展，利用统计学的基本理论和方法有效解决各个领域的实际问题，统计学开始与不同的学科融合。

1924年，美国贝尔电话实验室研究员谢哈特将统计方法应用于企业产品质量控制，其发明的产品质量控制图有效解决了生产过程中产品的质量控制问题。此后，统计学更是广泛应用于经济生产活动的各个阶段，进一步提高了管理决策效率。

20世纪50年代初至60年代末，统计学的应用进一步拓展到企业管理领域，并与不同的管理理论紧密结合形成了丰富的管理统计应用专题，如，统计学与产品生产的结合形成了产品质量控制理论，统计学与报表的结合形成了财务报表分析，统计学与市场调查的结合是企业生产决策的依据等。在此阶段，管理中使用的统计方法已不限于初级统计方法，还涉及高级统计学和决策论，管理统计学初步形成。

如今，管理统计学已进入智能型发展阶段。从1946年第一台电子计算机ENIAC的诞生起，计算机技术飞速发展，其惊人的数据处理速度大大提高了管理的效率，使管理统计学在经济管理中发挥了更大的作用。随着大数据时代的到来，数据的多样化、复杂化对管理科学提出了更高的要求。为适应社会生产发展的需要，管理学和计算机科学结合产生数据挖掘技术，而这一技术有效解决了管理中关于数据筛选、提炼有效信息的问题。所以，在现代化技术飞速发展和全球化大生产的环境下，管理统计学可谓是在发展中不断学习和突破，一步步完善自身的理论框架。

### 1.2.2 管理统计学的应用

统计学在如下方面发挥着作用：
- 某生产企业利用统计学检控产品质量；
- 一家医院利用统计方法安排绝症患者的收容时间；
- 某专门提供特殊产品的化学公司利用统计学来解决顾客的退货问题；

- 某管理公司的职工由于共同使用一套计算机系统经常发生高峰期拥堵问题,后利用统计方法采取错峰登录制度解决此问题;
- 某公司利用统计方法对原材料的选择方案进行决策;
- 一家造纸和林业制品公司利用抽样方法了解森林近期和长远的合理种植和采伐问题;
- 某公司通过抽样了解库存价格的波动区间;
- 某通信公司利用假设检验寻找导致产品质量问题的原因;
- 某药物公司成功研发出一种新药的平均周期为12年,经过三个阶段的检验(临床前、长期使用、临床效果),用假设检验方法及早剔除不成功者和发现有研发前景的新药;
- 一项河流清洁计划在得到批准之前需要确定其数据的真实性,通过分析总体方差检验的结果,发现了不真实数据;
- 某食品公司用方差分析来确认不同原料对产品口味的影响大小;
- 某公司通过回归分析来了解胶卷的感光速率与存放时间的关系(成反比),通过回归分析确切得知每月下降7.6个单位;
- 通货膨胀对生产和生活都产生不利影响,统计学通过编制价格指数的方法来测量通货膨胀的高低;
- 一家私人诊所被火烧毁,保险公司利用统计预测对重建期间的收入损失给予了赔偿;

……

从中可以发现,管理统计学在企业的产品生产、质量控制、经营销售、人事管理等环节均发挥着不可替代的作用。

### 1.2.3 管理统计学与其他统计学学科的区别

统计学可分为理论统计学和应用统计学。

理论统计学是指统计学的数学原理。在统计研究领域,只有少数人从事理论统计学的研究,多数则是从事应用统计学的研究。统计方法的应用几乎扩展到了所有的科学研究领域。例如,统计方法在管理领域的应用形成了管理统计学,在社会学研究和社会管理中的应用形成了社会统计学,在人口学中的应用形成了人口统计学,等等。

与其他统计学分支相比,管理统计学有着如下特点:管理统计学以经济和管理理论为基础,不断吸收统计学的最新研究成果,使统计职能从描述统计向推断统计发展,最终服务于经济管理中的相关问题,为管理决策提供依据。

数学研究抽象的数,统计学则研究客观现象的数量特征和数量关系。

统计方法可以帮助其他学科探索学科内在的数量规律性,它是一种有用的、定量分析的工具,但不是万能的,不能解决你想要解决的所有问题。毫无疑问的是,统计方法在各学科的研究中会发挥越来越重要的作用。

## 1.3 统计学的基本知识

### 1.3.1 总体和个体

总体是统计总体的简称，分为全及总体（即母体）和样本总体。全及总体就是我们的研究对象，如对某产品的重量进行调查时，全部产品就是一个全及总体，其个体数记为 $N$。如果我们进行的不是全面调查，而是抽样调查，所抽出的数据个体数称为样本容量，记为 $n$。由样本容量为 $n$ 的样本数据构成的总体称为样本总体。抽得样本容量为 4 的数据分别为 8，5，6，6，通过计算得到其总和为 25 以及平均值为 6.25，这个样本平均数记为 $\bar{x}$。用样本平均数 $\bar{x}=6.25$ 推断全及总体（$N$）的平均数 $\mu$ 时，就认为全部产品的平均重量为 6.25 千克，即 $\mu=6.25$。

### 1.3.2 统计数据的类型

统计数据是统计研究的前提和基础。数据的计量尺度分为定类尺度、定序尺度、定距尺度和定比尺度。

（1）定类尺度：按照性别将人口分为男、女两类；按照企业经济性质分为国有、集体、私营、混合制企业等。

（2）定序尺度：产品可以分为一等品、二等品、三等品、次品等；考试成绩可以分为优、良、中、及格、不及格等。

（3）定距尺度：收入用人民币"元"度量，考试成绩用"百分制"度量，重量用"克"度量，长度用"米"度量等。

（4）定比尺度：GDP 比上年增长了 8%。

不同事物我们能够予以计量或测度的程度不同。比如，人口的性别和产品质量等级就无法用比较精确的数字加以计量。因此，统计数据大体上可以分为两种类型：定性数据和定量数据。

定性数据也称品质数据，它说明的是事物的品质特征，是不能用数值表示的，其结果通常表现为类别，如房屋编号、质量等级等。

定量数据也称数量数据，它说明的是现象的数量特征，能够用数值来表现，如房屋租金、房屋面积等。

### 1.3.3 变量

在统计研究中，把能够说明现象某种特征的统计数据称为变量。如房屋面积、房屋价格、房屋编号等都是变量。如果一个变量是由品质数据来记录的，称为品质变量，如"性别"就是品质变量，它表现为"男"或"女"；"产品等级"也是个品质变量，它可以表现为"一等品""二等品""三等品""次品"等。如果一个变量是由数量数据来记录的，称为数量变量或数字变量，如"产品产量""商品销售额""零件尺寸""年龄""时间"等都是数字变量，它们可以表现为不同的数值。

数字变量根据其取值的不同，可以分为离散变量和连续变量。

离散变量只能取有限个值，而且其取值都以整数位断开，可以一一列举，如"企业数""产品数量""房屋个数"等就是离散变量。

连续变量可以取无穷多个值，其取值是连续不断的，不能一一列举，如"年龄""温度""零件尺寸""房屋面积""租金"等都是连续变量。

### 1.3.4 统计指标及其形式

统计数据经过加工处理后表现为统计指标。一个完整的统计指标应该包括指标名称、数值、计量单位、时间限制、空间限制和计算方法等6个要素。如2015年中国国内生产总值为676 708亿元，其中，指标名称为"国内生产总值"，数值为"676 708"，计量单位为"亿元"，时间限制为"2015年"，空间限制为"中国"，计算方法为"SAN核算体系"。

统计指标有绝对数、相对数和平均数等三种表现形式。

绝对数是统计数据的基本表现形式，是其他指标形式形成的基础。现象的总体规模和水平一般都以绝对数形式表现。比如，一个地区的总人口、国民生产总值、商品零售额等都是绝对数。

绝对数按其所反映的时间状况不同可以分为时期数和时点数。时期数是反映现象在一段时期内的总量，如产品产量、产值、出生人口数等，其特点是可以连续计数，并可以累积。时点数是反映现象在某一瞬间时刻上的总量，如人口数、股票价格和股票价格指数、企业的固定资产价值等。由于时点数是反映现象在某一瞬间点上的水平，因而只能间断计数，各时点数不能累积。

统计的原始数据都有一定的计量单位。绝对数的计量单位有实物单位、价值单位和复合单位三种。实物单位是根据事物的自然属性和特点，采用自然和度量衡单位来计量的，如人口数以人为单位、汽车以辆为单位、粮食以吨或千克为单位等。价值单位是以货币形式对现象进行度量，如国民生产总值、商品销售额、生产成本和利润等。复合单位则是由两种计量单位复合而成的，如货物周转量以"吨/公里"为计量单位，劳动生产率以"元/人"等。

相对数是两个绝对数的比值，反映事物的相对数量。根据所对比的数量不同，相对数可分为比例和比率两种基本形式。

比例是一个总体中各个部分的数量占总体数量的比重，通常用于反映总体的构成或结构。假定总体数量 $N$ 被分成 $X$ 个部分，每一部分的数量分别为 $N_1, N_2, \cdots, N_k$，则比例定义为 $N_i/N$。比如，我们将全部人口分为男女两部分，男性所占比重就是比例相对数。显然，各部分的比例之和等于1。

用男性人口数比上女性人口数，则是人口统计中的性别比，属于比率相对数。比率是各不同类别的数量的比值。各比率之和不等于1。比率也可以是同一现象在不同时间或空间上的数量之比，如将今年的国民生产总值与去年的国民生产总值进行对比，可以得到经济增长率；将一个地区的国民生产总值同另一个地区的国民生产总值进行对比，反映两个地区的经济水平差异。成数、百分数和千分数是相对数的常用计量单位。

## 1.3.5 统计数列

统计数列是将数据按照一定秩序排列所得到的变量数列，可分为动态数列和静态数列。

动态数列是将某指标的各数据按照时间顺序进行排列得到的数列。如某地区国民生产总值的增加值在2013—2015年分别为3 420万元、3 694万元和4 063万元。

静态数列是将某指标同时期的各数据按照组别进行排序得到的数列。如2015年某地区A，B，C 3县国民生产总值的增加值分别为1 133万元、1 250万元和1 680万元。

### □本章小结

统计学是关于统计数据的收集、整理分析的科学和艺术。统计学以现象的数量总体作为研究对象，通过描述统计来了解现象总体的分布特征，通过推断统计来实现用样本特征观察总体特征的目的。把能够说明个体现象某种特征的统计数据称为变量。统计数据经过汇总或加工后表现为统计指标。将统计数据按照一定秩序排列可得到变量数列或统计数列。

### □练习

1. 如何理解统计？
2. 管理统计学是怎样的学科？
3. 统计数据与统计研究的关系如何？
4. 管理统计学的研究对象和核心内容分别是什么？
5. 描述统计学和推断统计学是如何研究现象总体的？它们之间的关系是什么？
6. 数据的计量尺度有几种？
7. 什么是定性数据？什么是定量数据？
8. 什么是变量？什么是品质变量？什么是数量变量？
9. 什么是离散变量？什么是连续变量？
10. 数据分为哪三大指标形式？
11. 什么是绝对数？绝对数的计量单位有哪三种？
12. 什么是时期数？什么是时点数据？
13. 举例说明什么是实物单位、价值单位和复合单位。
14. 什么是相对数？它与绝对数是什么关系？
15. 什么是比例相对数？什么是比率相对数？
16. 什么是数列？为什么分为动态数列和静态数列？
17. 表1-1至表1-3中的变量有哪些？

表1-1　某日饭店前景展望调查表

| 前景展望 | 频数 | 百分比(%) |
|---|---|---|
| 不乐观 | 10 | 56 |
| 乐观 | 8 | 44 |
| 合计 | 18 | 100 |

表1-2　2016年某市房屋面积和房屋售价的资料

| 房屋面积(m²) | 售价(万元) | 房屋面积(m²) | 售价(万元) | 房屋面积(m²) | 售价(万元) |
|---|---|---|---|---|---|
| 52.1 | 26 | 82.5 | 38 | 104.7 | 43.6 |
| 66.1 | 31 | 88.3 | 39.6 | 106.0 | 44.8 |
| 69.4 | 37.4 | 92.0 | 31.2 | 107.9 | 40.6 |
| 74.3 | 34.8 | 96.5 | 37.2 | 116.4 | 41.8 |
| 78.7 | 39.2 | 101.1 | 38.4 | 129.8 | 45.2 |

表1-3　某公司10名员工的工龄和工资的样本数据

| 工龄(年) | 4 | 4 | 5 | 6 | 7 | 8 | 8 | 9 | 9 | 10 |
|---|---|---|---|---|---|---|---|---|---|---|
| 年工资(万元) | 12 | 16 | 20 | 30 | 24 | 28 | 34 | 32 | 40 | 44 |

表1-4　饮料销售量与库存量在各年的变化情况

| 年份 | 销售量(箱) | 年末库存(箱) | 平均库存(箱) | 周转速度(次) |
|---|---|---|---|---|
| 2011 | — | 350 | — | — |
| 2012 | 1 710 | 400 | 375 | 4.6 |
| 2013 | 2 110 | 550 | 475 | 4.4 |
| 2014 | 3 310 | 800 | 675 | 4.9 |
| 2015 | 4 020 | 950 | 875 | 4.6 |

18. 指出表1-1至表1-4中的动态数列和静态数列分别是哪个？

19. 指出表1-3中的总体是什么？总体中的个体有多少？有几个变量？

20. 试指出下列指标是总量指标(时期指标或时点指标)还是相对指标(具体哪一种相对数)。

①外汇储备额；②人均住房面积；③国民收入积累与消费比；④资金周转速度；⑤旅游入境人数；⑥居民银行存款余额；⑦劳动生产率；⑧商品库存额；⑨恩格尔系数；⑩资金利润率。

参考答案

# 第 2 章　数据的收集和整理

## 引例

为盘活当地农村经济，帮助农民成功脱贫，某市于 2009 年实施农村金融改革。该市某大学一支暑期社会实践队伍为了解此项金融改革的实施效果，决定对当地农民的融资需求变化进行调研。在商讨调研方案的实施过程中：

A 同学：我们应该先整理所有实施金融改革的农村名单，再进行抽样调查。

B 同学：我们应该对当地农民的受众比例、贷款数量、还款情况等进行问卷调查。

C 同学：我们还应该找当地具体负责实施这项金融改革的工作人员进行深度访谈，了解金融改革实施过程中遇到的困难、解决方法和改革成效。

三位同学对于调研方案提出的意见是否科学？应如何针对调研的目的设计调研问卷？又如何对收集到的数据进行整理分析？通过本章的学习，你将对数据的收集和整理工作有初步的认识。

> **□ 学习目标**
> 
> 本章学习数据的收集和汇总方法。重点要掌握统计调查的内容、数据汇总的步骤和简单统计分析的要点等。

## 2.1　数据的收集

### 2.1.1　数据的来源

数据的来源分为直接来源和间接来源。统计数据最初都是来源于直接的调查或实验，这是统计数据的直接来源，这类数据称为原始数据、第一手数据或直接数据。他人调查和实验是数据的间接来源，称为第二手数据或间接数据。

统计数据的直接来源主要有两个渠道：一是专门组织的调查，二是科学实验。科学实验是取得自然科学数据的主要渠道，专门组织的调查则是取得社会经济数据的重要渠道。

专门调查中常用的调查方式主要有普查、抽样调查、统计报表等。其中抽样调查是当前我国最常用的调查方式。

### 2.1.2 普查和抽样调查

(1) 普查。

普查是为某一特定目的而专门组织的一次性全面调查,如人口普查、工业普查、农业普查等。世界各国一般都定期地进行各种普查,以便掌握有关国情和国力的基本统计数据。普查是适合于特定目的、特定对象的一种调查方法,它主要用于收集处于某一时点状态上的社会经济现象的数量,目的是掌握特定社会经济现象的基本全貌,为国家制定有关政策或措施提供依据。普查的特点如下:

①通常是一次性的或周期性的。由于普查涉及的面广、调查单位多,需要耗费大量的人力、物力、财力和时间,一般间隔较长的时间进行一次,比如每隔10年进行一次。

②普查一般需要规定统一的标准调查时间,以避免调查数据的重复或遗漏,保证普查结果的准确性。如我国前四次人口普查的标准时间定为普查年份的7月1日0时。

③普查数据一般比较准确,规范化程度也较高,因此,它可以为抽样调查或其他调查提供基本的依据。

④普查的适用的对象比较狭窄,只能调查一些最基本、最一般的现象。

(2) 抽样调查。

抽样调查是实际生活中应用最广泛的一种调查方法,这里指的是概率抽样,它是从调查对象的总体中随机抽取一部分单位作为样本进行调查,并根据样本调查结果来推断总体数量特征的一种非全面调查方法。抽样调查的特点如下:

①经济性。样本单位通常很小,可以节省大量的人力、物力、财力,调查费用较低。

②时效性高。抽样调查可以迅速、及时地获得所需要的信息。由于工作量小,抽样调查可以频繁地进行。

③适应面广。抽样调查可用于调查全面调查能够调查的现象,也能调查全面调查所不能调查的现象,特别适合于一些特殊现象的调查。从调查的项目和指标来看,抽样调查的内容和指标可以更详细、深入,能获得更全面、更广泛的数据。

④准确性高。由于工作量小,可使各环节的工作做得更细致,误差往往很小。当然,用样本数据去推断总体时,不可避免地会有推断误差,但这种误差的大小是可以计算并控制的,因此推断的结果通常是可靠的。

### 2.1.3 调查方案

任何调查方式都要设计调查方案。调查方案是指导整个调查过程的纲领性文件,其内容包括调查目的、调查对象和调查单位、调查项目和调查表等内容。

(1)调查目的。调查目的是调查所要达到的具体目标,它所回答的是"为什么调查,要解决什么样的问题"。

(2)调查对象和调查单位。简单来说,调查对象就是总体,调查单位就是个体。调查对象和调查单位所解决的是"向谁调查,由谁提供所需数据"的问题。调查对象是根据调查目的确定的调查研究的总体。调查单位是构成调查对象中的每一个单位(个体),它是调查项目和指标的承担者或载体,是我们收集数据、分析数据的基本单位。例如,我们要取得某地区工业企业产品产量、产值等方面的数据，调查对象是该地区的所有工业企业，而调查单位就是构成工业企业这个总体的每一个企业。在市场调查中，基本上都是采取抽样调查方式，调查对象是我们确定抽样框（如编号）的基本依据，在确定抽样框后，从中选取的每一个样本单位就是我们的调查单位。

(3) 调查项目和调查表。简单来说，调查项目就是变量。这里所要回答的是"调查什么"的问题。调查项目是调查的具体内容，它可以是调查单位的数量特征，如一个人的年龄、收入，一个企业的产品产量、产值等；也可以是调查单位的某种属性或品质特征，如一个人的性别，一个企业所属的行业类别等。在大多数统计调查中，调查项目通常以表格的形式来表现，称为调查表，它是用于登记调查数据的一种表格，一般由表头（名称）、表体（项目）和表外附加（填表人等）三部分组成。在市场调查中，调查项目和调查表通常表现为一张调查问卷。

(4) 其他内容。调查方案中还应明确调查所采用方法、调查时间、调查组织和实施的具体细则。

### 2.1.4　收集数据的方法

在统计调查中，应明确是采用访问调查、邮寄问卷调查、电话调查还是其他方式等进行调查。

(1) 访问调查。它是调查者与调查对象通过面对面地交谈从而得到所需资料的调查方法。访问调查的方式有标准式访问和非标准式访问两种。非标准式访问的调查人员只是给一个题目或提纲，由调查人员和调查对象自由交谈，以获得所需的资料。

(2) 邮寄调查。它是通过邮寄或其他方式将调查问卷送至调查对象，由调查对象填写，然后将问卷寄回或投放到指定收集点的一种调查方法，是一种标准化调查。

(3) 电话调查。它是调查人员利用电话同调查对象进行语言交流，从而获得信息的一种调查方法。电话调查具有时效快、费用低等特点。用于电话调查的问题要明确，问题数量不宜过多。

(4) 座谈会。它是将一组调查对象集中在调查现场，让他们对调查的主题（如一种产品、一项服务或其他话题等）发表意见，从而获取调查资料的一种方法。参加座谈会的人数不宜太多，讨论方式主要取决于主持人的习惯和爱好。这要求主持人尽可能多地引导调查对象说出他们的真实意见或想法。座谈会属于定性方法，它通常围绕一个特定的主题取得有关定性资料，不是对研究总体数量特征进行推断；定量方法是从总体中按随机方式抽取样本获得资料，其研究结果或结论可以进行推论。

一些饭店利用调查问卷来观察和研究有关顾客对食物品质、服务质量、就餐环境等方面的意见。如××饭店使用的调查表（见图2-1）要求客户对"食物品质""服务态度""服务速度""清洁程度"和"管理意见"等5个变量给出"极好""好""满意"和"不满意"等4类意见，依此作为提高饭店经营质量的决策基础。

```
尊敬的客户朋友：
    您好！感谢您选择××饭店，为了向您提供更优质的就餐服务，不断提高我们的服务质量和服务
水平，请您在百忙之中填写此问卷，您的意见和建议将是我们不断努力的源泉。谢谢您的支持！

    服务员姓名或服务号_____
                极好    好    满意   不满意
    食物品质     □      □    □     □
    服务态度     □      □    □     □
    服务速度     □      □    □     □
    清洁程度     □      □    □     □
    管理意见     □      □    □     □
    _____
    _____

    其他意见和建议：
    _____
    _____

    请投入门口的建议箱内，谢谢！
```

图 2－1  ××饭店调查问卷

## 2.2 数据汇总方法

### 2.2.1 数量数据汇总方法

数据汇总对统计分析和经营决策非常重要。例如，高露洁棕榄公司在对家用洗涤产品的质量控制中很好地利用了统计学。该公司在营销上的一个焦点是客户对盒装清洁剂容量的满意度。每一类尺寸的盒子都要求填充相同重量的清洁剂，但是清洁剂的容量受其清洁粉密度的影响。如果清洁粉的密度超过 0.4 就定为质量不合格产品。为了对清洁粉的密度的可接受范围加以限制，就要定期抽取统计样本，测量每一样本的密度。在某一检查期间采集了 150 个样本，其密度频数分布如表 2－1 所示。结果表明，密度水平高于 0.40 的比重为 0，说明经营符合质量标准。否则，公司将采取改进行动。

在频数分布表形成之前，数据是杂乱无章的。数据汇总就是把原始数据加工为有序的分组数据的过程。对于连续变量要采用组距分组。采用组距分组需要经过分组、确定组限和次数分配等几个步骤。

表 2−1 清洁粉的密度数据的频数分布

| 密度($g/cm^3$) | 频数 | 频率 |
|---|---|---|
| 0.29～0.30 | 30 | 0.200 |
| 0.31～0.32 | 75 | 0.500 |
| 0.33～0.34 | 32 | 0.213 |
| 0.35～0.36 | 9 | 0.060 |
| 0.37～0.38 | 3 | 0.020 |
| 0.39～0.40 | 1 | 0.007 |
| 总计 | 150 | 1.00 |

**例 2−1** 某公司销售人员的车辆运营费用过高,其中主要支出为汽油费用。现收集到前几个月在车辆上的消费支出,分析汽油的成本花费后,进一步分析汽车的型号、司机及行车路线等因素。收集样本数据(单位:km/L)如下:

27,29,33,21,21,12,16,25,8,17,24,34,38,15,19,19,41

首先,确定组数。组数的确定应能使数据的分布呈现一个峰态,一般不小于3组,不多于15组。在实际分组时,可以先按斯特格斯(Sturges)提出的经验公式来确定组数 $K$, $K = 1 + \log_2 N$,其中 $N$ 为数据的个数。例如,本例的数据有17个,即应分为5组。

其次,确定组距。组距是一个组的上限与下限的差,可根据全距(全部数据的最大值和最小值之差)及所分的组数来确定,即,组距 = (最大值 − 最小值)/组数。例如,对于本例的数据,最大值为41,最小值为8,则组距 = (41 − 8)/5 = 6.6。为便于计算,组距宜取 5 或 10 的倍数。如果取 5,则有组数 = 全距/组距 = (41 − 8)/5 = 6.6,可取 7 组。

第三,确定组限和进行次数分配。第一组的下限应小于原始数据中的最小值8,为了计算方便取5。依此分组为 5～10, 10～15, 15～20, …, 分组的组距原则为上限不在内,即 [5, 10) 可得到组数为8的频数汇总表(见表2−2)。

表 2−2 车辆运营费用频数(次数)汇总表

| 单位汽油行驶路程(km/L) | 汽车车辆次数分配 | 频数 | 频率 | 向上累积频数 | 向上累积频率 |
|---|---|---|---|---|---|
| 5～不足10 | / | 1 | 0.0588 | 1 | 0.0588 |
| 10～不足15 | // | 2 | 0.1176 | 3 | 0.1765 |
| 15～不足20 | //// | 4 | 0.2353 | 7 | 0.4118 |
| 20～不足25 | //// | 4 | 0.2353 | 11 | 0.6471 |
| 25～不足30 | // | 2 | 0.1176 | 13 | 0.7647 |
| 30～不足35 | // | 2 | 0.1176 | 15 | 0.8824 |
| 35～不足40 | / | 1 | 0.0588 | 16 | 0.9412 |
| 40～不足45 | / | 1 | 0.0588 | 17 | 1.0000 |
| 合计 | — | 17 | 1.0000 | — | — |

从变量值小的一方向变量值大的一方累加频数,称为向上累积;从变量值大的一方向变量值小的一方累加频数,称为向下累积。

第四,绘制统计图。统计图用柱形图绘制,如图2-2所示。

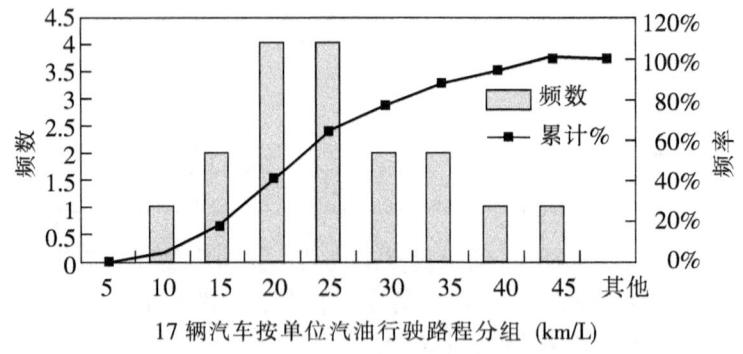

图2-2 17辆汽车单位汽油公里数柱形图

第五,分析。从全距数据得知,该公司销售人员的车辆每升汽油行驶公里数最高为45(原始数据最高为41),最低为5(原始数据最低为8),全距为40(原始数据全距为33)。其中有8辆大于15和小于25,约占47%;有7辆低于20,约占41%。对低于20的7辆车(占41%)应加强管理,降低其车辆运营费用。

等距分组由于各组的组距相等,各组频数的分布不受组距大小的影响,而不等距分组因各组组距不同,各组频数的分布受组距大小不同的影响,因此,为消除组距不同对频数分布的影响,需要计算频数密度,即,频数密度=频数/组距。用频数密度才能准确反映频数分布的实际状况。

此外,组距分组掩盖了各组内的数据分布状况,为反映各组数据的一般水平,通常用组中值作为该组数据的一个代表值,即,组中值=(下限值+上限值)/2。但以组中值作为代表值有一个必要的假定条件,即各组数据在本组内呈均匀分布或在组距中值两侧呈对称分布。

### 2.2.2 品质数据汇总方法

对品质数据分组有一定的主观性,这也是困难之处。例如,对某饭店进行了前景展望的问卷调查,所得顾客的原始资料如表2-3所示。

表2-3 饭店前景展望的问卷调查原始资料

| 问卷序号 | 前景展望 | 店主类型 | 问卷序号 | 前景展望 | 店主类型 |
| --- | --- | --- | --- | --- | --- |
| 1 | 6 | 3 | 10 | 4 | 2 |
| 2 | 4 | 1 | 11 | 3 | 1 |
| 3 | 4 | 1 | 12 | 1 | 1 |
| 4 | 2 | — | 13 | 1 | — |

续表 2-3

| 问卷序号 | 前景展望 | 店主类型 | 问卷序号 | 前景展望 | 店主类型 |
|---|---|---|---|---|---|
| 5 | 1 | 3 | 14 | 5 | 3 |
| 6 | 3 | 1 | 15 | 1 | 1 |
| 7 | 3 | 3 | 16 | 2 | 1 |
| 8 | 4 | 2 | 17 | 3 | 3 |
| 9 | 5 | 3 | 18 | 4 | 3 |

"前景展望"和"店主类型"都属于品质数据。前景展望的序列 1~6 表示：1="极不乐观"，…，6="极乐观"。店主类型序列分别为 1="独资"，2="合伙"，3="股份制"，"—"=其他。

对"前景展望"的汇总结果如表 2-4 和图 2-3 所示。

表 2-4 饭店前景展望频数分布表

| 前景展望 | 频数 | 百分比(%) |
|---|---|---|
| 1 | 4 | 22 |
| 2 | 2 | 11 |
| 3 | 4 | 22 |
| 4 | 5 | 28 |
| 5 | 2 | 11 |
| 6 | 1 | 6 |
| 合计 | 18 | 100 |

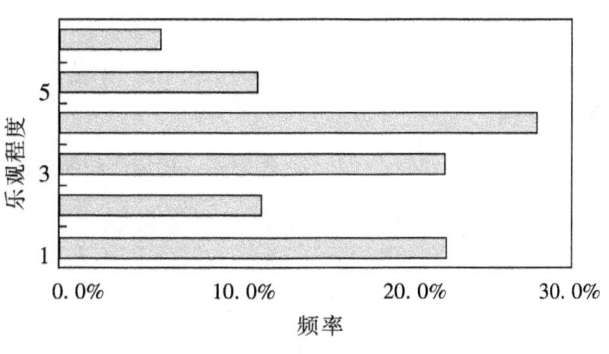

图 2-3 饮食业调查条形图

以上由于分组过细，不利于分析得出结论，可将组数减少为"不乐观"和"乐观"两组，结果如表 2-5 所示。

可见，不乐观者出现的频率超出乐观者 10 个百分点。

为进一步分析饭店业前景是否与店主类型有关，把店主类型加入表中，编制联列表 2-6，绘制柱形图 2-4。

表 2-5 饭店前景展望调查表

| 前景展望 | 频数 | 百分比(%) |
|---|---|---|
| 1~3(不乐观) | 10 | 55 |
| 4~6(乐观) | 8 | 45 |
| 合计 | 18 | 100 |

表 2-6 饭店业调查

| 前景展望 | 独资 | 合伙 | 股份制 | 其他 | 合计 |
|---|---|---|---|---|---|
| 1~3(不乐观) | 71% | 0% | 43% | 100% | 55% |
| 4~6(乐观) | 29% | 100% | 57% | 0% | 45% |
| 合计 | 100% | 100% | 100% | 100% | 100% |

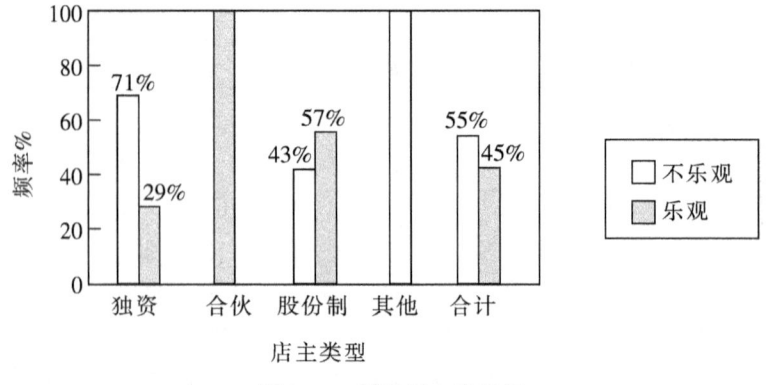

图 2-4 饭店调查柱形图

统计分析：对饭店前景持不乐观态度者居多，其中，认为独资企业前景不乐观的占 71%，普遍都认为合伙企业前景乐观，认为股份制企业前景不乐观的占 43%。

### 2.2.3 双变量相关关系和散点图

在决策中，经理们通常更关心两个变量的相互关系。表 2-7 给出了房屋面积和房屋售价的数据。

表 2-7 房屋面积和房屋售价的资料

| 房屋面积($m^2$) | 售价(万元) | 房屋面积($m^2$) | 售价(万元) | 房屋面积($m^2$) | 售价(万元) |
| --- | --- | --- | --- | --- | --- |
| 52.1 | 26 | 82.5 | 38 | 104.7 | 43.6 |
| 66.1 | 31 | 88.3 | 39.6 | 106.0 | 44.8 |
| 69.4 | 37.4 | 92.0 | 31.2 | 107.9 | 40.6 |
| 74.3 | 34.8 | 96.5 | 37.2 | 116.4 | 41.8 |
| 78.7 | 39.2 | 101.1 | 38.4 | 129.8 | 45.2 |

一个变量增大，另一个变量是否也增大？只从原始统计表中不太容易了解，需要绘制散点图。从散点图 2-5 可以得知，售价随着面积的增大而上升。

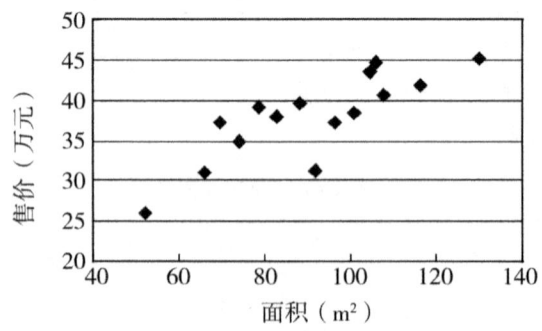

图 2-5 房屋面积和售价的关系

## 本章小结

统计数据分为第一手数据(原始数据)和第二手数据。通过普查、抽样调查等组织方式可以收集到第一手数据。数据之间存在某种规律,可以使用适当的汇总方法了解其分布特征,并可用图表形式表现出来,为进行深入的统计分析打下基础。

## 练习

1. 统计数据的来源主要有哪两种渠道?
2. 普查和抽样调查各有什么特点?
3. 设计调查方案主要考虑哪些内容?
4. 如何理解调查对象和调查单位的关系?
5. 设计一张简单的商业问卷。
6. 数据汇总有什么作用?
7. 如何进行数据汇总?
8. 已知某商品连续 20 日的销售量如下:

   26, 34, 21, 32, 42, 36, 28, 38, 17, 39,
   22, 12, 56, 39, 25, 41, 30, 23, 27, 19

试编制频数分布表和绘制直方图,并进行简单的统计分析。

9. 已知收集到工龄和工资的样本数据如下:

| 工龄(年) | 4 | 4 | 5 | 6 | 7 | 8 | 8 | 9 | 9 | 10 |
|---|---|---|---|---|---|---|---|---|---|---|
| 年工资(万元) | 12 | 16 | 20 | 30 | 24 | 28 | 34 | 32 | 40 | 44 |

要求绘制散点图,并说明二者的相关状况。

10. 有 20 个工人看管的机器台数资料如下:

2, 2, 5, 4, 2, 4, 3, 4, 3, 4, 4, 2, 4, 3, 4, 5, 3, 4, 4, 3

试根据资料编制分布数列。

11. 对 50 只灯泡的耐用时数进行测试,所得数据如下(单位:小时):

| | | | | | | | | |
|---|---|---|---|---|---|---|---|---|
| 886 | 928 | 999 | 946 | 950 | 864 | 1 050 | 927 | 949 | 852 |
| 1 027 | 928 | 978 | 816 | 1 000 | 918 | 1 040 | 854 | 1 100 | 900 |
| 866 | 905 | 954 | 890 | 1 006 | 926 | 900 | 999 | 886 | 1 120 |
| 893 | 900 | 800 | 938 | 864 | 919 | 863 | 981 | 916 | 818 |
| 946 | 926 | 895 | 967 | 921 | 978 | 821 | 924 | 651 | 850 |

要求:

(1) 试根据上述资料编制次(频)数分布数列;
(2) 编制向上和向下累积频数、频率数列;
(3) 根据所编制的次数分布数列绘制直方图和折线图;

(4) 根据所编制的累积频数、频率数列绘制累积曲线图；

(5) 根据累积曲线图，指出灯泡耐用时数在 1 000 小时以上的有多少，占多大比重？灯泡耐用时数在 900 以下的有多少，占多大比重？

12. 已知一组 15 名工人的资料如下：

| 工人编号 | 性别 | 年龄 | 文化程度 | 技术级别 |
| --- | --- | --- | --- | --- |
| 1 | 男 | 52 | 文盲 | 6 |
| 2 | 男 | 30 | 初中 | 3 |
| 3 | 男 | 19 | 初中 | 2 |
| 4 | 男 | 46 | 高中 | 4 |
| 5 | 女 | 47 | 小学 | 4 |
| 6 | 男 | 34 | 小学 | 2 |
| 7 | 女 | 22 | 初中 | 3 |
| 8 | 男 | 31 | 高中 | 5 |
| 9 | 男 | 55 | 高中 | 3 |
| 10 | 男 | 32 | 初中 | 5 |
| 11 | 女 | 49 | 中专 | 4 |
| 12 | 男 | 34 | 初中 | 4 |
| 13 | 男 | 34 | 初中 | 4 |
| 14 | 男 | 61 | 技工 | 7 |
| 15 | 男 | 36 | 初中 | 4 |

要求：

(1) 按性别和文化程度分别编制品质数列；

(2) 按技术级别编制单项式数列；

(3) 以组距为 10，20 岁以下、60 岁以上各为一组，按年龄编制组距式数列。

参考答案

# 第3章 数据特征的描述

**引例**

某互联网公司人力资源部主管为了解本公司员工通勤情况,随机抽查了20位员工每日上下班平均时长(分钟):

120, 80, 80, 50, 140, 100, 90, 100, 80, 50,
60, 90, 140, 80, 80, 60, 50, 70, 100, 80

通过以上抽样数据,请问本公司员工平均需要花费多长时间上下班?员工通勤时长的分布情况如何?通过本章的学习,你将学会如何描述和分析数据,如何从数据中掌握事件的动态发展。

---

□**学习目标**

本章学习数据分布的集中趋势特征和离中趋势特征的描述方法。重点要掌握众数、中位数、均值、标准差、变异系数和相关系数等指标的计算和应用问题。

---

## 3.1 描述统计

### 3.1.1 描述统计的分类

描述统计的内容包括频数分布,但主要是关于集中趋势和离中趋势的描述问题。在频数分布中,我们无法了解数据集中程度(中心位置)和离散程度(偏差),而在经营管理中,了解数据分布的集中趋势和离中趋势特征非常重要。例如,BND医院为了制订一个收容计划,工作人员收集了一个含有67个病人被工作组收容的时间记录数据,该样本反映了病人被收容后1~185天内住院时长的变化情况。下面的统计数据提供了有关收容时间方面有价值的信息。

平均数:35.7 天    中位数:17 天    众数:1 天

平均数表明了该医院对病人的平均收容时间为35.7天,也就是1个月多一点。而中位数则表明半数病人的收容时间在17天以下,半数病人的收容时间在17天以上。众数是发生频数最多的数据值,众数为1天则表明了许多病人仅仅被收容了短短的1天。利用这些信息,可以提高制订收容计划的科学性。

在日常生活和经济管理中,常见的频数分布曲线主要有正态分布、偏态分布、J型分布、U型分布等几种类型。在实际调查中,常常遇到适度的偏态分布,如病人被收容的时间分布就是偏态分布。此外,还有J型分布和U型分布。J型分布有正J型和反J型两种,如经济学中的供给曲线,随着价格的提高供给量以更快的速度增长,呈现为正J型;而需求曲线则表现为随着价格的提高需求量以更快的速度减少,呈现为反J型。U型分布的特征为两端的频数分布多,中间的频数分布少,比如,人和动物的死亡率分布就近似服从U型分布,因为人口中婴幼儿和老年人的死亡率较高,而中青年的死亡率则较低,动物的死亡率也是如此,生产的故障率也有类似的分布。正态分布是一种对称的钟型分布,有很多现象服从这种分布,如农作物的单位面积产量、零件的公差、纤维强度等都服从正态分布。

### 3.1.2 集中趋势和离中趋势

我们可以从两个方面对正态分布的特征进行描述:一是数据分布的集中趋势,二是数据分布的离散程度。测算数据分布集中趋势特征的方法主要有众数法、中位数法和均值法;测算数据分布离散程度的方法主要有极差法、四分位差法、标准差法、变异系数法等。

## 3.2 正态分布特征的描述

### 3.2.1 众数、中位数、四分位数和均值

众数是一组数据中出现次数最多的变量值。从分布的角度看,众数是具有明显集中趋势点的数值,一组数据分布的最高峰点所对应的数值即为众数,记为 $M_o$。在表3-1中,最高频数为11,其对应的变量值为30,则有

$$M_o = 30$$

众数是一组数据中心位置的一个代表值。当然,如果数据的分布没有明显的集中趋势或最高峰点,众数也可以不存在;如果有多个高峰点,实际上也可以认为有多个众数。

中位数是一组数据按大小排序后处于正中间位置上的变量值。显然,中位数将全部数据等分成两部分,一部分数据比中位数大,另一部分则比中位数小。与众数类似,中位数也是一个位置代表值,记为 $M_e$。

根据未分组数据计算中位数时,需先对数据进行排序,然后确定中位数的位置,其公式为

$$中位数位置 = (N+1)/2$$

式中,$N$ 为数据的个数。在表3-1中的中位数排序在第 $(59+1)/2 = 30$ 位,处在累积频数为35或累积频率为59.30%所对应的变量值,即30,则有

$$M_e = 30$$

中位数可以把全部数据分为各占50%具有对称性的两个部分,把对称的两部分再分割为各占25%的四部分。用 $Q_1$,$Q_2$ 和 $Q_3$ 分别表示把全部数据分割为各占1/4的四个部分的三个等分点,分别称为第一分位数、第二分位数和第三分位数,其中 $Q_2$ 就是中位数。

表3-1 集中趋势和离中趋势计算表

| 变量 $x$ | 频数 $f$ | 频率 $f/\sum f$ | 向上累积频数 | 向上累积频率 | 变量×频数 $xf$ | 与中位数数值的差额 $x-\bar{x}$ | $(x-\bar{x})^2 f$ |
|---|---|---|---|---|---|---|---|
| 5 | 1 | 1.70% | 1 | 1.70% | 5 | −25 | 625 |
| 10 | 2 | 3.40% | 3 | 5.10% | 20 | −20 | 800 |
| 15 | 4 | 6.80% | 7 | 11.90% | 60 | −15 | 900 |
| 20 | 7 | 11.90% | 14 | 23.70% | 140 | −10 | 700 |
| 25 | 10 | 16.90% | 24 | 40.70% | 250 | −5 | 250 |
| 30 | 11 | 18.60% | 35 | 59.30% | 330 | 0 | 0 |
| 35 | 10 | 16.90% | 45 | 76.30% | 350 | 5 | 250 |
| 40 | 7 | 11.90% | 52 | 88.10% | 280 | 10 | 700 |
| 45 | 4 | 6.80% | 56 | 94.90% | 180 | 15 | 900 |
| 50 | 2 | 3.40% | 58 | 98.30% | 100 | 20 | 800 |
| 55 | 1 | 1.70% | 59 | 100.00% | 55 | 25 | 625 |
| 合计 | 59 | 100% | — | — | 1 770 | — | 6 550 |

均值是全部数据的算术平均值，也称为算术平均数，记为 $\bar{x}$。它是把全部变量值加总后除以总体单位的总数和。本例为分组数据，其均值的计算公式为加权式算术平均数，即

$$\bar{x} = (x_1 f_1 + x_2 f_2 + x_3 f_3 + \cdots + x_N f_N)/(f_1 + f_2 + f_3 + \cdots + f_N)$$
$$= \sum x f / \sum f = 1770/59 = 30 \tag{3-1}$$

式(3-1)中，$\bar{x}$ 表示算术平均数，$x_i$ 表示变量值，$f_i$ 表示权数。

以上用众数、中位数和均值来测算在正态分布下数据的集中趋势特征(见图3-1)，其结果完全一致，都等于30。

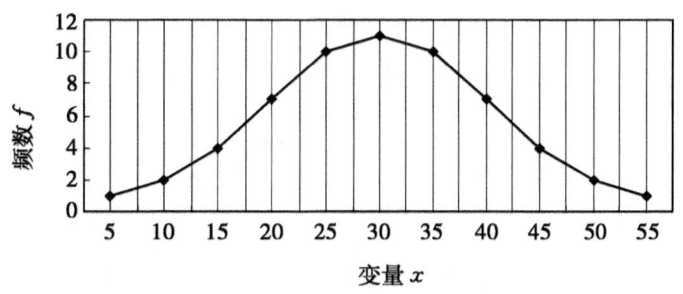

图3-1 正态分布图

## 3.2.2 极差、四分位差、标准差和变异系数

极差(即全距)等于数据分布中最大值与最小值之差，记为 $R$。本例中 $R=55-5=50$。

四分位差等于第 3 个四分位数($Q_3$)与第 1 个四分位数($Q_1$)之差,记为 RQ。则有

$$RQ = Q_3 - Q_1 \qquad (3-2)$$

四分位差等于处在中间部分占 50% 的数据之间的差距。在本例中,$RQ = Q_3 - Q_1 = 35 - 25 = 10$。

与极差相比,四分位差不受极端值的影响,对数据分布的离散趋势的描述比较客观,但中间部分数据的离散状况也无法反映出来。

标准差是平均差的一种发展。把每个变量值都与均值计算差距(取离差绝对值)后再对之进行加权平均就是平均差。为了省去取绝对值的计算麻烦,于是用标准差来替代平均差。

标准差等于离差平方平均数的平方根,记为 $\sigma$,则有

$$\sigma = \sqrt{\sum (x - \bar{x})^2 f / \sum f} = \sqrt{6\,550/59} = 10.54 \qquad (3-3)$$

标准差等于 10.54,表明数据平均的离散距离为 10.54。

由于标准差受计量单位大小的影响,还受到数据均值水平的影响,于是,计算反映相对离散程度的指标来消除这些影响。变异系数就是反映数据分布相对离散程度的常用指标。它等于标准差除以均值,记为 $V$,则有

$$V = \sigma / \bar{x} = 10.54/30 = 0.351\,3 \qquad (3-4)$$

反映数据分布的两大数量特征为均值和标准差。但在比较表 3-2 中 A,B,C 三组数据的离散程度时,变异系数发挥着重要作用。利用变异系数对以下 A,B,C 三组数据的分布状况(见图 3-2)进行比较有

$\bar{x}_A = 30$ $\qquad$ $\bar{x}_B = 30$ $\qquad$ $\bar{x}_C = 50$

$\sigma_A = 10.54$ $\qquad$ $\sigma_B = 9.52$ $\qquad$ $\sigma_C = 10.54$

$V_A = 0.351\,3$ $\qquad$ $V_B = 0.317\,3$ $\qquad$ $V_C = 0.210\,8$

表 3-2 A,B,C 三组数据分布状况比较

| A 组 | | B 组 | | C 组 | |
| --- | --- | --- | --- | --- | --- |
| $X_A$ | $f_A$ | $X_B$ | $f_B$ | $X_C$ | $f_C$ |
| 5 | 1 | 5 | 1 | 25 | 1 |
| 10 | 2 | 10 | 1 | 30 | 2 |
| 15 | 4 | 15 | 3 | 35 | 4 |
| 20 | 7 | 20 | 7 | 40 | 7 |
| 25 | 10 | 25 | 11 | 45 | 10 |
| 30 | 11 | 30 | 13 | 50 | 11 |
| 35 | 10 | 35 | 11 | 55 | 10 |
| 40 | 7 | 40 | 7 | 60 | 7 |
| 45 | 4 | 45 | 3 | 65 | 4 |
| 50 | 2 | 50 | 1 | 70 | 2 |
| 55 | 1 | 55 | 1 | 75 | 1 |
| 合计 | 59 | 合计 | 59 | 合计 | 59 |

由于 $V_A > V_B > V_C$，因此 A 组的相对离散程度最高，C 组最低。从图 3-2 中可以直观了解到 A，B，C 三组的分布状况。

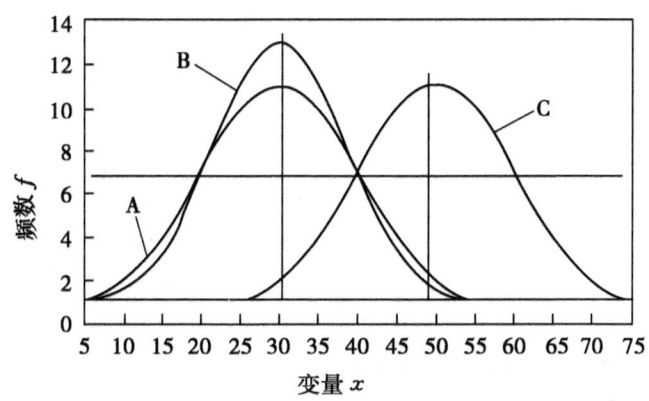

图 3-2 三组分布状况比较

## 3.3 偏态分布特征的描述

### 3.3.1 偏态分布：正偏态和负偏态

偏态分布分为正偏态和负偏态（见图 3-3）。当均值大于众数时称为正偏态，当均值小于众数时称为负偏态。偏态频率分布如表 3-3 所示。

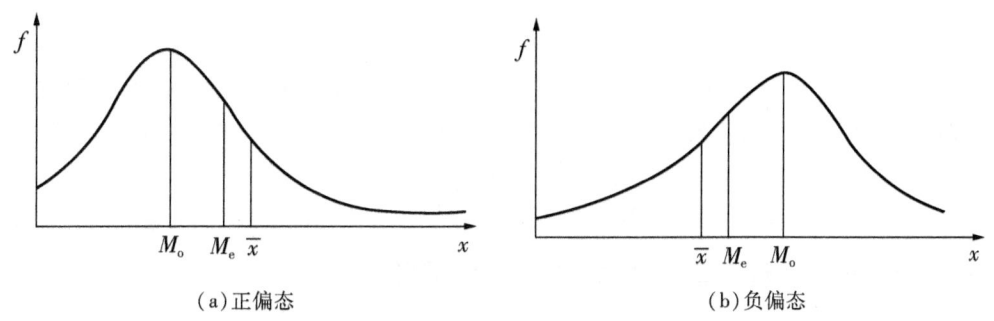

（a）正偏态　　　　　　　　　　　（b）负偏态

图 3-3 偏态分布图

表 3-3 偏态频率分布表

| 组　别 | 组中值 | 频数 | 累计频数 | 组中值×频数 | 离差平方×频数 |
|---|---|---|---|---|---|
| 2.5～7.5 | 5 | 1 | 1 | 5 | 444.7 |
| 7.5～12.5 | 10 | 6 | 7 | 60 | 1 552.7 |
| 12.5～17.5 | 15 | 10 | 17 | 150 | 1 229.2 |
| 17.5～22.5 | 20 | 12 | 29 | 240 | 444.6 |

续表 3-3

| 组别 | 组中值 | 频数 | 累计频数 | 组中值×频数 | 离差平方×频数 |
|---|---|---|---|---|---|
| 22.5～27.5 | 25 | 11 | 40 | 275 | 13.0 |
| 27.5～32.5 | 30 | 10 | 50 | 300 | 153.1 |
| 32.5～37.5 | 35 | 8 | 58 | 280 | 635.5 |
| 37.5～42.5 | 40 | 5 | 63 | 200 | 967.9 |
| 42.5～47.5 | 45 | 3 | 66 | 135 | 1 073.1 |
| 47.5～52.5 | 50 | 2 | 68 | 100 | 1 143.7 |
| 52.5～57.5 | 55 | 1 | 69 | 55 | 836.0 |
| 合　计 | — | 69 | — | 1 800 | 8 493.5 |

### 3.3.2　分组下的众数和中位数

在组距分组情况下，众数的计算要考虑最大频数所在组相邻组的分布，其计算公式为

$$M_o = L + d \times \Delta_1/(\Delta_1 + \Delta_2) \quad (3-5)$$

式(3-5)中，$L$ 为最大频数所在组的下限值 = 17.5，$d$ 为最大频数所在组的组距 = 22.5 - 17.5 = 5，$\Delta_1$ 为最大频数所在组的频数与上组频数之差 = 12 - 10 = 2，$\Delta_2$ 为最大频数所在组的频数与下组频数之差 = 12 - 11 = 1，则有

$$M_o = 17.5 + 5 \times 2/(2 + 1) = 17.5 + 3.33 = 20.83$$

在组距分组条件下，中位数的计算要考虑频数的全部排序，其计算公式为

$$M_e = L + d \times (\sum f/2 - S_m)/f_m \quad (3-6)$$

式(3-6)中，$L$ 为频数累积到 50%（$\sum f/2$）所在组的下限值 = 22.5，$d$ 为频数累积到 50% 所在组的组距 = 27.5 - 22.5 = 5，$S_m$ 为频数累积到 50% 所在组上一组的累积频数 = 29，$f_m$ 为频数累积到 50% 所在组频数 = 11，则有

$$M_e = 22.5 + 5 \times (69/2 - 29)/11 = 22.5 + 2.5 = 25$$

### 3.3.3　分组下的均值及其与众数和中位数的关系

在组距分组条件下计算均值，其公式与单变量分组情况相同，则有

$$\bar{x} = \sum xf / \sum f = 1\,800/69 = 26.087$$

从均值（26.087）大于众数（20.83）可知，数据分布为正偏态。

在适度偏态条件下，均值、众数和中位数之间的关系可以估算为

$$均值 - 众数 = 3 \times (均值 - 中位数)$$

即

$$均值 \approx (3 \times 中位数 - 众数)/2$$
$$= (3 \times 25 - 20.83)/2 = 27.09$$
$$中位数 \approx (众数 + 2 \times 均值)/3$$
$$= (20.83 + 2 \times 26.08)/3 = 24.33$$

### 3.3.4 标准差、变异系数和偏度系数

数据分布状况对标准差的计算条件无影响,则有

$$\sigma = \sqrt{\sum(x-\bar{x})^2 f / \sum f} = \sqrt{8\ 493.5/59} = 11.998$$
$$V = \sigma/\bar{x} = 11.998/26.083 = 0.460\ 0$$

可见,偏态分布的离散程度高于正态分布的离散程度。

偏度系数反映数据分布偏移中心位置的程度,记为 SK,则有

$$\text{SK} = (\text{均值} - \text{中位数})/\text{标准差}$$
$$= (\bar{x} - M_o)/\sigma = (26.083 - 25)/11.95 = 0.091 \quad (3-7)$$

在正态分布条件下,由于均值等于众数,因此偏度系数等于 0。当偏度系数大于 0 时,称为正偏态;当偏度系数小于 0 时,称为负偏态。

## 3.4 双变量交叉分布特征的描述

### 3.4.1 相关关系与协方差

对大量数据进行观察可以得知,单位产品的成本会随着生产规模的扩大而下降;居民家庭的人均食品支出会随着家庭人均收入水平的提高而增加等。一个变量的变化会依存另一个变量的变化而变化,我们称这两种关系为相关关系。表 3-4 所示为居民家庭人均食品支出与家庭人均收入相关计算表。

表 3-4 居民家庭的人均食品支出($x$)与家庭人均收入($y$)相关计算表

| 序号 | $y$ | $x$ | $y-\bar{y}$ | $x-\bar{x}$ | $(y-\bar{y})^2$ | $(x-\bar{x})^2$ | $(x-\bar{x})(y-\bar{y})$ |
|---|---|---|---|---|---|---|---|
| 1 | 820 | 750 | -1 145.8 | -652.5 | 1 312 934.0 | 425 756.3 | 747 656.2 |
| 2 | 930 | 850 | -1 035.8 | -552.5 | 1 072 950.6 | 305 256.3 | 572 297.9 |
| 3 | 1 050 | 920 | -915.8 | -482.5 | 838 750.6 | 232 806.3 | 441 889.6 |
| 4 | 1 300 | 1 050 | -665.8 | -352.5 | 443 334.0 | 124 256.3 | 234 706.2 |
| 5 | 1 440 | 1 200 | -525.8 | -202.5 | 276 500.7 | 41 006.3 | 106 481.2 |
| 6 | 1 500 | 1 200 | -465.8 | -202.5 | 217 000.7 | 41 006.3 | 94 331.2 |
| 7 | 1 700 | 1 400 | -265.8 | -2.5 | 70 667.3 | 6.3 | 664.6 |
| 8 | 1 900 | 1 500 | -65.8 | 97.5 | 4 334.0 | 9 506.3 | -6 418.7 |
| 9 | 2 500 | 1 760 | 534.2 | 357.5 | 285 334.1 | 127 806.3 | 190 964.6 |
| 10 | 2 900 | 2 000 | 934.2 | 597.5 | 872 667.4 | 357 006.3 | 558 164.6 |
| 11 | 3 550 | 2 000 | 1 584.2 | 597.5 | 2 509 584.1 | 357 006.3 | 946 539.6 |
| 12 | 4 000 | 2 200 | 2 034.2 | 797.5 | 4 137 834.2 | 636 006.3 | 1 622 247.9 |
| 合计 | 23 590 | 16 830 | 0 | 0 | 12 041 891.7 | 2 657 425.0 | 5 509 525.0 |
| 平均值 | 1 965.8 | 1 402.5 |  |  | 1 003 491.0 | 221 452.1 | 459 127.1 |

注:表中 $y-\bar{y}$,$x-\bar{x}$ 下的数字均为保留小数点后 1 位数四舍五入,计算平方数时会与所列数字有误差。

两种变量之间是否存在相关关系,要通过散点图来观察和计算协方差和相关系数来测量(见图3-4)。

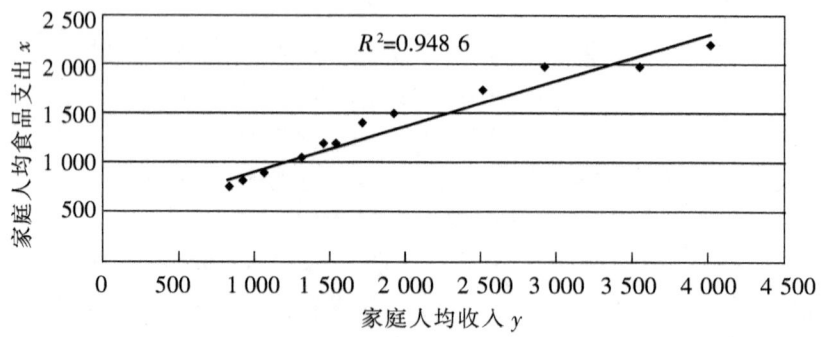

图3-4 人均收入与人均食品支出的关系

对于变量 $x$ 和 $y$ 来说,协方差是指这两个变量各点的离差之积的平均数,记为 $\sigma$,则有

$$\sigma_{xy} = \sum (x-\bar{x})(y-\bar{y})/N$$
$$= 5\,509\,525/12 = 459\,127.083\,3 \tag{3-8}$$

如何理解协方差,可以从图3-5来认识。

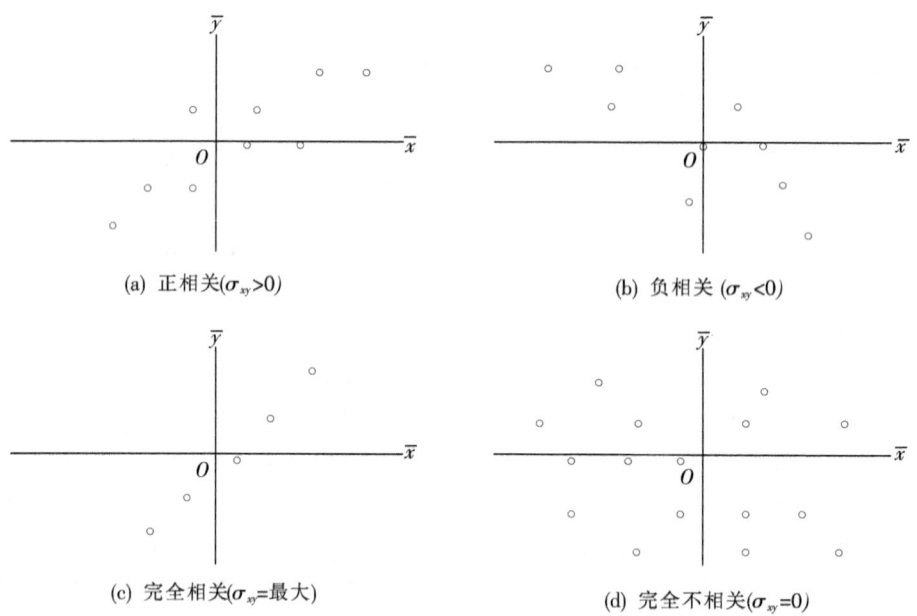

图3-5 协方差类别示意图

当 $\sigma_{xy} > 0$ 时,为正相关(散点在第一、三象限);

当 $\sigma_{xy} < 0$ 时,为负相关(散点在第二、四象限);

当 $\sigma_{xy} = $ 最大值时,为完全相关(散点为一条直线);

当 $\sigma_{xy} = 0$ 时,为完全不相关(散点在各象限)。这里的相关主要是指直线相关。

## 3.4.2 相关系数

协方差的大小会受到计量单位和数据均值水平的影响,从而使不同相关总体之间的相关程度缺乏可比性。为了使不同相关总体之间的相关程度具有广泛的可比性,需要计算相关系数。

相关系数是指协方差与两个标准差之比,记为 $r$,则有

$$r = \sigma_{xy}/(\sigma_x \sigma_y)$$
$$= 459\,127.083\,3/\sqrt{1\,003\,491 \times 221\,452.1}$$
$$= 459\,127.083\,3/471\,407.668 = 0.973\,95$$

一般地说,相关系数大于 0.8 就为高度相关,超过 0.5 为显著相关,小于 0.3 为低度相关。从本例中可知相关系数为 0.97,表明家庭人均收入水平的提高会引起人均食品支出的增加,两者之间的依存关系非常稳定。

### □本章小结

数据的分布特征分为集中趋势特征和离中趋势特征。通过计算众数、中位数和均值等可以了解集中趋势特征;通过计算标准差和变异系数可以了解离中趋势特征。另外,通过计算协方差和相关系数可以了解两种现象之间的相关密切程度。

### □练习

1. 反映频数分布集中趋势特征和离中趋势特征的指标各有哪些?
2. 在正态分布或偏态分布下,众数、中位数和均值之间是什么关系?
3. 已知某商品连续 20 个日的销售量如下:

    26, 34, 21, 32, 42, 36, 28, 38, 17, 39,
    22, 12, 56, 39, 25, 41, 30, 23, 27, 19

试计算销售量的众数、中位数和均值。

4. 为什么要计算变异系数?
5. 基于习题 3,试计算销售量的极差、四分位差、标准差和变异系数。
6. 已知收集到某公司 10 名员工的工龄和工资的样本数据如下:

| 工龄(年) | 4 | 4 | 5 | 6 | 7 | 8 | 8 | 9 | 9 | 10 |
|---|---|---|---|---|---|---|---|---|---|---|
| 年工资(百元) | 120 | 160 | 200 | 300 | 240 | 280 | 340 | 320 | 400 | 440 |

计算员工的工龄和年工资的均值、标准差和变异系数。比较并回答工龄和年工资哪个离散程度大?

7. 协方差和相关系数是什么关系?为什么要计算相关系数?计算习题 6 中员工工龄与年工资的协方差和相关系数。
8. 在分析意义上,偏度与平均指标、变异指标有何区别?为什么除了计算一般的平均指标和变异指标外,还需要考察分布的偏度?
9. 某体育老师统计班上女同学 50 米跑步成绩,统计如下(单位:秒):

    9.2, 9.1, 7.9, 8.5, 8.9, 10.3, 9.1, 8.3, 9.2, 9.0, 8.6, 9.3

试计算女同学 50 米跑步消耗的平均时间、标准差及偏度,并说明是正偏还是负偏。

10. 下表为美国2000—2015年通货膨胀率和失业率的数据，画出散点图，并计算协方差和相关系数。

| 年份 | 通货膨胀率(%) | 失业率(%) | 年份 | 通货膨胀率(%) | 失业率(%) |
|---|---|---|---|---|---|
| 2000 | 2.6 | 4.0 | 2008 | 1.9 | 5.8 |
| 2001 | 2.0 | 4.7 | 2009 | 0.4 | 9.3 |
| 2002 | 1.7 | 5.8 | 2010 | 1.8 | 9.6 |
| 2003 | 2.0 | 6.0 | 2011 | 1.9 | 8.9 |
| 2004 | 3.1 | 5.5 | 2012 | 1.9 | 8.1 |
| 2005 | 3.4 | 5.1 | 2013 | 1.6 | 7.4 |
| 2006 | 2.7 | 4.6 | 2014 | 1.6 | 6.2 |
| 2007 | 2.5 | 4.6 | 2015 | 1.1 | 5.3 |

参考答案

# 第4章 时间序列分析

**引例**

近年来，中国房地产发展繁荣，房价更是水涨船高。下表是国家统计局对10年来广东省商品房年销售价格的统计数。

| 年份 | 2005 | 2006 | 2007 | 2008 | 2009 | 2010 | 2011 | 2012 | 2013 | 2014 |
|------|------|------|------|------|------|------|------|------|------|------|
| 售价(元) | 4 443 | 4 853 | 5 914 | 5 953 | 6 513 | 7 486 | 7 879 | 8 112 | 9 090 | 9 083 |

从上表可知，从2005年到2014年间房价上涨了104%。未来房价还会继续上涨吗？如果会，又会上涨多少呢？通过本章的学习，你或许就能找到答案。

时间序列分析是通过整合历史数据，并按其发生的时间先后顺序排列，利用相应的数据分析方法来对未来发展趋势进行定量预测的手段。运用时间序列分析，我们就能分析具有历史数据的事件，并对其未来发展做出预测。

> □**学习目标**
> 　　本章学习要掌握同一现象在不同时间的增长速度、平均增长速度、长期趋势和季节变动等统计分析方法。

## 4.1　发展水平和发展速度分析

### 4.1.1　时间序列

我们前面所讲的数列都属于静态数列，即在相同时间条件下现象的分布状况。

时间序列是反映现象随着时间的变化而变化的数据系列，也称为时间数列或动态数列。时间和指标数据是构成时间序列的两个基本因素。表4-1反映了某商场饮料销售量与库存量在各年的变化。

表 4-1　饮料销售量与库存量在各年的变化情况

| 年份 | 销售量(箱) | 年末库存(箱) | 平均库存(箱) | 周转速度(次) |
|---|---|---|---|---|
| 2011 | — | 350 | — | — |
| 2012 | 1 710 | 400 | 375 | 4.6 |
| 2013 | 2 110 | 550 | 475 | 4.4 |
| 2014 | 3 310 | 800 | 675 | 4.9 |
| 2015 | 4 020 | 950 | 875 | 4.6 |

### 4.1.2　发展水平和增长量

发展水平是指时间数列上指标的具体数值，如 2 110 箱是 2013 年饮料销售量的发展水平，4.9 次是 2014 年饮料销售周转速度的发展水平等。可见，发展水平的指标形式可以是绝对数，也可以是相对数或平均数。

根据发展水平在时间序列中所处的位置不同，以 2012 年为起点，把 1 710 箱称为最初水平，记为 $X_0$；以 2015 年为终点，把 4 020 箱称为最末水平，记为 $X_n$；居于中间位置的称中间水平，记为 $X_1$，$X_2$，$X_3$，…，$X_{n-1}$。另外，为了分析方便，把作为研究对象的发展水平称为报告期水平，把要对比的基础水平称为基期水平。例如，我们要研究 2014 年的销售量比上年增加了多少，那么，2014 年的 3 310 箱就是报告期水平，而 2013 年的 2 110 箱则是基期水平。

用报告期水平减去基期水平，就等于增长量。其中，当基期水平为上期水平时，就称为逐期增长量；当基期水平为某个时期的固定发展水平($X_0$)时，就称为累计增长量。

逐期增长量：$X_1 - X_0$，$X_2 - X_1$，$X_3 - X_2$，…，$X_n - X_{n-1}$

累计增长量：$X_1 - X_0$，$X_2 - X_0$，$X_3 - X_0$，…，$X_n - X_0$

二者的关系：$(X_n - X_0) = (X_1 - X_0) + (X_2 - X_1) + (X_3 - X_2) + \cdots + (X_n - X_{n-1})$

### 4.1.3　发展速度和增长率

报告期水平与基期水平之比，称为发展速度。其中，当基期水平为上期水平时，就称为环比发展速度；当基期水平为某个时期的固定发展水平($X_0$)时，就称为定基发展速度。

环比发展速度：$X_1/X_0$，$X_2/X_1$，$X_3/X_2$，…，$X_n/X_{n-1}$

定基发展速度：$X_1/X_0$，$X_2/X_0$，$X_3/X_0$，…，$X_n/X_0$

二者的关系：$(X_n/X_0) = (X_1/X_0) \cdot (X_2/X_1) \cdot \cdots \cdot (X_n/X_{n-1})$

发展速度减去 1 就等于增长速度或增长率，分别有环比增长率和定基增长率。

表 4-2 反映了 2012—2015 年各季度饮料销售量变化情况。

表 4–2  2012—2015 年各季度饮料销售量变化情况

| 年份 | 季度 | 时间变量 | 销售量（箱） | 气温（℃） | 逐期增长量（箱） | 环比增长速度（%） | 累积增长量（箱） | 定基增长速度（%） | 同比增长量（箱） | 同比增长速度（%） |
|---|---|---|---|---|---|---|---|---|---|---|
| 2012 | 1 | 1 | 100 | 8 | — | — | — | — | — | — |
|  | 2 | 2 | 580 | 28 | 480 | 480.0 | 480 | 580.0 | — | — |
|  | 3 | 3 | 680 | 30 | 100 | 17.2 | 580 | 680.0 | — | — |
|  | 4 | 4 | 350 | 18 | −330 | −48.5 | 250 | 350.0 | — | — |
| 2013 | 1 | 5 | 150 | 10 | −200 | −57.1 | 50 | 150.0 | 50 | 50.0 |
|  | 2 | 6 | 700 | 27 | 550 | 366.7 | 600 | 700.0 | 120 | 20.7 |
|  | 3 | 7 | 960 | 32 | 260 | 37.1 | 860 | 960.0 | 280 | 41.2 |
|  | 4 | 8 | 300 | 17 | −660 | −68.8 | 200 | 300.0 | −50 | −14.3 |
| 2014 | 1 | 9 | 210 | 9 | −90 | −30.0 | 110 | 210.0 | 60 | 40.0 |
|  | 2 | 10 | 1 100 | 30 | 890 | 423.8 | 1 000 | 1 100.0 | 400 | 57.1 |
|  | 3 | 11 | 1 300 | 31 | 200 | 18.2 | 1 200 | 1 300.0 | 340 | 35.4 |
|  | 4 | 12 | 700 | 20 | −600 | −46.2 | 600 | 700.0 | 400 | 133.3 |
| 2015 | 1 | 13 | 450 | 8 | −250 | −35.7 | 350 | 450.0 | 240 | 114.3 |
|  | 2 | 14 | 1 450 | 35 | 1 000 | 222.2 | 1 350 | 1 450.0 | 350 | 31.8 |
|  | 3 | 15 | 1 400 | 31 | −50 | −3.4 | 1 300 | 1 400.0 | 100 | 7.7 |
|  | 4 | 16 | 720 | 22 | −680 | −48.6 | 620 | 720.0 | 20 | 2.9 |

从表 4–2 中可知，饮料销售量在各季度逐期增长量和环比增长速度方面有负增长现象，累积增长量和定基增长速度方面均为正增长，但波动很大。在统计学上，为了消除季节引起的波动问题，设计了同比增长量和同比增长率指标。同比指标是报告期水平与上年同期水平的对比结果。例如，2014 年第一季度销售量同比增长量就为 210 − 150 = 60，同比增长率为 60/150 = 40%。只要现象是向上发展的，同比指标一般应为正数。

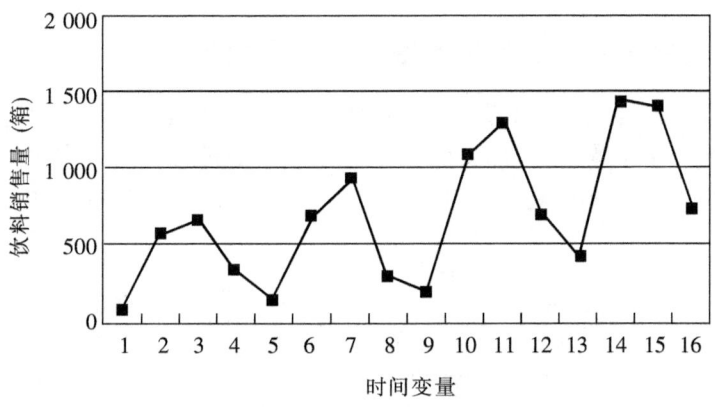

图 4-1  饮料销售量在各年季度上的变化情况

## 4.2 序时平均数和平均发展速度

### 4.2.1 绝对数数列的序时平均数

序时平均数也称为动态平均数,它反映的是现象在一定时期内发展达到的一般水平。由于指标形式分绝对数、相对数和平均数等,所以对其平均的方法存在差异性。

绝对数有时期数和时点数之分,二者的区别主要在于是否具有可加性。产品产量、销售额、工资总额、利润总额等都是具有可加性的指标,称为时期数;而产品库存量、期末现金量、期末人口数等都不具有可加性,或者说相加无意义,这类指标称为时点数。

时期数的序时平均数就等于各时期水平的简单平均。用 $X$ 表示饮料销售量,其中,$X_0 = 1\,710$,$X_1 = 2\,110$,$X_2 = 3\,310$,$X_3 = 4\,020$。2012—2015 年饮料销售量年平均为

$$\overline{X} = \sum \frac{X}{n} = \frac{1710 + 2110 + 3310 + 4020}{4} = \frac{11150}{4} = 2\,787.5(箱) \quad (4-1)$$

时点数所反映的是现象在某一个瞬时的状态。2012 年年末库存量为 400 箱,只反映 2012 年 12 月 31 日零点上饮料库存量的状况。2012 年年初即 2012 年 1 月 1 日零点的库存量为 350 箱。年初库存量与年末库存量之间没有直接的联系。它们都是各自前期饮料进货流量和销货流量累计之差导致的结果。这就是两个时点数相加无意义的原因。

但是,库存量水平会随着销售规模的扩大而增长或缩小而减少。在统计上,我们可以假定年初库存量(350)以均匀速度增长达到年末库存量(400),所以,2012 年饮料的平均库存量应等于年初水平加上年末水平除以 2,即 $(350 + 400)/2 = 375$(箱)。2012 年至 2015 年饮料的平均库存量应等于各年平均库存量相加除以 4,即 $(375 + 475 + 675 + 875)/4 = 600$。

为了直接利用现有资料计算时点数序时平均数,用 $W$ 表示库存量,$W_0 = 350$,$W_1 = 400$,$W_2 = 550$,$W_3 = 800$,$W_4 = 950$,则有

$$\overline{W} = \frac{\frac{W_0}{2} + W_1 + W_2 + W_3 + \frac{W_4}{2}}{4} = \frac{\frac{350}{2} + 400 + 550 + 800 + \frac{950}{2}}{4} = 600(箱) \quad (4-2)$$

### 4.2.2 相对数的序时平均数和平均数的序时平均数

饮料的库存周转速度属于相对数,该相对数的分母为时点数。从年度上看,年周转速度应等于年销售量与年平均库存量的比值。因此,先平均后对比是计算相对数的序时平均数的基本方法。用 $K$ 表示库存周转速度或次数,2012 年至 2015 年饮料的平均周转速度为

$$\overline{K} = \frac{\overline{X}}{\overline{W}} = \frac{\frac{\sum X}{4}}{\frac{\frac{W_0}{2} + W_1 + W_2 + W_3 + \frac{W_4}{2}}{4}} = \frac{2787.5}{600} = 4.646(次) \quad (4-3)$$

平均数的序时平均数的计算与相对数的序时平均数的计算方法相同,也是先平均后

对比。

### 4.2.3　几何法平均发展速度

平均发展速度反映的是现象在一定时期内发展速度的一般水平，它也是一种序时平均数。几何平均法是计算平均发展速度的最常用方法。它等于各时期环比发展速度连乘积的 $n$ 次方根，记为 $\bar{x}$。以 2012 年为起点，2013 年至 2015 年 3 年饮料销售量的平均发展速度为

$$\bar{x} = \sqrt[n]{\prod x_i} = \sqrt[n]{\frac{X_n}{X_0}} = \sqrt[3]{\frac{4\ 020}{1\ 710}} = \sqrt[3]{2.350\ 88} = 1.329\ 67 = 132.97\% \quad (4-4)$$

平均发展速度减去 1 就等于平均增长速度或平均增长率。由上述计算结果可知，2013 年至 2015 年 3 年销售量平均增长率为 32.97%。

在计算中，由于各环比发展速度乘积等于定基发展速度，所以，平均发展速度最终是由最初水平和最末水平决定的，即

$$\prod x_i = x_1 \cdot x_2 \cdots x_n = \frac{X_1}{X_0} \cdot \frac{X_2}{X_1} \cdots \frac{X_n}{X_{n-1}} = \frac{X_n}{X_0} \quad (4-5)$$

几何平均法的优点是可以利用相关资料对未来发展水平进行预测，即

$$最末水平 = 最初水平 \times (平均发展速度)^n$$

或者

$$X_n = X_0(1+\bar{x})^n$$

如果 2015 年饮料销售量为 4 000 箱，若每年平均增长率为 33%，2 年后（2017年）销售量应达到 7 075.6 箱，即

$$X_n = 4\ 000 \times (1+33\%)^2 = 7\ 075.6（箱）$$

可见，预测 2 年后即 2017 年的销售量可达到 7 075 箱。

### 4.2.4　累计法平均发展速度

几何平均法的应用条件是现象呈现均匀变动。如果现象发生大起大落的变化，用几何平均法所计算的平均发展速度将失去代表性，这是几何平均法的缺点。这时应该使用累计法或方程法来弥补几何平均法的缺点。

累计法考虑各时期的发展状况，不只是受最初和最末两个极端值的影响，公式如下：

$$\bar{x} + \bar{x}^2 + \bar{x}^3 + \cdots + \bar{x}^n = \frac{\sum_{i=1}^{n} X_i}{X_0} \quad (4-6)$$

$$= \frac{(2\ 110 + 3\ 310 + 4\ 020)}{1\ 710} = 5.520\ 46 = 552.046\%$$

只要解出高次方程，所得的正根就是要求的平均发展速度。一般是通过查"平均增长速度查对表"得出结果的。累计法适合计算投资额等波动较大的现象的平均发展速度。

## 4.3 长期趋势分析

### 4.3.1 移动平均长期趋势

长期趋势分析是时间序列分析中最重要的内容。现象在时间上的变动趋势可分为三种情况：上升变动、下降变动和水平变动。长期趋势分析就是要从现象的波动中寻找到发展趋势，以便对未来情况进行预测。

从表 4-2 中可以看出，销售量在季度上的变动有波动性，而从长期来看则呈现向上发展的趋势。如何把现象的短期波动消除掉，使其呈现趋势性状态，是我们要研究的内容。

测定长期趋势的方法主要有三种：随手画法、移动平均法和最小平方法。

随手画法需要一定的经验的技巧，具有实用价值。这里只介绍移动平均法和最小平方法。

移动平均法是指将时间序列各发展水平按照固定的周期长度计算所有的序时平均数所得到的新的时间序列。周期长度可以选 2，3，4 等，从方便角度可选 3，5，7 等。表 4-3 给出了周期长度为 3 季、4 季、5 季的移动平均数时间序列。

表 4-3  周期长度为 3 季、4 季、5 季的移动平均数表

| 年份 | 季度 | 时间变量 | 销售量 | 3 季移动 | 4 季移动 1 | 4 季移动 2 | 5 季移动 |
|---|---|---|---|---|---|---|---|
| 2012 | 1 | 1 | 100 | — | — | — | — |
|  | 2 | 2 | 580 | 453.3 | 427.5 | — | — |
|  | 3 | 3 | 680 | 536.7 | 440.0 | 433.8 | 372 |
|  | 4 | 4 | 350 | 393.3 | 470.0 | 455.0 | 492 |
| 2013 | 1 | 5 | 150 | 400.0 | 540.0 | 505.0 | 568 |
|  | 2 | 6 | 700 | 603.3 | 527.5 | 533.8 | 492 |
|  | 3 | 7 | 960 | 653.3 | 542.5 | 535.0 | 464 |
|  | 4 | 8 | 300 | 490.0 | 642.5 | 592.5 | 654 |
| 2014 | 1 | 9 | 210 | 536.7 | 727.5 | 685.0 | 774 |
|  | 2 | 10 | 1 100 | 870.0 | 827.5 | 777.5 | 722 |
|  | 3 | 11 | 1 300 | 1 033.3 | 887.5 | 857.5 | 752 |
|  | 4 | 12 | 700 | 816.7 | 975.0 | 931.3 | 1 000 |
| 2015 | 1 | 13 | 450 | 866.7 | 1 000.0 | 987.5 | 1 060 |
|  | 2 | 14 | 1 450 | 1 100.0 | 1 005.0 | 1 002.5 | 944 |
|  | 3 | 15 | 1 400 | 1 190.0 | — | — | — |
|  | 4 | 16 | 720 | — | — | — | — |

3 季移动平均就是每 3 个季度的数据放在一起计算序时平均数所得到的新时间序列。例如,将 2012 年 1 季度、2 季度和 3 季度的销售量进行简单平均得到 453.3;将 2012 年 2 季度、3 季度和 4 季度的销售量进行简单平均得到 536.7 等,依次类推。图 4-2 显示了移动平均法描述的饮料销售量的长期变动趋势。

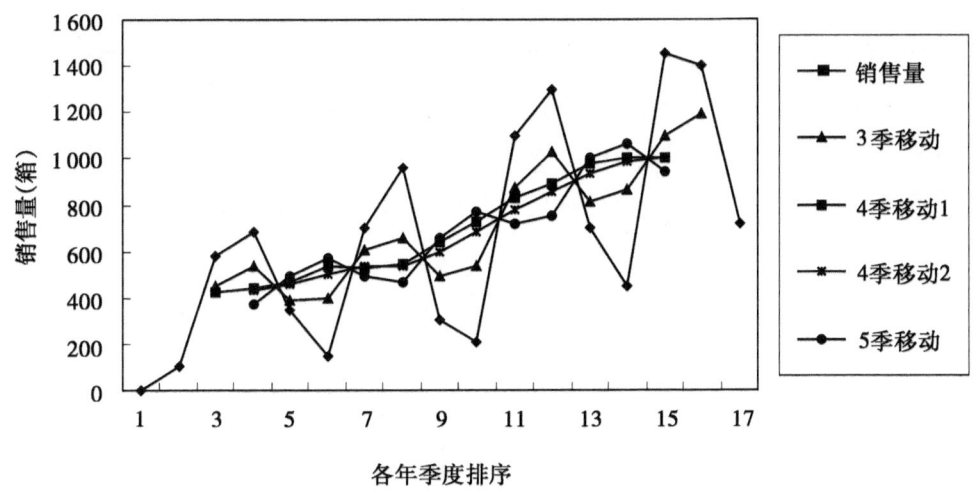

图 4-2 饮料销售量的长期发展趋势

4 季移动平均可以得到比 3 季移动平均更加有趋势性的数据,或者说趋势值的波动性更小。由于取周期为 4 的移动平均数不能落在年份中央位置,所以要进行二次平均。4 季移动平均 2 则是我们要得到的结果。例如,4 季移动平均 1 中的第一个数据为 (100 + 580 + 680 + 350)/4 = 453.3,应该放在 2012 年第 2 季度末和第 3 季度初的位置,可能暂时放在 2012 年第 2 季度中间。4 季移动平均 2 中的第一个数据则等于 4 季移动平均 1 中的前两位数据的简单平均,即 (427.5 + 440)/2 = 433.8,依次类推。

5 季移动平均应该是比 4 季移动平均更加具有趋势性的时间序列,但却没有 4 季移动平均得到的趋势性稳定。为什么?一般情况下,移动的时间长度越长所得的趋势性就越明显,但是,当现象发展呈现周期性规律时,移动平均的时间长度应与现象的周期长度相同,否则,趋势性就会受到破坏。饮料销售量在一年中受季节气温不同的影响呈现周期性变化,天热销量大、天冷销量少是个规律。4 季移动平均符合规律,5 季移动平均就违背了规律。因此,5 季移动平均的趋势性低于 4 季移动平均的趋势性。

需要强调的是,当现象存在明显的周期性时,必须按照周期性长度来确定移动时间长度,在此基础上,移动平均的时间长度越长其趋势性就越明显。如 8 季移动平均是比 4 季移动平均更加具有趋势性的移动平均。这就是移动平均法中要遵守的周期性原则。

在股票市场上,移动平均法被放在最为重要的地位。计算股票价格的 5 日、10 日、20 日和 30 日移动以及 120 日移动等多种平均价格,可以获得不可缺少的股价信息,分别反映股价发展中呈现的小趋势、中趋势和大趋势,成为投资技术分析的基本依据。

移动平均法的优点在于计算简便、运用灵活,不受现象复杂性影响。其缺点主要有三个:一是失去首尾两头的若干数据,平均的时间长度越长,失去的信息就越多;二是不能较好地进行长期趋势的预测;三是对周期性处理不好会影响数列的趋势性。

### 4.3.2 最小平方直线趋势

利用最小平方法可以得到一条直线趋势方程。直线趋势方程的一般形式为

$$\hat{Y}_t = a + bt \tag{4-7}$$

式中,$\hat{Y}_t$ 为时间数列 $Y_t$ 的趋势值;t 为时间变量;$a$ 为截距项,是 $t=0$ 时 $\hat{Y}_t$ 的初始值;b 为趋势线斜率,表示 t 变动一个单位时趋势值 $\hat{Y}_t$ 的平均变动数量。

按照最小平方法的要求,要使 $Q = \sum (Y_t - \hat{Y}_t)^2 = \sum (Y_t - a - bt)^2$ 达到最小,Q 对 $a$ 和 $b$ 的偏导数必须等于零。进一步可以得到估计参数 $a$ 和 $b$ 的标准方程组,即

$$\begin{cases} \sum Y = an + \sum t \\ \sum tY = a\sum t + b\sum t^2 \end{cases} \tag{4-8}$$

或者

$$\begin{cases} b = \dfrac{n\sum tY - \sum t \sum Y}{n\sum t^2 - (\sum t)^2} \\ a = \bar{Y} - b\bar{t} = \dfrac{\sum Y}{n} - b\dfrac{\sum t}{n} \end{cases} \tag{4-9}$$

**例 4-1** 据表 4-3 某商场饮料销售量各年季度的变化趋势,用最小平方法拟合一条最优趋势方程。

**解**:设所求直线程为

$$\hat{Y}_t = a + bt$$

估计参数 $a$ 和 $b$ 的标准方程组为

$$\begin{cases} \sum Y = an + \sum t \\ \sum tY = a\sum t + b\sum t^2 \end{cases}$$

对照公式要求计算有关数据并列表 4-4:

表 4-4 直线方程拟合计算表

| 年份 | 季度 | 时间变量 t | 销售量 Y（箱） | tY | $t^2$ |
|---|---|---|---|---|---|
| 2012 | 1 | 1 | 100 | 100 | 1 |
| | 2 | 2 | 580 | 1 160 | 4 |
| | 3 | 3 | 680 | 2 040 | 9 |
| | 4 | 4 | 350 | 1 400 | 16 |
| 2013 | 1 | 5 | 150 | 750 | 25 |
| | 2 | 6 | 700 | 4 200 | 36 |
| | 3 | 7 | 960 | 6 720 | 49 |
| | 4 | 8 | 300 | 2 400 | 64 |

续表 4-4

| 年份 | 季度 | 时间变量 $t$ | 销售量 $Y$（箱） | $tY$ | $t^2$ |
|---|---|---|---|---|---|
| 2014 | 1 | 9 | 210 | 1 890 | 81 |
|  | 2 | 10 | 1 100 | 11 000 | 100 |
|  | 3 | 11 | 1 300 | 14 300 | 121 |
|  | 4 | 12 | 700 | 8 400 | 144 |
| 2015 | 1 | 13 | 450 | 5 850 | 169 |
|  | 2 | 14 | 1 450 | 20 300 | 196 |
|  | 3 | 15 | 1 400 | 21 000 | 225 |
|  | 4 | 16 | 720 | 11 520 | 256 |
| 合　计 |  | 136 | 11 150 | 113 030 | 1 496 |

将表中数据代入以下公式：

$$b = \frac{n\sum tY - \sum t \sum Y}{n\sum t^2 - (\sum t)^2} = \frac{16 \times 113\,030 - 136 \times 11\,150}{16 \times 1\,496 - (136)^2} = \frac{292\,080}{5\,440} = 53.69\,11$$

$$a = \bar{Y} - b\bar{t} = \frac{\sum Y}{n} - b\frac{\sum t}{n} = \frac{11\,150}{16} - 53.69\,11 \times \frac{136}{16} = 240.5$$

得到直线方程：

$$\hat{Y}_t = 240.5 + 53.691t$$

斜率 $b = 53.69$ 表示在 2012 年至 2015 年期间饮料销售量每季度平均增长 53.69 箱。饮料销量趋势如图 4-3 所示。

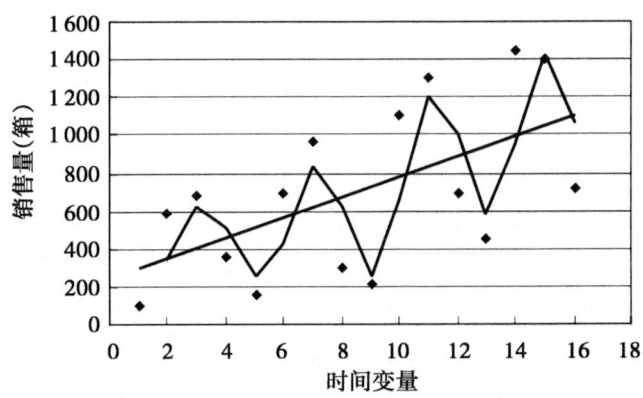

图 4-3　饮料销售量直线型长期变动趋势

### 4.3.3　非线性趋势

非线性趋势也称为曲线趋势。现象非线性趋势变动的形式多种多样，例如可能为抛物线型、指数曲线型、修正指数曲线型、Gomperte 曲线型等，各种曲线的拟合方法各不相同。这里只介绍较常用的抛物线型和指数曲线型。

(1) 抛物线型。

当现象的长期趋势近似于抛物线形态时，可拟合为二次曲线方程：

$$\hat{Y}_t = a + bt + ct^2 \qquad (4-10)$$

按多元回归的方式用最小二乘法导出三个标准方程式：

$$\begin{aligned}
\sum Y &= an + b\sum t + c\sum t^2 \\
\sum tY &= a\sum t + b\sum t^2 + c\sum t^3 \\
\sum t^2 Y &= a\sum t^2 + b\sum t^3 + c\sum t^4
\end{aligned} \qquad (4-11)$$

已知 2009—2015 年饮料销售量情况如表 4-5 所示。

表 4-5  2009—2015 年饮料销售量情况

| 年份 | 时间变量 | 销售量 |
| --- | --- | --- |
| 2009 | 1 | 1 000 |
| 2010 | 2 | 1 200 |
| 2011 | 3 | 1 440 |
| 2012 | 4 | 1 710 |
| 2013 | 5 | 2 110 |
| 2014 | 6 | 3 310 |
| 2015 | 7 | 4 020 |

根据以上有关资料可求出抛物线型趋势方程为

$$\hat{Y}_t = 1\,207.1 - 226.55t + 90.60t^2$$

当需要预测 2016 年饮料销售量时，设定时间 $t = 8$，代入曲线方程，可计算出估计 2016 年销售量为 5 193.1 箱。

(2) 指数曲线型。

当现象的长期趋势每期大体上按相同的增长速度递增或递减变化时，可拟合为如下指数曲线方程：

$$\hat{Y}_t = ab^t \qquad (4-12)$$

指数曲线的特点是各期环比增长速度大体相同，或者说时间序列的逐期趋势值按一定的百分比递增或衰减。式中，若 $b > 1$，逐期增长率随 $t$ 的增加而增加；若 $b < 1$，逐期增长率随 $t$ 的增加而降低。为估计参数 $a$ 和 $b$，可将公式两端取对数：

$$\lg \hat{Y}_t = \lg a + t\lg b \qquad (4-13)$$

设定 $Y = \lg \hat{Y}_t$，$A = \lg a$，$B = \lg b$，则有 $Y = A + tB$，运用最小平方法可估计出 $A$ 和 $B$，再取反对数即可得参数 $a$ 和 $b$ 的估计值。

## 4.4  季节变动分析

如果使用的数据为月数据和季数据时，就可以研究数据中包含的季节变动规律。季节分析的方法主要有月平均法和趋势剔除法两种。

### 4.4.1 月平均法

月平均法是把各年同月的数据排列在一起，计算出月平均值和月平均值的平均值，再计算各月平均值与月平均值的平均值的比值，即是所求的季节比率或季节指数。

这里把月数据变化为季度数据，见表4-6。先计算各季平均值227.5，957.5，1 085，517.5，再计算出季的总平均值(227.5 + 957.5 + 1 085 + 517.5)/4 = 696.875，分别将各季平均值与季总平均值对比，得1季比率 = 227.5/696.875 = 0.326 46，2季比率 = 957.5/696.875 = 1.374 0等。

各季比率之和应该等于4，若有出入要调整到4。

表4-6 月平均法季节指数计算表

|  | 2012年 | 2013年 | 2014年 | 2015年 | 合计 | 季平均值 | 季节比率 |
|---|---|---|---|---|---|---|---|
| 1季 | 100 | 150 | 210 | 450 | 910 | 227.5 | 0.326 457 |
| 2季 | 580 | 700 | 1 100 | 1 450 | 3 830 | 957.5 | 1.373 991 |
| 3季 | 680 | 960 | 1 300 | 1 400 | 4 340 | 1 085 | 1.556 951 |
| 4季 | 350 | 300 | 700 | 720 | 2 070 | 517.5 | 0.742 601 |
| 合计 | 1 710 | 2 110 | 3 310 | 4 020 | 11 150 | 2 787.5 | 4 |
| 平均值 | — | — | — | — | — | 696.875 | — |

### 4.4.2 趋势剔除法

月平均法计算季节指数比较简便，易于理解，但却包含了现象向上发展的趋势，导致季节指数受到不同的加权作用，近期的季节指数在整个指数中的影响大，远期的季节指数影响小。因此，应该先剔除趋势值的影响，再计算季节指数。趋势剔除法季节指数计算表见表4-7、表4-8，季节指数对照如图4-4所示。

表4-7 趋势剔除法季节指数计算表（一）

| 年份 | 季度 | 时间变量 $t$ | 销售量 $Y$ | 4季移动 $T$ | 季节比率 $Y/T = SI$ |
|---|---|---|---|---|---|
| 2012 | 1 | 1 | 100 | — | — |
|  | 2 | 2 | 580 | — | — |
|  | 3 | 3 | 680 | 433.75 | 1.567 723 |
|  | 4 | 4 | 350 | 455 | 0.769 231 |
| 2013 | 1 | 5 | 150 | 505 | 0.297 03 |
|  | 2 | 6 | 700 | 533.75 | 1.311 475 |
|  | 3 | 7 | 960 | 535 | 1.794 393 |
|  | 4 | 8 | 300 | 592.5 | 0.506 329 |

续表 4-7

| 年份 | 季度 | 时间变量 t | 销售量 Y | 4 季移动 T | 季节比率 Y/T = SI |
|---|---|---|---|---|---|
| 2014 | 1 | 9 | 210 | 685 | 0.306 569 |
|  | 2 | 10 | 1 100 | 777.5 | 1.414 791 |
|  | 3 | 11 | 1 300 | 857.5 | 1.516 035 |
|  | 4 | 12 | 700 | 931.25 | 0.751 678 |
| 2015 | 1 | 13 | 450 | 987.5 | 0.455 696 |
|  | 2 | 14 | 1 450 | 1 002.5 | 1.446 384 |
|  | 3 | 15 | 1 400 | — | — |
|  | 4 | 16 | 720 | — | — |

表 4-8 趋势剔除法季节指数计算表(二)

|  | 2012 年 | 2013 年 | 2014 年 | 2015 年 | 合计 | 季平均值 | 季节比率 |
|---|---|---|---|---|---|---|---|
| 1 季 | — | 0.297 03 | 0.306 569 | 0.455 696 | 1.059 3 | 0.353 1 | 0.349 103 |
| 2 季 | — | 1.311 475 | 1.414 791 | 1.446 384 | 4.172 7 | 1.390 9 | 1.375 154 |
| 3 季 | 1.567 723 | 1.794 393 | 1.516 035 | — | 4.878 2 | 1.626 067 | 1.607 659 |
| 4 季 | 0.769 231 | 0.506 329 | 0.751 678 | — | 2.027 2 | 0.675 733 | 0.668 084 |
| 合计 | 2.337 | 3.909 2 | 3.989 1 | 1.902 1 | 12.137 4 | 4.045 8 | 4 |
| 修正系数 | — | — | — | — | — | 0.988 67 | — |

第一步,计算原数据($Y$)的移动平均数($T$),$T = \sum Y/n$。

第二步,计算具体的季节比率(SI),$SI = Y/T$。

第三步,计算月(季)平均值($\overline{SI}$),消除不规则波动。如第一季度的季平均值为

$$\overline{SI} = (\sum SI)/n = (0.297\ 0 + 0.306\ 6 + 0.455\ 7)/3 = 1.059\ 3/3 = 0.353\ 1 \quad (4-14)$$

第四步,计算季节比率(S)。如第一季度的季节比率为

$$S = \overline{SI} \times 修正系数 = \overline{SI} \times \frac{4}{4.045\ 8} = 0.353\ 1 \times 0.988\ 7 = 0.349\ 1 \quad (4-15)$$

第五步,使用季节比率进行预测。已知 2016 年饮料的销售量预测值为 5 193 箱,第 1~4 季度的预测值分别为 (5 193/4) × (0.439 1, 1.375 2, 1.607 7, 0.668 1) = (570, 1 785, 2 087, 867)(箱)。

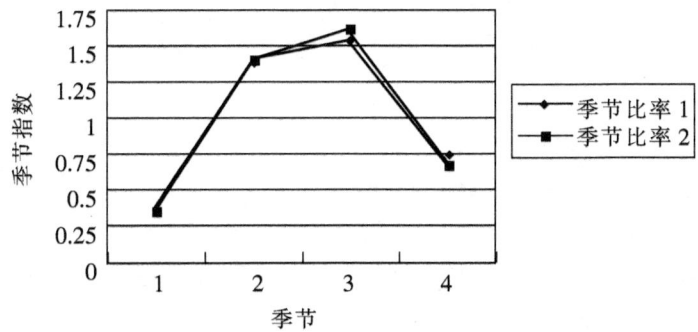

图 4-4 季节指数对照（其中季节指数 2 为趋势剔除法）

□**本章小结**

时间数列不同于横截面静态数列，要求数据在时间上具有可比性。时点数和时期数的计算方法有差别。计算和分析现象的增长速度和移动趋势时，要注意现象的季节性和周期性问题。在对现象进行预测时，可以将长期趋势分析方法和季节变动分析方法结合起来使用。

□**练习**

1. 什么是时间序列？时期数列与时点数列有什么区别？
2. 什么是发展速度、环比发展速度、定基发展速度和同比发展速度？如何计算环比增长速度、定基增长速度和同比增长速度？
3. (1) 什么是序时平均数？

(2) 某商场饮料销售量与库存量在各年的变化如下表所示，试计算 2011—2015 年饮料年平均销售量和年平均库存量。

| 年份 | 销售量(箱) | 年末库存(箱) | 平均库存(箱) | 周转速度(次) |
| --- | --- | --- | --- | --- |
| 2011 | — | 350 | — | — |
| 2012 | 1 710 | 400 | 375 | 4.6 |
| 2013 | 2 110 | 550 | 475 | 4.4 |
| 2014 | 3 310 | 800 | 675 | 4.9 |
| 2015 | 4 020 | 950 | 875 | 4.6 |

(3) 计算 2011—2015 年饮料的平均周转速度。

4. (1) 什么是平均发展速度？计算平均发展速度的方法有哪些？

(2) 已知 2012 年和 2015 年饮料的销售量分别为 1 710 箱和 4 020 箱, 采用几何平均法求 2013—2015 年 3 年饮料销售量的平均发展速度。

(3) 已知 2015 年饮料销售量为 4 020 箱, 若每年平均增长率为 33%, 2 年后 (2017 年) 销售量应达到多少箱?

(4) 几何平均法的应用条件是什么?

(5) 累计法计算平均发展速度的特点是什么?

5. (1) 什么是移动平均法?

(2) 下表是周期长度为 3 季、4 季、5 季的移动平均数, 如何计算表中周期长度为 3 季、4 季、5 季的移动平均数时间序列?

| 年份 | 季度 | 时间变量 | 销售量 | 3 季移动 | 4 季移动 1 | 4 季移动 2 | 5 季移动 |
|---|---|---|---|---|---|---|---|
| 2012 | 1 | 1 | 100 | — | — | — | — |
|  | 2 | 2 | 580 | 453.3 | 427.5 | — | — |
|  | 3 | 3 | 680 | 536.7 | 440.0 | 433.8 | 372 |
|  | 4 | 4 | 350 | 393.3 | 470.0 | 455.0 | 492 |
| 2013 | 1 | 5 | 150 | 400.0 | 540.0 | 505.0 | 568 |
|  | 2 | 6 | 700 | 603.3 | 527.5 | 533.8 | 492 |
|  | 3 | 7 | 960 | 653.3 | 542.5 | 535.0 | 464 |
|  | 4 | 8 | 300 | 490.0 | 642.5 | 592.5 | 654 |
| 2014 | 1 | 9 | 210 | 536.7 | 727.5 | 685.0 | 774 |
|  | 2 | 10 | 1 100 | 870.0 | 827.5 | 777.5 | 722 |
|  | 3 | 11 | 1 300 | 1 033.3 | 887.5 | 857.5 | 752 |
|  | 4 | 12 | 700 | 816.7 | 975.0 | 931.3 | 1 000 |
| 2015 | 1 | 13 | 450 | 866.7 | 1 000.0 | 987.5 | 1 060 |
|  | 2 | 14 | 1 450 | 1 100.0 | 1 005.0 | 1 002.5 | 944 |
|  | 3 | 15 | 1 400 | 1 190.0 | — | — | — |
|  | 4 | 16 | 720 | — | — | — | — |

(3) 5 季移动平均应该是比 4 季移动平均更加具有趋势性的时间序列, 但却没有 4 季移动平均得到的趋势性稳定。为什么?

(4) 移动平均法的优点和缺点有哪些?

6. (1) 利用最小平方法所得到的直线趋势方程的一般形式为 $\hat{Y}_t = a + bt$, 解释式中 $\hat{Y}_t$, $t$, $a$, $b$ 的含义。

(2) 按照最小平方法的要求，怎样才可以得到估计参数 $a$ 和 $b$ 的标准方程组？

(3) 某商场饮料销售量各年季度的变化情况见下表，试用最小平方法拟合一条最优趋势方程。

| 年份 | 季度 | 销售量 $Y$ | 年份 | 季度 | 销售量 $Y$ |
|---|---|---|---|---|---|
| 2012 | 1 | 100 | 2014 | 1 | 210 |
|  | 2 | 580 |  | 2 | 1 100 |
|  | 3 | 680 |  | 3 | 1 300 |
|  | 4 | 350 |  | 4 | 700 |
| 2013 | 1 | 150 | 2015 | 1 | 450 |
|  | 2 | 700 |  | 2 | 1 450 |
|  | 3 | 960 |  | 3 | 1 400 |
|  | 4 | 300 |  | 4 | 720 |

7. (1) 季节分析的方法主要有哪两种？

(2) 根据习题 6 中表格，试采用月平均法求季节指数。

8. (1) 为什么采用趋势剔除法计算季节指数？

(2) 根据习题 6 中表格，试采用趋势剔除法计算季节指数。

(3) 使用季节比率进行预测。已知 2016 年饮料的销售量预测值为 5 193 箱，预测该年 1—4 季度的销售量。

9. 甲企业近 4 年的产品销量分别增长 6%，5%，7%，8%；乙企业这 4 年产品的返修率也正好是 6%，5%，7%，8%。这两个企业这 4 年的平均增长率和平均返修率是否也一样？为什么？

10. 某地区社会总产值 2006—2009 年 4 年间平均每年递增 15%，2010—2012 年 3 年间平均每年递增 12%，2013—2016 年 4 年间平均每年递增 9%，计算：(1) 该地区 11 年来社会总产值共增长了多少？(2) 年平均增长速度是多少？

11. 某地区 2016 年上半年各月的社会劳动者人数和国内生产总值资料如下表所示。

| 月 份 | 1 | 2 | 3 | 4 | 5 | 6 |
|---|---|---|---|---|---|---|
| 国内生产总值(亿元) | 300 | 310 | 315 | 325 | 340 | 360 |
| 月初社会劳动者人数(万人) | 1 680 | 1 800 | 1 760 | 1 860 | 1 920 | 2 060 |

又知 2016 年 6 月末社会劳动者人数为 2 200 万人，计算该地区 2016 年下半年以国内生产总值计算的月平均劳动生产率。

12. 已知某企业某商品最近几年各季度的销售量如下表所示（单位：万件），试用移动平均趋势剔除法计算季节比率。

| 年　份 | 第一季度 | 第二季度 | 第三季度 | 第四季度 |
| --- | --- | --- | --- | --- |
| 2012 | 21 | 16 | 50 | 39 |
| 2013 | 32 | 28 | 74 | 52 |
| 2014 | 43 | 31 | 95 | 83 |
| 2015 | 60 | 56 | 112 | 101 |

参考答案

# 第5章 统计指数

**引例**

日常生活中，我们通过生产指数反映经济增长的实际水平，通过股价指数显示股市行情，通过物价指数说明市场价格的动态及其对居民生活的影响，通过购买力平价指数进行经济水平的国际对比。通过运用统计指数我们可以考察很多社会经济问题，反映社会经济现象的变动方向和趋势。下表是2006—2015年间我国各类消费价格指数。

| 项目＼年份 | 2006 | 2007 | 2008 | 2009 | 2010 | 2011 | 2012 | 2013 | 2014 | 2015 |
|---|---|---|---|---|---|---|---|---|---|---|
| 总指数 | 148 | 448 | 558 | -85 | 320 | 525 | 268 | 258 | 206 | 150 |
| 衣着类 | 60 | 90 | -180 | -220 | -110 | 219 | 293 | 220 | 245 | 280 |
| 食品类 | 250 | 1 170 | 1 450 | 100 | 710 | 1 160 | 514 | 458 | 326 | 230 |
| 交通和通信 | 70 | 160 | -160 | -270 | -60 | 25 | -34 | -54 | -17 | -160 |
| 文教娱乐 | 0 | -70 | -90 | -120 | 40 | 26 | 38 | 173 | 194 | 140 |
| 居住项目 | 470 | 450 | 430 | -460 | 450 | 514 | 222 | 296 | 209 | 100 |

这些指数反映了什么？各类指数间有什么联系吗？本章我们将进一步了解指数的分类及计算，并发现它所代表的经济社会含义。

> **□学习目标**
>
> 本章学习和掌握复杂现象在时间上变化的统计方法，重点掌握总指数中的拉氏指数和派氏指数的编制方法。

## 5.1 统计指数及其编制方法

### 5.1.1 个体指数和总体指数

统计学上的"指数"与数学上的"指数函数"不同，统计指数常常也被称为"经济指数"。指数作为一种对比性的统计指标具有相对数的形式，通常表现为百分数。譬如，已知某年全国的零售物价指数为105%，这就表示当年全国的价格水平相当于基年的

105%，或者说，当年的价格上涨了5%。指数在经济分析上具有十分广阔的应用领域，它可以是不同时间的现象水平的对比，也可以是不同空间（如不同国家、地区、部门、企业等）的现象水平的对比，或者是现象的实际水平与计划（规划或目标）水平的对比等。

从考察的范围看，统计指数可以分为"个体指数"和"总指数"。个体指数是考察总体中个别现象或个别项目的数量对比关系的指数。如，市场上某种商品的价格指数或销售量指数。市场上全部商品销售额指数也属于个体指数。

假定某市场上5种商品的销售价格和销售量资料如表5-1所示。表中记商品价格为$p$，销售量为$q$；下标"0"表示基期，下标"1"表示计算期。

表5-1　商品价格和销售量资料

| 商品类别 | 计量单位 | 商品价格（元） | | 销售量 | | 指数（%） | | 销售额（百元） | | 指数（%） |
|---|---|---|---|---|---|---|---|---|---|---|
| | | 基期 $p_0$ | 计算期 $p_1$ | 基期 $q_0$ | 计算期 $q_1$ | $p_1/p_0$ | $q_1/q_0$ | $p_0q_0$ | $p_1q_1$ | $(p_1q_1)/(p_0q_0)$ |
| 面粉 | 100kg | 300.0 | 360.0 | 2 400 | 2 600 | 120.00 | 108.33 | 7 270 | 9 360 | 130.54 |
| 猪肉 | kg | 18.0 | 20.0 | 84 000 | 9 500 | 111.11 | 113.10 | 15 120 | 19 000 | 125.66 |
| 食盐 | 500g | 1.0 | 0.8 | 10 000 | 15 000 | 80.00 | 150.00 | 100 | 120 | 120.00 |
| 服装 | 件 | 100.0 | 130.0 | 24 000 | 23 000 | 130.00 | 95.83 | 24 000 | 29 900 | 124.58 |
| 洗衣机 | 台 | 1 500.0 | 1 400.0 | 510.0 | 612 | 93.33 | 120.00 | 7 650 | 8 568 | 112.00 |
| 合计 | — | — | — | — | — | — | — | 54 070 | 66 948 | 123.82 |

表5-1中的指数均为个体指数。由表中可知，在5种商品中，服装的个体价格指数（130%）最大，表示其价格上涨了30%；食盐的个体价格指数（80%）最小，表示其价格下跌了20%。另一方面，食盐的个体销售量指数（150%）最大，表示其销售量增长了50%，而服装的个体销售量指数（95.83%）却最小，表示其销售量减少了4.17%。另外，5种商品销售额指数（123.82%），表示5种商品的销售金额增长了23.82%。上述这些个体指数就是一般的相对数（在这里是动态相对数），其计算和分析方法都很简单，可以用公式记为

$$\text{个体价格指数} \quad K_P = p_1/p_0 \tag{5-1}$$

$$\text{个体销售量指数} \quad K_q = q_1/q_0 \tag{5-2}$$

$$\text{5种商品销售额指数} \quad K_{pq} = \sum p_1q_1 / \sum p_0q_0 \tag{5-3}$$

个体指数实质上就是一般的相对数，包括动态相对数、比较相对数和计划完成相对数等，属于广义的指数概念，而统计指数则是指狭义的指数，不包括个体指数，专指总指数。

总指数是考察总体现象的数量对比关系的指数。如，市场上全部商品物价总指数，市场上商品销售量总指数等。然而，要考察总体现象的数量对比关系，常常就面临着总体中个别现象的数量（如服装销售件数与猪肉销售公斤数）不能直接加总或不能简单综合对比的问题（这样的总体一般称作"复杂现象总体"）。因此，总指数与个体指数的区别不仅在于考察范围的不同，还在于考察方法的不同。总指数不能简单地沿用一般相对数的计算分析

方法，需要制定和运用专门的指数方法。

### 5.1.2 物价指数和物量指数

物价指数是综合反映各种商品价格变动程度的经济指数，如消费者价格指数和零售物价指数。用 $K_P = p_1/p_0$ 表示各种个体价格指数，用 $\overline{K}_P$ 表示物价总指数，$W$ 表示对个体物价指数采用的权数，则有

$$\text{加权平均物价指数} \quad \overline{K}_P = \frac{\sum \frac{p_1}{p_0} W}{\sum W} = \frac{\sum K_P W}{\sum W} \qquad (5-4)$$

物量指数是综合反映各种商品产量或销售量变动程度的经济指数，如工业生产指数和商品销售量指数。用 $K_q = q_1/q_0$ 表示个体销售量指数，用 $\overline{K}_q$ 表示物量总指数，$W$ 表示对个体物量指数采用的权数，则有

$$\text{加权平均物量指数} \quad \overline{K}_q = \frac{\sum \frac{q_1}{q_0} W}{\sum W} = \frac{\sum K_q W}{\sum W} \qquad (5-5)$$

按照指数化指标的性质可以把物价指数和物量指数分别归入"质量指标指数"和"数量指标指数"的分类中。所谓"指数化指标"就是在指数中反映其数量变化或对比关系的那种变量。例如，物价指数的指数化指标就是商品或产品的"价格"，销售量指数的指数化指标就是商品的"销售量"，工业生产指数的指数化指标就是工业品的"产量"，而股价指数的指数化指标就是上市交易的"股票价格"，等等。如果一个指数的指数化指标具有质量指标的特征(即表现为平均数或相对数的形式)，它就属于"质量指标指数"。物价指数、股价指数和成本指数等都是质量指标指数；如果一个指数的指数化指标具有数量指标的特征(即具有总量或绝对数的形式)，它一般就属于"数量指标指数"。销售量指数和生产指数等都是数量指标指数。

但是，诸如商品的销售额指数、产品的成本总额指数或总产值指数等，它们所对比的现象虽然都属于数量指标，却具有"价值总额"的特殊形式，这些价值总额通常可以分解为一个数量因子与一个质量因子的乘积，而相应的指数则反映了两个因子共同变化的影响。如 5 种商品销售额指数为

$$\overline{K}_{p_1 q} = \frac{\sum p_1 q_1}{\sum p_0 q_0} \qquad (5-6)$$

全部商品销售额指数既不属于"数量指标指数"，也不属于"质量指标指数"，可以单独列为一类，通常称之为"总值指数"。

### 5.1.3 综合物价指数和加权平均物价指数

综合物价指数和加权平均物价指数都属于总指数。总指数作为考察整个总体现象数量对比关系的指数，其编制方法与个体指数的编制方法有很大不同。编制总指数通常可以考虑两种方式。

(1) 先对比、后平均的方式。该方式首先需要将各种商品的价格或销售量资料进行对比(计算个体指数)，然后通过个体指数的平均得到相应的总指数。这种方法通常称为"平均指数法"。平均指数则是对个体指数进行平均的结果。加权平均物价指数则是一种平均指数，其计算公式有两种：

$$\text{加权算术平均物价指数} \quad \overline{K}_P = \frac{\sum \frac{p_1}{p_0} pq}{\sum pq} = \frac{\sum K_p pq}{\sum pq} \quad (5-7)$$

$$\text{加权调和平均物价指数} \quad \overline{K}_P = \frac{\sum pq}{\sum \frac{p_0}{p_1} pq} = \frac{\sum pq}{\sum \frac{pq}{K_p}} \quad (5-8)$$

(2) 先综合、后对比的方式。该方式首先需要将各种商品的价格或销售量资料加总起来，然后通过对比得到相应的总指数。这种方法通常称为"综合(总和)指数法"。综合指数就是将指数化指标加总之后进行对比的结果。综合物价指数是一种综合指数，其计算公式为

$$\text{综合物价指数} \quad \overline{K}_P = \frac{\sum p_1 q}{\sum p_0 q} \quad (5-9)$$

### 5.1.4 拉氏指数和派氏指数

在前面给出的计算物价指数的公式中，指数化指标是物价。有关价格的资料是确定的，它们分别是基期价格($p_0$)和计算期价格($p_1$)。但是，非指数化因素部分，如，物品数量($q$)和销售额($pq$)等还未确定下来。它们所起的作用主要是实现了使各种物价水平($p$)或个体物价指数($K_p$)可以加总，其中销售额($pq$)在加权总指数中起到了权数的作用。确定非指数化因素，主要有两种做法：一是采用基期的资料，二是采用报告期的资料。用前者编制的指数称为拉氏指数，用后者编制的指数称派氏指数。

拉氏物价指数的计算公式是以基期资料为权数的，形式如下：

$$\text{加权算术平均物价指数(拉氏公式)} \quad \overline{K}_{PL} = \frac{\sum \frac{p_1}{p_0} p_0 q_0}{\sum p_0 q_0} = \frac{\sum K_p p_0 q_0}{\sum p_0 q_0} \quad (5-10)$$

$$\text{综合物价指数(拉氏公式)} \quad \overline{K}_{PL} = \frac{\sum p_1 q_0}{\sum p_0 q_0} \quad (5-11)$$

派氏物价指数的计算公式是以报告期资料为权数的，形式如下：

$$\text{加权调和平均物价指数(派氏公式)} \quad \overline{K}_{pP} = \frac{\sum p_1 q_1}{\sum \frac{p_0}{p_1} p_1 q_1} = \frac{\sum p_1 q_1}{\sum \frac{p_1 q_1}{K_p}} \quad (5-12)$$

$$\text{综合物价指数(派氏公式)} \quad \overline{K}_{pP} = \frac{\sum p_1 q_1}{\sum p_0 q_1} \quad (5-13)$$

利用拉氏公式和派氏公式计算物价指数见表5-2。

表5-2 拉氏指数和派氏指数计算表

| 商品名称 | 计量单位 | 基期销售额 $p_0q_0$ | 报告期销售额 $p_1q_1$ | 销售额指数 $K_{pq}$ | 拉氏条件 $K_p(p_0q_0)=p_1q_0$ | 拉氏指数 $K_{pL}$ | 派氏条件 $(p_1q_1)/K_p=p_0q_1$ | 派氏指数 $K_{pP}$ |
|---|---|---|---|---|---|---|---|---|
| ① | ② | ③ | ④ | ⑤=④/③ | ⑥ | ⑦=⑥/③ | ⑧ | ⑨=④/⑧ |
| 面粉 | 100kg | 720 000 | 936 000 | 130.00% | 864 000 | 120.00% | 780 000 | 120.00% |
| 猪肉 | kg | 1 512 000 | 1 900 000 | 125.66% | 1 680 000 | 111.11% | 1 710 000 | 111.11% |
| 食盐 | 500g | 10 000 | 12 000 | 120.00% | 8 000 | 80.00% | 15 000 | 80.00% |
| 服装 | 件 | 2 400 000 | 2 990 000 | 124.58% | 3 120 000 | 130.00% | 2 300 000 | 130.00% |
| 洗衣机 | 台 | 765 000 | 856 800 | 112.00% | 714 000 | 93.33% | 918 000 | 93.33% |
| 合计 | — | 5 407 000 | 6 694 800 | 123.82% | 6 386 000 | 118.11% | 5 723 000 | 116.98% |

拉氏公式 $\overline{K}_{pL} = \dfrac{\sum \dfrac{p_1}{p_0} p_0 q_0}{\sum p_0 q_0} = \dfrac{\sum K_p p_0 q_0}{\sum p_0 q_0} = \dfrac{\sum p_1 q_0}{\sum p_0 q_0} = \dfrac{6\ 386\ 000}{5\ 407\ 000} = 1.1811 = 181.11\%$

派氏公式 $\overline{K}_{pP} = \dfrac{\sum p_1 q_1}{\sum \dfrac{p_0}{p_1} p_1 q_1} = \dfrac{\sum p_1 q_1}{\sum \dfrac{p_1 q_1}{K_p}} = \dfrac{\sum p_1 q_1}{\sum p_0 q_1} = \dfrac{6\ 694\ 800}{5\ 723\ 000} = 1.1698 = 116.98\%$

拉氏公式和派氏公式所平均的对象都是相同的个体物价,只是由于权数不同,二者所得结果不同。

尽管两者的基本作用都是反映价格水平的综合变动,但两者存在的差别如何处理?通常人们认为,派氏物价指数的分子与分母之差,即

$$\sum p_1 q_1 - \sum p_0 q_1 = \sum (p_1 - p_0) q_1 \qquad (5-14)$$

能够表明计算期实际销售的商品由于价格变化而增减了多少销售额,因而较之拉氏价格指数具有更强的现实经济意义。

不过,从另一角度看,拉氏价格指数的分子与分母之差,即

$$\sum p_1 q_0 - \sum p_0 q_0 = \sum (p_1 - p_0) q_0 \qquad (5-15)$$

也是有意义的,它至少能够说明,消费者为了维持基期的消费水平或购买同基期一样多的商品,由于价格的变化将会增减多少实际开支。这种分析显然也是很有现实意义的,甚至通常就是人们编制消费者价格指数的主要目的。可见,从经济分析意义的角度看,拉氏指数与派氏指数孰优孰劣,其实并无绝对的判别标准,关键在于能够辨别两者的细微差异,并明确我们利用有关指数具体是要说明什么样的问题。

## 5.2 一些很重要的价格指数

### 5.2.1 消费价格指数

消费者价格指数(又称生活费用指数)是综合反映各种消费品和生活服务价格变动程度的重要经济指数,通常简记为 CPI。该指数可以用于分析市场物价的基本动态,调整货币工资以得到实际工资水平,等等。它是政府制定物价政策和工资政策的重要依据,世界各国都在编制这种指数。

我国的消费者价格指数(居民消费价格指数)是采用固定加权算术平均指数的方法来编制的。其主要编制过程和特点是:首先,将各种居民消费划分为 8 大类,包括食品、衣着、家庭设备及用品、医疗保健、交通和通信工具、文教娱乐用品、居住项目以及服务项目等,下面再划分为若干个中类和小类;其次,从以上各类中选定 325 种有代表性的商品项目(含服务项目)入编指数,利用有关对比时期的价格资料分别计算个体价格指数;再次,依据有关时期内各种商品的销售额构成确定代表品的比重权数,它不仅包括代表品本身的权数(直接权数),而且还要包括该代表品所属的那一类商品中其他项目所具有的权数(附加权数),以此提高入编项目对于所有消费品的一般代表性程度;最后,按从低到高的顺序,采用固定加权算术平均公式,依次编制各小类、中类的消费价格指数和消费价格总指数。

$$\overline{K}_P = \frac{\sum K_p W}{\sum W} = \frac{\sum K_p W}{100} \qquad (5-16)$$

**例 5-1** 给出某市居民消费价格指数计算表(见表 5-3)。已知各大类、交通工具和通信工具中类及其代表商品(代表规格品)的有关资料(有关数据均为假设),要求据以编制有关的价格指数,并填充表中空缺的数据。

表 5-3 某市居民消费价格指数计算表

| 类别及品名 | 规格等级 | 计量单位 | 基期价格(元) | 报告期价格(元) | 指数(%) | 权数 | 指数×权数 |
|---|---|---|---|---|---|---|---|
| 总指数 | — | — | — | — | 102.69 | 100 | — |
| 1. 食品类 | — | — | — | — | 104.15 | 42 | 43.743 |
| 2. 衣着类 | — | — | — | — | 95.46 | 15 | 14.319 |
| 3. 家庭设备 | — | — | — | — | 102.70 | 11 | 11.297 |
| 4. 医疗保健 | — | — | — | — | 110.43 | 3 | 3.313 |
| 5. 交通和通信 | — | — | — | — | 98.53 | 4 | 3.941 |
| (1)交通工具 | — | — | — | — | 104.37 | (60) | 62.622 |
| ①摩托车 | 100 型 | 辆 | 8 450 | 8 580 | 101.54 | (45) | 45.693 |
| ②自行车 | 660cm | 辆 | 336 | 360 | 107.14 | (50) | 53.570 |

续表 5-3

| 类别及品名 | 规格等级 | 计量单位 | 基期价格(元) | 报告期价格(元) | 指数(%) | 权数 | 指数×权数 |
|---|---|---|---|---|---|---|---|
| ③三轮车 | 普通 | 辆 | 540 | 552 | 102.22 | (5) | 5.111 |
| (2)通信工具 | — | — | — | — | 89.77 | (40) | 35.908 |
| 6. 文教娱乐 | — | — | — | — | 101.26 | 5 | 5.063 |
| 7. 居住项目 | — | — | — | — | 103.50 | 14 | 14.490 |
| 8. 服务项目 | — | — | — | — | 108.74 | 6 | 6.524 |

**解**：利用表中资料和公式，依次计算各类别的消费价格指数和消费价格总指数如下：

(1)个体(代表规格品)指数：摩托车价格指数。

$$K_p = \frac{p_1}{p_0} = \frac{8\,580}{8\,450} = 101.54\%$$

(2)中类指数：交通工具类价格指数

$$\overline{K}_P = \frac{\sum K_p W}{100} = \frac{45.693 + 53.570 + 5.111}{100} = 104.37\%$$

(3)大类指数：交通和通信工具大类的价格指数。

$$\overline{K}_P = \frac{\sum K_p W}{100} = \frac{104.37\% \times 60 + 89.77\% \times 40}{100} = \frac{62.622 + 35.908}{100} = 98.53\%$$

(4)居民消费价格总指数。

$$\overline{K}_P = \frac{\sum K_p W}{\sum W} = \frac{\sum K_p W}{100}$$

$$= \frac{43.743 + 14.319 + 11.297 + 3.313 + 3.941 + 5.063 + 14.490 + 6.524}{100}$$

$$= 102.69\%$$

计算结果表明，居民消费价格总水平上涨了 2.69%，也可以认为通货膨胀率为 2.69%，以此衡量的货币购买力指数为

货币购买力指数 = 1/居民消费价格指数 = 1/1.026 9 = 0.973 8 = 97.38%

计算结果表明，居民货币购买力下降了 1 - 97.38% = 2.62%，或者说，居民今年用 100 元所买到的商品数量，只相当于基期年用 97.38 元所买到的商品数量。

## 5.2.2 生产价格指数

工业生产指数是一种物量指数，它反映一个国家或地区各种工业产品产量的综合变动程度。我国编制工业生产指数是通过计算各种工业产品的不变价格产值来完成的。其基本编制过程是：首先，对各种工业产品分别制定相应的不变价格标准(记为 $p_c$)；其次，逐项计算各种产品的不变价格产值，加总起来得到全部工业产品的不变价格总产值；最后，将不同时期的不变价格总产值加以对比，就得到相应时期的工业生产指数。

以 2012 年的价格作为不变价标准，2013—2015 年的不变价格产值为

$$\sum p_{2012}q_{2012}, \quad \sum p_{2012}q_{2013}, \quad \sum p_{2012}q_{2014}, \quad \sum p_{2012}q_{2015}$$

由以上资料计算 2013 年和 2015 年的工业生产指数如下：

2013 年工业生产指数 $\quad \overline{K}_{q2013} = \dfrac{\sum p_{2012}q_{2013}}{\sum p_{2012}q_{2012}}$

2015 年工业生产指数 $\quad \overline{K}_{q2015} = \dfrac{\sum p_{2012}q_{2015}}{\sum p_{2012}q_{2012}}$

### 5.2.3 股票价格指数

股票价格指数（简称股价指数）是综合反映整个股票市场价格变动的基本趋势的指标，被称为市场经济的"晴雨表"。在股价指数的编制方法中，综合指数是一种重要编制方法，其公式为

$$\overline{I}_P = \dfrac{\sum p_1 q}{\sum p_0 q} \qquad (5-17)$$

式中，$\overline{I}_P$ 表示股票价格指数，$p_1$ 和 $p_0$ 分别表示报告期和基期的个体股票价格，$q$ 表示个体股票的发行量（或交易量）。其中，发行量（或交易量）因素通常固定在基期水平上（即采用拉氏公式），为的是简便和可比；但也可以固定在计算期水平上（即采用派氏公式）。

我国的上证综指、香港恒生指数和美国的 SP500 指数等，都是采用综合公式编制的。以美国的 SP500 指数为例，该指数由美国的 S&P（Standard&Poor）公司逐年逐月编制，其入编股票共计 500 种，其中包括 400 种工业股、20 种运输业股、40 种金融业股和 40 种公用事业股，对比基期为 1941—1942 年，采用拉氏公式，权数为基期各种股票的发行量。该指数具有较强的代表性和广泛的影响力。

除综合指数方法外，股价指数还可以采用其他方式编制。以著名的美国道·琼斯指数为例，其基本编制方法就是：对入编指数的各种股票分别计算不同时间的简单平均价格，通过对比就得到相应日期的股价指数。其计算公式为

$$\overline{I}_P = \dfrac{\overline{p}_t}{\overline{p}_0} = \dfrac{\sum p_{ti}/n}{\sum p_{0i}/n} = \dfrac{\sum p_{ti}}{\sum p_{0i}} \qquad (5-18)$$

可见，该种股价指数实际上是运用平均指标指数方法编制的（故通常又被称为"道·琼斯股价平均数"）。式中没有加权的优点是：简化了资料的采集和指数的计算，也排除了结构变化对指数的影响。其缺点是：不能适当区分不同股票的重要性程度，即将大小公司的股价变动同等看待。道·琼斯指数目前的入编股票为 65 种，其中包括 30 种工业股、20 种运输业股、15 种公用事业股。

## 5.3 综合评价指数

### 5.3.1 综合评价概述

在经济管理中，需要对有关的经济活动进行评价，如检查计划、考核评分、验收定级

等。可以从某一侧面作出判断,这属于"单项评价";也可以从多个不同的侧面对有关现象进行全面的综合判断,这就属于"综合评价"。

常规的综合评价方法有两种:一种是"简易计分法",如体操比赛或歌唱竞赛中,裁判或评委给运动员或歌手评分时,多数采用这种方法。这种方法操作简便、快捷,但评分结果具有较大的主观随意性,因此要进行"掐头去尾"的处理(即去掉个别的最高分和最低分),然后计算平均分。另一种常规方法是"参数指标法",即首先选定综合评价所要考虑的几个主要方面的指标,然后以特定的方式将其结合起来,构成一个新的评价指标。

在编制综合评价指数的实践中,目前比较成熟、可行的方法主要有两种,即"标准比值法"和"功效系数法"。两者的区别主要表现为对比标准的确定方式不同。

### 5.3.2 标准比值综合评价指数

构建标准比值综合评价指数的具体方法如下:

(1)建立综合评价指标体系。

我国采用的"工业经济效益综合指数"中规定了6项指标:工业产品销售率、资金利税率、成本利润率、增加值率、全员劳动生产率(人均增加值)和资金周转率(流动资金周转次数)等。

(2)确定评价公式。

$$\bar{I} = \frac{\sum \frac{\text{实际值}}{\text{标准值}} \times \text{权数}}{\sum \text{权数}} = \frac{\sum \text{个体指数} \times \text{权数}}{\sum \text{权数}} = \frac{\sum I_i W_i}{100} \quad (5-19)$$

(3)确定各项指标的评价标准和权数。

表 5–4 我国工业经济效益综合指数的标准值和权数

| 参评指标 | 计量单位 | 全国标准值 | 权数 |
| --- | --- | --- | --- |
| 产品销售率 | % | 97.48 | 15 |
| 资金利税率 | % | 13.55 | 30 |
| 成本利润率 | % | 8.41 | 15 |
| 增加值率 | % | 29.00 | 10 |
| 劳动生产率 | 元/人 | 6 205 | 10 |
| 资金周转率 | 次/年 | 1.83 | 20 |

可以简单地用各项指标的中等水平作为单一"标准值",并依据各项评价指标的重要程度赋予相应的权数。

(4)计算企业的个体指数和综合评价指数。

表 5–5 企业经济效益综合指数计算表

| 参评指标 | 单位 | 标准值 | 实际值 | 个体指数(%) | 权数 | 指数×权数 |
| --- | --- | --- | --- | --- | --- | --- |
| 产品销售率 | % | 97.48 | 98.50 | 101.05 | 15 | 15.157 5 |
| 资金利税率 | % | 13.55 | 14.20 | 104.80 | 30 | 31.440 0 |

续表 5-5

| 参评指标 | 单位 | 标准值 | 实际值 | 个体指数(%) | 权数 | 指数×权数 |
|---|---|---|---|---|---|---|
| 成本利润率 | % | 8.41 | 7.40 | 87.99 | 15 | 13.198 5 |
| 增加值率 | % | 29.00 | 26.03 | 89.76 | 10 | 8.976 0 |
| 劳动生产率 | 元/人 | 6 205 | 6 852 | 110.43 | 10 | 11.043 0 |
| 资金周转率 | 次/年 | 1.83 | 1.95 | 106.56 | 20 | 21.312 0 |
| 合 计 | — | — | — | — | — | 101.127 0 |

计算结果表明，企业经济效益综合评价指数为 101.13。

### 5.3.3 功效系数综合评价指数

采用"功效系数法"编制综合评价指数的主要特点是：用满意值和不允许值来确定个体指标的功效系数，通过加权平均法得到综合评价指数。其基本公式如下：

$$\bar{I} = \sum \sqrt[W]{\prod (d_i)^W} \tag{5-20}$$

或

$$\lg \bar{I} = \frac{\sum (\lg d_i) W_i}{100} = \sum \frac{(\lg d_i) W_i}{100} \tag{5-21}$$

式中，$d_i$ 为功效系数（个体指数），其计算方法为

$$d_i = \frac{x_i - x_0}{x_1 - x_i} \times 40 + 60 \tag{5-22}$$

其中，$x_i$ 表示实际值，$x_0$ 表示不允许值，$x_1$ 表示满意值。将计算值乘 40 加 60 的目的是使功效系数尽可能落在 60～100 之间。举例说明，见表 5-6。

表 5-6 企业经济效益综合指数计算表

| 指标 | 满意值 | 不允许值 | 权数 W | 企业 | d | lgd | lgdW/100 |
|---|---|---|---|---|---|---|---|
| 产品销售率 | 99.5 | 85.2 | 15 | 98.5 | 97.2 | 1.987 7 | 0.298 2 |
| 资金利税率 | 14.2 | 10.3 | 30 | 14.2 | 100 | 2 | 0.6 |
| 成本利润率 | 9.4 | 6.8 | 15 | 7.3 | 67.7 | 1.830 5 | 0.274 6 |
| 增加值率 | 30 | 25.5 | 10 | 28 | 82.2 | 1.915 0 | 0.191 5 |
| 劳动生产率 | 7 200 | 5 500 | 10 | 7 020 | 95.8 | 1.981 2 | 0.198 1 |
| 资金周转率 | 2 | 1.5 | 20 | 1.4 | 52.0 | 1.716 0 | 0.343 2 |
| 综合指数 | — | — | 100 | — | — | — | 1.905 6 |

计算结果表明，企业经济效益综合评价指数为 $\lg \bar{I} = 1.905\ 6$。

## 本章小结

统计指数是反映复杂现象的变化的统计方法。总指数包括综合指数和平均数指数。在编制总指数时,可根据具体情况选择拉氏指数编制方法或派氏指数编制方法。消费价格指数和股票价格指数都是重要的价格指数。

## 练习

1. (1)什么是统计指数?个体指数与总指数有什么区别?

(2)什么是物价指数?什么是物量指数?

(3)什么是质量指标指数?什么是数量指标指数?商品的销售额指数、产品的成本总额指数或总产值指数分别属于哪类指数?

(4)综合物价指数和加权平均物价指数的编制方法有何不同?

2. (1)什么是拉氏物价指数?什么是派氏物价指数?

(2)下表为拉氏指数和派氏指数计算表,试利用拉氏公式和派氏公式计算其物价指数。

| 商品名称 | 计量单位 | 基期销售额 $p_0q_0$ | 报告期销售额 $p_1q_1$ | 价格指数 $K_p$ |
| --- | --- | --- | --- | --- |
| (1) | (2) | (3) | (4) | (5) |
| 面粉 | 100kg | 720 000 | 936 000 | 120.00% |
| 猪肉 | kg | 1 512 000 | 1 900 000 | 111.11% |
| 食盐 | 500g | 10 000 | 12 000 | 80.00% |
| 服装 | 件 | 2 400 000 | 2 990 000 | 130.00% |
| 洗衣机 | 台 | 765 000 | 856 800 | 93.33% |

(3)拉氏物价指数和派氏物价指数的基本作用都是反映价格水平的综合变动,但两者存在的差别如何处理?

3. (1)什么是消费价格指数?其作用是什么?

(2)中国编制消费价格指数的方法和特点是什么?

(3)下表为某市居民消费价格指数计算表,已知各大类、交通工具和通信工具中类及其代表商品(代表规格品)的有关资料(有关数据均为假设),要求据以编制有关的价格指数,并填充表中空缺的数据。

| 类别及品名 | 规格等级 | 计量单位 | 基期价格(元) | 报告期价格(元) | 指数(%) | 权数 | 指数×权数 |
| --- | --- | --- | --- | --- | --- | --- | --- |
| 总指数 | — | — | — | — | | 100 | — |
| 1. 食品类 | — | — | — | — | 104.15 | 42 | 43.743 |
| 2. 衣着类 | | | | | 95.46 | 15 | 14.319 |

续表

| 类别及品名 | 规格等级 | 计量单位 | 基期价格（元） | 报告期价格（元） | 指数（%） | 权数 | 指数×权数 |
|---|---|---|---|---|---|---|---|
| 3. 家庭设备 | — | — | — | — | 102.70 | 11 | 11.297 |
| 4. 医疗保健 | — | — | — | — | 110.43 | 3 | 3.313 |
| 5. 交通和通信 | — | — | — | — | | 4 | 3.941 |
| （1）交通工具 | | | | | | (60) | 62.622 |
| ①摩托车 | 100型 | 辆 | 8 450 | 8 580 | | (45) | 45.693 |
| ②自行车 | 660cm | 辆 | 336 | 360 | | (50) | 53.570 |
| ③三轮车 | 普通 | 辆 | 540 | 552 | | (5) | 5.111 |
| （2）通信工具 | — | — | — | — | 89.77 | (40) | 35.908 |
| 6. 文教娱乐 | — | — | — | — | 101.26 | 5 | 5.063 |
| 7. 居住项目 | — | — | — | — | 103.50 | 14 | 14.490 |
| 8. 服务项目 | — | — | — | — | 108.74 | 6 | 6.524 |

（4）居民消费价格总水平上涨了2.69%，依此衡量的货币购买力指数为多少？

4．（1）什么是工业价格指数？

（2）中国编制工业价格指数的方法是什么？

5．（1）什么是股票价格指数？编制股票价格指数的方法有哪些？

（2）采用综合指数法编制股票价格指数的方法是什么？

（3）采用平均指标指数法编制股票价格指数的方法是什么？

6．（1）构建标准比值综合评价指数的步骤有哪些？

（2）下表为某企业经济效益表，请计算该企业的个体指数和综合评价指数。

| 参评指标 | 单位 | 标准值 | 实际值 | 权数 |
|---|---|---|---|---|
| 产品销售率 | % | 97.48 | 98.50 | 15 |
| 资金利税率 | % | 13.55 | 14.20 | 30 |
| 成本利润率 | % | 8.41 | 7.40 | 15 |
| 增加值率 | % | 29.00 | 26.03 | 10 |
| 劳动生产率 | 元/人 | 6 205 | 6 852 | 10 |
| 资金周转率 | 次/年 | 1.83 | 1.95 | 20 |

7．采用"功效系数法"编制综合评价指数的主要特点是什么？

8．给出某市场上4种蔬菜的销售资料如下表所示。

| 品种 | 销售量（千克） | | 销售单价（元） | |
|---|---|---|---|---|
| | 基期 | 计算期 | 基期 | 计算期 |
| 土豆 | 950 | 990 | 1.20 | 1.60 |
| 萝卜 | 530 | 558 | 2.00 | 1.80 |
| 青菜 | 380 | 408 | 1.40 | 0.90 |
| 芋头 | 460 | 500 | 2.00 | 3.00 |
| 合计 | 2 320 | 2 556 | — | — |

要求：（1）用基期加权的算术平均指数公式编制4种蔬菜的价格总指数；

（2）用计算期加权的调和平均指数公式编制4种蔬菜的价格总指数；

（3）比较两种公式编制出来的销售价格总指数的差异。

9. 某自行车制造商主要生产自行车及其零配件，有关的产量、成本及销售价格如下表所示：

| 产品种类 | 计量单位 | 基期产量 | 销售量（千克） | | |
|---|---|---|---|---|---|
| | | | 成本 | 价格 | 产量 |
| A | 件 | 270 | 50 | 65 | 340 |
| B | 台 | 32 | 800 | 1 000 | 35 |
| C | 吨 | 190 | 330 | 400 | 150 |

要求：（1）分别以单位产品成本和销售价格为度量因素，计算该企业的派氏产量指数；

（2）试比较分析：不同产量指数具有何种不同经济含义和分析意义。

10. 某零售企业有关ABC三种货物的销售情况如下：

| 品种 | 计量单位 | 销售量 | | 销售单价（元） | |
|---|---|---|---|---|---|
| | | 基期 | 计算期 | 基期 | 计算期 |
| A | 瓶 | 1 200 | 1 000 | 20 | 40 |
| B | 千克 | 8 000 | 9 000 | 4 | 6 |
| C | 米 | 10 000 | 12 000 | 15 | 15 |

要求：（1）计算销售量总指数及销售量变动对销售额绝对数的影响；

（2）计算价格总指数以及价格变动对销售额绝对数的影响。

参考答案

# 第6章 概率及其分布

**引例**

根据2010年第六次全国人口普查数据整理如下：

| 年龄(岁) | 人口数(万人) | 占总人口比重(%) |
| --- | --- | --- |
| 0~9 | 14 641.415 9 | 10.99 |
| 10~19 | 17 479.775 6 | 13.11 |
| 20~29 | 22 842.637 0 | 17.14 |
| 30~39 | 21 516.416 2 | 16.15 |
| 40~49 | 23 034.851 7 | 17.28 |
| 50~59 | 16 006.564 5 | 12.01 |
| 60~69 | 9 978.056 4 | 7.48 |
| 70~79 | 5 682.453 0 | 4.26 |
| 80~89 | 1 900.512 6 | 1.42 |
| 90以上 | 198.422 0 | 0.15 |

由上表知，有50.57%的人口集中在20~49岁这一年龄区间内，而20岁以下、49岁以上人口所占比例分别为24.10%和25.32%，显然，年龄分布呈现两头小、中间大的趋势。这样的分布是什么分布？它有哪些特点？学习这样的分布对我们实际生活有什么帮助？通过本章的学习，我们将走进概率分布的世界，进一步感受正态分布、二项分布及泊松分布的魅力所在。

> **□ 学习目标**
>
> 　　本章要掌握数据与概率的关系，从概率分布上把握统计的特点，特别是要把正态分布及其概率计算方法作为学习的重点。

## 6.1 事件与概率

### 6.1.1 什么是概率

在管理中我们会遇到许多不确定性的决策。例如提高产品价格可能会导致销售量下降，但我们想知道这种可能性（"机会"）到底有多大，又例如新投资赢利的"几率"有多大，等等。解决这些不确定性问题的基本前提是要掌握概率知识。

概率是衡量某一特定事件的机会或可能性的数量指标。概率的大小与事件有关。在自然界和社会经济中发生的事件通常是随机事件，在管理决策中经常遇到的也是随机现象，要解决的通常是随机事件问题。

例如，我们关心一项工程的进度，它在第一阶段可能需要 2 个月或 3 个月完成，在第二阶段可能需要 3 个月或 4 个月才能完成。这样，我们就可以估计出 4 种工程完成的可能情况：$2+3=5$，$2+4=6$，$3+3=6$，$3+4=7$。其中，最少需要 5 个月，最长需要 7 个月，最大可能性是在 6 个月以内完成。假设整个工程可以在 6 个月以内完成，那么与这个事件有关的样本点有 3 个：$(2,3)$，$(2,4)$，$(3,3)$，记为 $C$，则有

$$C = \text{"工程在 6 个月内完成"的样本集} = \{(2,3),(2,4),(3,3)\}$$

我们还关心"工程少于 6 个月完成"和"工程超过 6 个月完成"的事件，分别记为 $L$ 和 $M$，则有

$$L = \text{"工程在 5 个月以内完成"的样本集} = \{(2,3)\}$$
$$M = \text{"工程超过 7 个月完成"的样本集} = \{(3,4)\}$$

事件是若干样本点的集合。$C$，$L$，$M$ 是三个不同的事件。它们的概率分别为

$$P(C) = P(2,3) + P(2,4) + P(3,3) = 1/4 + 1/4 + 1/4 = 3/4$$
$$P(L) = P(2,3) = 1/4$$
$$P(M) = P(3,4) = 1/4$$

### 6.1.2 概率的统计定义

如何理解概率与统计（大量观察）的关系呢？概率是度量随机现象中某个结果发生的可能性大小的数量指标。例如，我们要决策能否接受一批货物，就要对其质量进行检验。我们不可能每件都检验，只能从中任取几件。假如任取 5 件进行检验，可能会抽出"4 件合格品，1 件次品"，也可能抽出的是"3 件合格品，2 件次品"，等等，由此得出多种合格率。每一种检验结果（合格率）都是随机的。我们所关心的问题是，接受这批货物的可能性有多大？这个可能性的大小就是用"概率"来描述的。还例如，一个优秀的篮球运动员在 3 米线投篮一次，投入篮筐是一个随机事件；一个新手在同一位置投篮一次，投篮成功也是一个随机事件。在一次投篮中，可能优秀运动员刚好未投中，而新手却碰巧投中，我们不能因此得出结论："优秀运动员的投篮命中率小于新手。"可能性的大小要通过大量的观察才能确定。

历史上曾有数学家记录抛掷硬币的情况，观察硬币出现正面朝上的次数。当抛掷硬币

4 040 次时,正面向上次数为 2 048,其频率是 0.506 9。当抛掷硬币的试验次数分别增加到 12 000 次和 24 000 次时,其频率分别为 0.501 6 和 0.500 5,趋近于 0.5。

于是,我们对概率的统计定义表述如下:在相同条件下,重复做 $n$ 次试验,事件 $A$ 出现了 $m$ 次,当 $n$ 很大时,频率 $m/n$ 稳定在某个数值 $p$ 的附近。当 $n$ 趋近于 $\infty$ 时,频率 $m/n$ 趋近于 $p$ 值,则称 $p$ 为事件 $A$ 的概率,记为 $P(A)=p$。

## 6.2 概率分布

### 6.2.1 数据波动与统计规律

如何观察数据波动的规律性?我们可以通过进一步了解数据的变异性特征来理解数据波动与概率的统计意义之间的关系。在一次试验中,试验数据之间的差别就是数据的变异性。同一规格的两个零件在加工尺寸、性能上毫无偏差是不可能的,数据的变异性是普遍存在的。例如,一个生产电发火管产品的工厂,为了检验合格率,共收集了 10 个班次 100 个爆破压力的试验数据,如表 6-1 所列。

表 6-1 电发火管产品爆破威力的 100 个抽样数据

| 班次\组别 | 1 | 2 | 3 | 4 | 5 | 6 | 7 | 8 | 9 | 10 |
| --- | --- | --- | --- | --- | --- | --- | --- | --- | --- | --- |
| 1 组 | 90.8 | 92.4 | 87.4 | 85.9 | 88.7 | 84.9 | 83.4 | 90.3 | 84.3 | 90.7 |
| 2 组 | 95.1 | 88.3 | 89.8 | 78.5 | 93 | 92.5 | 86.2 | 81.9 | 87.7 | 90.8 |
| 3 组 | 94.7 | 93.5 | 84.5 | 89.9 | 84.9 | 89.5 | 86.2 | 87.5 | 88.4 | 94.4 |
| 5 组 | 88.5 | 88.8 | 81.3 | 89.3 | 89.4 | 87.6 | 82.6 | 92.7 | 95.9 | 96.3 |
| 6 组 | 91.7 | 93.7 | 92.5 | 86.9 | 87.6 | 92.3 | 85.7 | 88.4 | 79.6 | 92.6 |
| 7 组 | 93.9 | 86.7 | 87.6 | 86.1 | 89.9 | 91.4 | 85.4 | 90.5 | 88.8 | 98.7 |
| 8 组 | 92.7 | 87.8 | 93.8 | 83.7 | 82.7 | 90.7 | 82.8 | 75.2 | 86.7 | 92.7 |
| 9 组 | 87.9 | 94 | 92.6 | 80.4 | 87.5 | 91.3 | 85.9 | 85.6 | 91.6 | 90.8 |
| 10 组 | 98.7 | 94.5 | 90.3 | 87 | 86.7 | 88.4 | 89 | 84 | 88.4 | 88.3 |

以上数据反映了产品质量的数据始终存在波动性。由于数据总是在某一范围内波动,即多数在 85~95 之间,说明数据的波动存在某种规律性。要揭示数据的规律性,我们必须了解数据分布的特征。表 6-2 为电发火管产品爆破压力值的频数分布情况。

表 6-2 频率分布表

| 组 界 | 频率(%) | 累计(%) |
| --- | --- | --- |
| 75.05 ~ 78.05 | 2 | 2.00 |
| 78.05 ~ 81.05 | 3 | 5.00 |
| 81.05 ~ 84.05 | 8 | 13.00 |

续表6-2

| 组　界 | 频率(%) | 累计(%) |
| --- | --- | --- |
| 84.05～87.05 | 18 | 31.00 |
| 87.05～90.05 | 30 | 61.00 |
| 90.05～93.05 | 23 | 84.00 |
| 93.05～96.05 | 12 | 96.00 |
| 96.05～99.05 | 3 | 99.00 |
| 99.05～102.05 | 1 | 100.00 |
| 合　计 | 100 | — |

依据频数分布情况进行的统计分析如下：
(1)电发火管的爆破压力值最大不超过102.05，最小不低于75.05；
(2)有约30%集中在87～90之间；
(3)有约70%大于84并小于93；
(4)小于84的约占13%，大于93的约占16%。

频数分布只是概率分布的具体表现形式，要了解概率分布的一般规律，要从数学原理角度寻找概率分布曲线。

### 6.2.2 概率分布

频率分布与概率分布是怎样的关系呢？把产品质量频率分布的抽样误差和测量误差排除后，就转化为概率分布曲线，其分布能完全反映产品质量的波动规律，该曲线称为分布密度曲线。分布密度曲线的数学表达式为分布密度函数，记为$f(x)$，表达如图6-1。

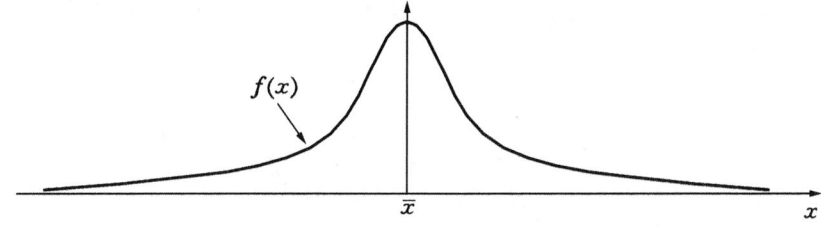

图6-1　分布密度曲线

分布密度曲线$f(x)$与横坐标$x$所夹的面积等于1。

如何理解概率分布呢？概率分布是一种数学模型，它反映变量取值与其发生的概率之间的关系。其特点是：变量取值的精确度越高，相应的概率越小；变量取值的误差越大，相应的概率也越大。例如取值在80～90的概率为30%，取值在60～110的概率为60%等。

概率分布可以分为两种类型：离散型分布和连续型分布。图6-1分布曲线是正态分布曲线，反映的是连续变量的分布规律。还有二项分布和泊松分布曲线，反映的是离散变量的分布规律。正态分布是最常见、应用最广泛的一种分布。例如，人的身高、轴径的加工尺寸、测量误差等都属于正态分布。产品质量受到众多因素影响，但无论哪个因素起主要作用，质量特征值的变异分布一般都属于正态分布。

概率分布与直方图的关系是：概率分布所描述的是总体特征值的分布，而直方图所描述的是样本特征值的分布。

## 6.3 正态分布

### 6.3.1 正态分布的特点

正态分布有如下特点（见图6-2）：

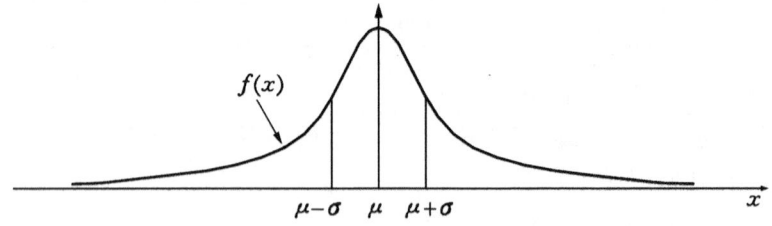

图6-2 正态分布的特点

（1）在均值处的概率密度最大。
（2）对称性。
（3）数学模式。

$$f(x) = \frac{1}{\sqrt{2\pi}\sigma} e^{-\frac{(x-\mu)^2}{2\sigma^2}} \tag{6-1}$$

式中，$x$ 为随机变量，理论取值范围为 $-\infty < x < \infty$，e 为自然对数底 2.718 3，$\pi$ 为圆周率 3.141 6，$\sigma$ 为总体标准差，$\mu$ 为总体均值。

（4）两个重要参数 $\mu$ 和 $\sigma$。参数不同分布也不同（见图6-3），对比如下：

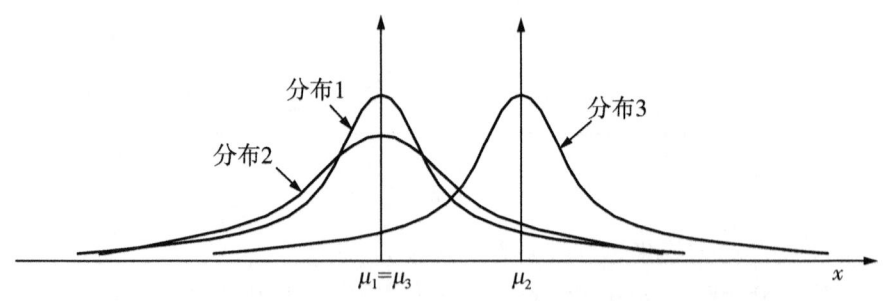

图6-3 $\mu$ 和 $\sigma$ 不同的概率分布比较

$\mu_3 = \mu_1$，$\sigma_3 > \sigma_1$：见分布 1 和分布 2；
$\mu_2 > \mu_1$，$\sigma_2 = \sigma_1$：见分布 1 和分布 3。
（5）曲线对横轴是渐近的，区间与概率的关系（常用结论）：

$$P(|\mu - x| \leqslant t\sigma) = P(|x - \mu| \leqslant t\sigma) = 1 - \alpha \tag{6-2}$$

进一步,有

$$P(|\mu - x| \le t\sigma) = P(x - t\sigma \le \mu \le x + t\sigma) = 1 - \alpha \quad (6-3)$$

或者

$$P(|x - \mu| \le t\sigma) = P(\mu - t\sigma \le x \le \mu + t\sigma) = 1 - \alpha \quad (6-4)$$

式中,$t$ 为概率度,$\alpha$ 为小概率。

总体落在总体平均数 1 倍标准差周围的概率为 68.26%。即当 $t=1$ 时,则有

$$P(|x - \mu| \le \sigma) = P(\mu - \sigma \le x \le \mu + \sigma) = 1 - \alpha = 68.26\%$$

总体落在总体平均数 2 倍标准差周围的概率为 95.45%。即当 $t=2$ 时,则有

$$P(|x - \mu| \le 2\sigma) = P(\mu - 2\sigma \le x \le \mu + 2\sigma) = 1 - \alpha = 95.45\%$$

总体落在总体平均数 3 倍标准差周围的概率为 99.73%。即当 $t=3$ 时,则有

$$P(|x - \mu| \le 3\sigma) = P(\mu - 3\sigma \le x \le \mu + 3\sigma) = 1 - \alpha = 99.73\%$$

## 6.3.2 标准正态分布

标准正态分布是对变量 $x$ 进行标准化处理的结果,即计算如下统计量

$$Z = (x - \mu)/\sigma \quad (6-5)$$

变量 $Z$ 服从均值为 0 和标准差为 1 的标准正态分布,记作 $Z \sim N(0,1)$,其标准正态分布的密度函数可表示为

$$\Phi(Z) = \frac{1}{\sqrt{2\pi}} e^{-\frac{Z^2}{2}} \quad (6-6)$$

当给定 $C$,求 $x \le C$ 时所对应的统计量 $Z$ 的概率计算公式为

$$P(x \le C) = P\left(\frac{x-\mu}{\sigma} \le \frac{C-\mu}{\sigma}\right) = P\left(Z \le \frac{C-\mu}{\sigma}\right) = \Phi\left(\frac{C-\mu}{\sigma}\right)$$

或

$$P(|x| \le C) = P\left(\left|\frac{x-\mu}{\sigma}\right| \le \frac{C-\mu}{\sigma}\right)$$

$$= P\left(|Z| \le \frac{C-\mu}{\sigma}\right) = \Phi\left(\frac{C-\mu}{\sigma}\right) - \Phi\left(-\frac{C-\mu}{\sigma}\right)$$

当 $Z$ 取值范围为 1,2,3 时,由图 6-4 可知,标准正态分布下的概率分别为

$$P(|Z| \le 1) = \Phi(1) - \Phi(-1) = 2\Phi(1) - 1 = 2 \times 0.841345 - 1 = 68.27\%$$

$$P(|Z| \le 2) = \Phi(2) - \Phi(-2) = 2\Phi(2) - 1 = 2 \times 0.97725 - 1 = 95.45\%$$

$$P(|Z| \le 3) = \Phi(3) - \Phi(-3) = 2\Phi(3) - 1 = 2 \times 0.99865 - 1 = 99.73\%$$

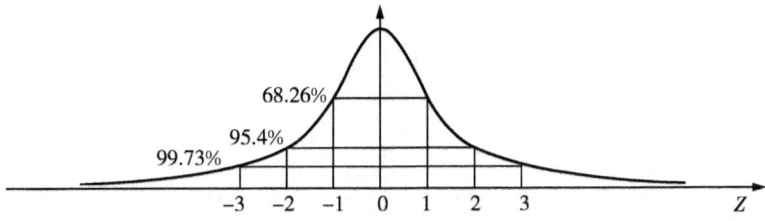

图 6-4 $|Z| \le 1, 2, 3$ 的概率

### 6.3.3 概率的计算方法

在应用中，当给定 $C$，求 $x \leq C$ 时所对应的统计量 $Z$ 的概率计算公式为

$$P(x \leq C) = P\left(\frac{x-\mu}{\sigma} \leq \frac{C-\mu}{\sigma}\right) = P\left(Z \leq \frac{C-\mu}{\sigma}\right) = \Phi\left(\frac{C-\mu}{\sigma}\right) \tag{6-7}$$

查"标准正态分布表"（附录2表3），找到 $Z = (x-\mu)/\sigma$ 的概率。

**例 6-1** 已知均值为 89，标准差为 4.6，求 $x \leq 80$ 的概率。

**解**：从图 6-5a 中寻找 $x = 80$ 的位置。其标准正态分布如图 6-5b 所示。

$$Z = (80-89)/4.6 = -1.96$$

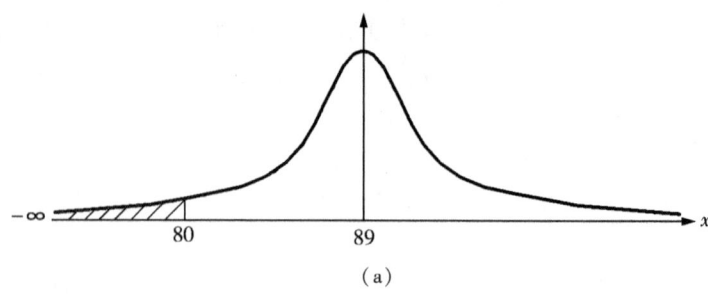

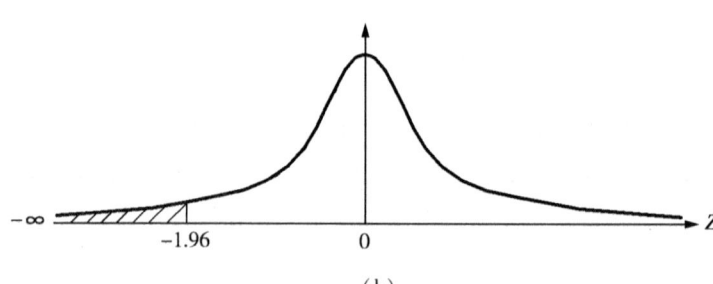

图 6-5 例 6-1 图示

查"标准正态分布表"得

$$\Phi(Z) = \Phi(-1.96) = 1 - \Phi(1.96) = 1 - 0.975 = 0.025\,00$$

即 $x \leq 80$ 的概率为 2.5%。

**例 6-2** 已知均值为 89，标准差为 4.6，求 $x \leq 90$ 的概率。

**解**：从图 6-6 中确定 $x = 90$ 的位置。

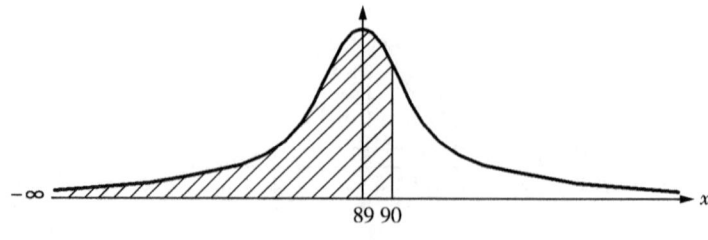

图 6-6 例 6-2 图示

$$Z = (90 - 89)/4.6 = 0.22$$

查"标准正态分布表",得

$$\Phi(Z) = \Phi(0.22) = 0.5871$$

即 $x \leqslant 90$ 的概率为 58.71%。

**例 6-3** 已知均值为 89,标准差为 4.6,求 $x > 80$ 和 $x < 90$ 的概率。

**解**:从图 6-7 中确定 $x > 80$ 和 $x < 90$ 的位置。

$$Z_1 = (80 - 89)/4.6 = -1.96$$
$$Z_2 = (90 - 89)/4.6 = 0.22$$

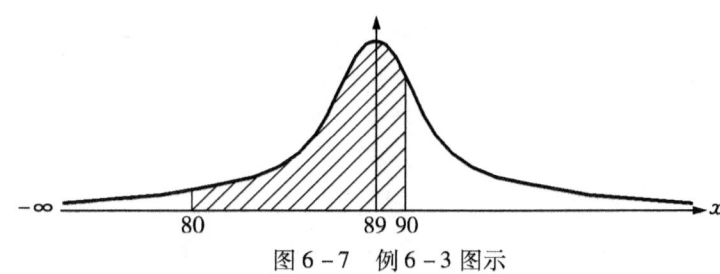

图 6-7 例 6-3 图示

查"标准正态分布表"得

$$\Phi(Z_1) = \Phi(-1.96) = 0.025$$
$$\Phi(Z_2) = \Phi(0.22) = 0.5871$$

即

$$p(80 \leqslant x \leqslant 90) = \Phi(Z_2) - \Phi(Z_1) = 58.71\% - 2.5\% = 56.21\%$$

**例 6-4** 已知均值为 89,标准差为 4.6,求 $x > 90$ 的概率。

**解**:从图 6-8 中确定 $x > 90$ 的位置。

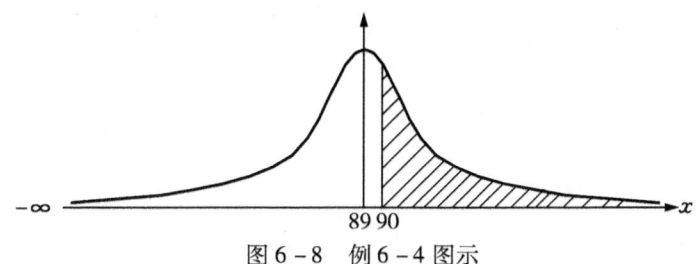

图 6-8 例 6-4 图示

$$p(x \geqslant 90) = 1 - p(x \leqslant 90) = 1 - \Phi(Z_2) = 1 - \Phi(0.22) = 1 - 58.71\% = 41.29\%$$

**例 6-5** 正态分布在调查中的运用,只需要知道均值与标准差,就可以了解总体的内部结构。例如,给某军区某年入伍新兵 10 万人做军服时需要调查大中小号各需要多少件。对此,新兵的身高数据是最为关键的信息。假设士兵的身高服从正态分布,如果平均身高为 170cm,标准差为 10,从统计学的角度可以认为:①中等身高在 160~180cm 的新兵有近 70%(精确为 68.26%),约 6.8 万人;②高个子超过 180cm 的和矮个子低于 160cm 的新兵各约 1.6 万人。

## 6.4 二项分布与泊松分布

### 6.4.1 二项分布

二项分布主要用来描述只可能出现两种结果的事件的分布。这两种结果分别用"是"和"非"来区别。"是"与"非"出现的概率的情况,可通过以下例子说明。

例如,产品总数有 $N$ 个,不合格品为"是",记为"1",有 $N_1$ 个;合格品为"非",记为"0",有 $N_0$ 个。

不合格率记为 $p$,则有 $p = N_1/N$;合格率记为 $q$,则有 $q = 1 - p = 1 - N_1/N$。

$p + q = 1$,$(p + q)^n = 1$,$(p + q)^n$ 的展开式等于1。

$n$ 为重复检验的次数,$x$ 为产品是不合格品出现的次数。

对产品检验 $n$ 次,出现 $x$ 次不合格品的概率为

$$C_n^x p^x (1 - p)^{n-x} \quad (x = 0, 1, 2, \cdots, n)$$

式中,$C_n^x = \dfrac{n!}{x!(n-x)!}$ 表示 $n$ 个产品取 $x$ 个不合格品的组合数。

**例 6-6** 已知产品合格率为 0.9,对产品检验 100 次,出现 2 次不合格品的概率为

$$C_{100}^2 0.1^2 0.9^{100-2} = 4\,950 \times 0.01 \times 0.000\,032\,79 = 0.001\,623\,1$$

二项分布的均值为

$$\mu = np$$

标准差为

$$\sigma = \sqrt{npq}$$

由于概率 $p$ 的取值不同,二项分布的形状有差异。当 $p = 0.25$ 时,均值偏向中心值以下的小值一方;当 $p = 0.5$ 时,均值处于中心位置;当 $p = 0.75$ 时,均值偏向中心值以上的大值一方。所以,二项分布图形随着不合格率 $p$ 的变化而变化,当 $p = 0.5$ 时基本对称。

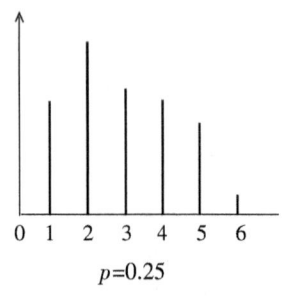
$p=0.25$

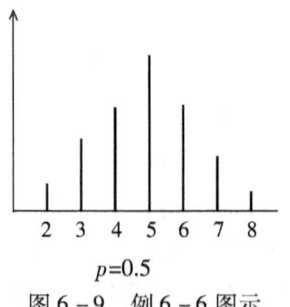
$p=0.5$

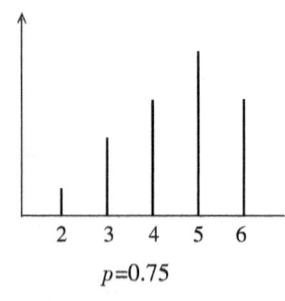
$p=0.75$

图 6-9 例 6-6 图示

二项分布与正态分布之间存在如下关系:

当 $n$ 充分大时,二项分布直线顶部的连线图形趋于对称,近似于正态分布。

二项分布的累积概率:

在一批产品中,当不合格品超过 $c$ 时,则拒绝接收。因此,接收的概率为

$$p(x \leqslant c) = \sum_{x=0}^{c} C_n^x p^x (1 - p)^{n-x}$$

$$= C_n^0 p^0 q^{n-0} + C_n^1 p^1 q^{n-1} + C_n^2 p^2 q^{n-2} + \cdots + C_n^c p^c q^{n-c}$$
$$(x = 1, 2, 3, \cdots, c)$$

**例 6 - 7** 在一批不合格品率 $p = 0.05$ 的精密铸件中（$p$ 是长期统计的稳定值），按规定每一工作班，抽取 5 件，被抽的 5 件铸件中不允许有不合格品，否则，需分析原因。试计算这种情况下铸件被接收的概率，并查"二项分布表"（附录2表1）验证。

**解**：求在抽出的 5 次检验中，不出现不合格品的概率

$$p(x \leqslant c) = \sum_{x=0}^{c} C_n^x P^x (1-P)^{n-x}$$

$$p(x = c = 0) = C_5^0 0.05^0 (1 - 0.05)^{5-0} = 0.95^5 = 0.7738$$

查表结果完全一样。

**例 6 - 8** 在一批不合格品率 $p = 0.05$ 的精密铸件中（$p$ 是长期统计的稳定值），按规定每一工作班，抽取 5 件，样本中不合格品数正好为 1 的概率为多少？

**解**：求在抽出的 5 次检验中，不合格品出现 1 次的概率。

**解法一**：
$$p(x \leqslant c = 1) = p(x \leqslant 1) - p(c = 0)$$
$$= \sum C_5^1 0.05^1 (1 - 0.05)^{5-1} - \sum C_5^0 0.05^0 (1 - 0.05)^{5-0}$$
$$= 0.9774 - 0.7738 = 0.2036$$

**解法二**：
$$p(x = c) = C_n^x p^x q^{n-x}$$
$$p(x = c = 1) = C_5^1 0.05^1 (1 - 0.05)^{5-1}$$
$$= 5 \times 0.05 \times 0.95^4 = 0.20363$$

## 6.4.2 泊松分布

泊松分布主要是描述稀有事件发生的分布。例如，在单位时间内电话交换台收到电话呼叫的次数、来到公共汽车站的乘客人数、布上的疵点等，也称为计点分布或疵点分布。泊松分布在取值范围上只取正整数和零（$x = 0, 1, 2, 3, \cdots$），在疵点 $x$ 处的概率为

$$f(x) = e^{-\lambda} \frac{\lambda^x}{x!} \quad (x = 0, 1, 2, 3, \cdots)$$

泊松分布的均值和标准差为

$$\mu = \lambda$$
$$\sigma = \sqrt{\lambda}$$

式中，$\lambda$ 为常用样本的缺陷数的平均值估计。

泊松分布与二项分布的关系：可以证明，当 $p$ 很小（小于 0.1），$n$ 较大（大于总体 0.1）时，可用泊松分布作为二项分布的近似。

泊松分布与正态分布的关系：当 $n$ 充分大时，泊松分布在每一点上的概率线条顶点的连线图形趋于对称，近似于正态分布。

泊松分布的累积概率：已知 $p$ 和 $n$，则有 $np = \lambda$。不合格品 $x$ 少于 $c$ 的概率为

$$p(x \leqslant c) = \sum_{x=0}^{c} e^{-\lambda} \frac{\lambda^x}{x!}$$

在实际应用中,通常用 $np$ 估计 $\lambda$,即令 $np = \lambda$。

**例 6-9** 已知产品不合格品率 $p = 0.02$,样本数 $n = 15$,合格判定数 $c \leqslant 1$,由二项分布和泊松分布求出结果。

解:(1)二项分布:

$$P(n = 15, p = 0.02, c \leqslant 1) = P(x \leqslant 1) = \sum_{x=0}^{1} C_n^x p^x q^{n-x} = 0.9647$$

(2)泊松分布:

$$\lambda = np = 15 \times 0.02 = 0.3, \quad c \leqslant 1$$

$$P(x \leqslant c) = \sum_{x=0}^{c} e^{-\lambda} \frac{\lambda^x}{x!} = 0.963$$

(3)结果:泊松分布计算出的概率较小。

**例 6-10** 试比较当 $p = 0.005$,$n = 20$,$c \leqslant 1$ 时,二项分布和泊松分布的结论。

解:(1)二项分布:

$$P(20, 0.005, 1) = 0.999$$

(2)泊松分布:

$$\lambda = np = 0.01, \quad c \leqslant 1$$

$$P(0.01, 1) = 0.999$$

(3)结论:可见,当 $p$ 很小,$n$ 较大时,两种分布的结论几乎完全一致。

## 本章小结

统计数据都具有随机性,并服从某种概率分布。概率论是统计学的数理基础,概率的正态分布、二项分布和泊松分布及其均值和标准差特征值是统计方法应用的理论依据。

## 练习

1. 什么是概率?概率的统计定义是什么?
2. 已知 9 名工人的日产量变量 $x$ 分别为 105,115,115,125,125,125,135,135,145,作频数分布数列和直方图。
3. 概率分布主要有几种类型,分别表现为哪些分布?
4. 正态分布有哪些特点?
5. 当给定 $C$,求 $x \leqslant C$ 时所对应的统计量 $Z$ 的概率计算公式是什么?
6. 当 $Z$ 为 1,2,3 时,其对应的概率分别是多少?
7. 在正态分析下,已知均值为 89,标准差为 4.6,求 $x > 70$ 和 $x < 100$ 的概率。

8. 在正态分布下，已知均值为89，标准差为4.6，求 $x>100$ 的概率。

9. 二项分布和泊松分布的共同点和不同点是什么？

10. 如何计算二项分布和泊松分布的累积概率？

11. 在一批不合格品率 $p=0.06$ 的精密铸件中（$p$ 是长期统计的稳定值），按规定每一工作班，抽取10件，并且被抽的10件铸件中只允许有1件不合格品，否则，需分析原因。试计算，这种情况下，铸件被接收的概率，并查表验证。

12. 在一批不合格品率 $p=0.06$ 的精密铸件中（$p$ 是长期统计的稳定值），按规定每一工作班，抽取6件，样本中不合格品数正好为0的接收概率为多少？

13. 已知产品不合格品率 $p=0.01$，样本数 $n=25$，合格判定数 $c\leqslant 1$，由二项分布和泊松分布求出两种结果。

参考答案

# 第 7 章 抽样与参数估计

**引例**

为了解广州市大学生使用信用卡的情况，2015 年 12 月，调研小组对广州市不同城区高校的大学生进行调查。该调查共发放 15 000 份调查问卷，回收问卷 14 660 份，其中有效问卷 14 212 份。经整理，受访大学生的信用卡使用人数如下表所示：

| 市区 | 使用信用卡人数 | 市区 | 使用信用卡人数 |
| --- | --- | --- | --- |
| 天河区 | 3 320 | 番禺区 | 3 780 |
| 白云区 | 1 210 | 花都区 | 2 380 |
| 海珠区 | 2 356 | 其他城区 | 1 166 |

调研组为什么要进行抽样？采取的是何种抽样方式？根据上表，如何推断出广州市大学生整体使用信用卡的情况？例如，使用信用卡的平均学生数是多少？该抽样存在多大的误差？使用信用卡学生数的置信区间在什么范围？通过本章的学习，你将会找到答案。

> **□ 学习目标**
>
> 本章要掌握抽样的原理，理解点估计、区间估计和抽样误差的关系，学会计算样本容量和不同抽样组织形式的抽样误差等。重点掌握抽样原理和区间估计方法。

## 7.1 简单随机抽样

抽样调查是实际中应用最广泛的一种调查方法，它是从调查对象的总体中随机抽取一部分单位作为样本进行调查，并根据样本调查结果来推断总体数量特征的一种非全面调查方法。例如，MDD 公司主要是以树木为原料生产和销售纸张等林产品的公司。管理人员为了准确估计公司未来所需原料的多少，并制订未来包括树木的长期种植和采伐时间表在内的计划，就要掌握关于木材及森林准确而可靠的信息。他们无法进行全面调查，只能通过抽样方法收集遍布森林的样本点数据。抽样点是随机抽取的，首先按照位置和树种将木材分成三部分，再使用地图和随机数表从每部分抽取 $1/8 \sim 1/10 \text{hm}^2$ 的树木作为随机抽样点。抽样点是公司林务员收集数据和了解森林总体的地方。由全体林务员参加数据的收集过程，他们3人一组定期收集每一抽样点中每棵树的信息。这些抽样数据被录入公司的森林永续存货计算机系统，该系统随时能提供关于树木类型、现有森林储量、森林以往生产率、未来计划森林生长和储量等大量数据频率分布的信息。

### 7.1.1 从有限总体中抽样

在抽样调查中，最普遍的是简单随机抽样。对一个由TTA公司2 500名管理人员组成的有限总体，设从有限总体容量$N$中抽取的样本容量为$n$，简单随机样本定义如下：如果随机样本中每个样本点以相等的概率被抽出，则称之为简单随机样本（有限总体）。

对有限总体进行简单随机抽样时，最方便的做法是利用随机数表来完成。假定TTA公司的2 500名管理人员已经被依次标号（即1，2，3，…，2 499，2 500），我们要从中随机抽取30名管理人员，首先查看随机数表（见表7-1），如表中第一行的每个数字1，7，7，…都是随机数，以相同的机会发生。由于TTA管理人员总体的最大标号为2 500，是四位数，我们从表中每四位一组选择随机数，根据表7-1第一行，四位随机数有

1 772　6 286　5 256　8 367　8 351　4 732　7 185　1 892　2 225　5 201　2 734　0 104

表7-1　随机数表

| | | | | | | | | | |
|---|---|---|---|---|---|---|---|---|---|
| 17 726 | 28 652 | 56 836 | 78 351 | 47 327 | 18 518 | 92 222 | 55 201 | 27 340 | 10 493 |
| 36 520 | 64 465 | 05 550 | 30 157 | 82 242 | 29 520 | 69 753 | 72 602 | 23 756 | 54 935 |
| 81 628 | 36 100 | 39 254 | 56 835 | 37 636 | 02 421 | 98 063 | 89 641 | 64 953 | 99 337 |
| 84 649 | 48 968 | 75 215 | 75 498 | 49 539 | 74 240 | 03 466 | 49 292 | 36 401 | 45 525 |
| 63 291 | 11 618 | 12 613 | 75 055 | 43 915 | 26 488 | 41 116 | 64 531 | 56 827 | 30 825 |
| 70 502 | 53 225 | 03 655 | 05 915 | 37 140 | 57 051 | 48 393 | 91 322 | 25 653 | 06 543 |
| 06 426 | 24 771 | 59 935 | 49 801 | 11 082 | 66 762 | 94 477 | 02 494 | 88 215 | 27 191 |
| 10 711 | 55 069 | 29 430 | 70 165 | 45 406 | 78 484 | 31 639 | 52 009 | 18 873 | 96 927 |
| 41 990 | 70 538 | 77 191 | 25 860 | 55 204 | 73 417 | 83 920 | 69 468 | 74 972 | 38 712 |
| 72 452 | 36 618 | 76 298 | 26 678 | 89 334 | 33 938 | 95 567 | 29 380 | 75 906 | 91 807 |
| 37 042 | 40 318 | 57 099 | 10 528 | 09 925 | 89 773 | 41 335 | 96 244 | 29 002 | 46 453 |
| 53 766 | 52 875 | 15 987 | 46 962 | 67 342 | 77 592 | 57 651 | 95 508 | 80 033 | 69 828 |
| 90 585 | 58 955 | 53 122 | 16 025 | 84 299 | 53 310 | 67 380 | 84 249 | 25 348 | 04 332 |
| 32 001 | 96 293 | 37 203 | 64 516 | 51 530 | 37 069 | 40 216 | 61 374 | 05 815 | 06 714 |
| 62 606 | 64 324 | 46 354 | 72 557 | 67 248 | 20 135 | 49 804 | 09 226 | 64 419 | 29 457 |
| 10 078 | 28 037 | 85 389 | 50 324 | 14 500 | 15 562 | 64 165 | 06 125 | 71 353 | 77 669 |
| 91 561 | 46 145 | 24 177 | 15 294 | 10 061 | 98 124 | 75 732 | 00 815 | 83 452 | 97 355 |
| 13 091 | 98 112 | 53 959 | 79 607 | 52 244 | 63 303 | 10 413 | 63 839 | 74 762 | 50 289 |

我们把数字不超过2 500的随机数选入随机样本中。这一过程一直继续下去，直到取

得所希望的由 30 名管理人员组成的简单随机样本。

在简单随机样本的选择过程中,当我们并不想将一个管理人员多次选入时,就可以忽略已出现过的随机数,这种选择样本的方式叫做"无放回抽样"。当我们选择样本时,对已经出现过的随机数仍选入样本,则我们进行的是"放回抽样"。抽样程序中,放回抽样是一种取得简单随机样本的有效途径,然而,无放回抽样更为常用。

使用随机数表可以从任何一个位置开始挑选随机数。一旦选择了一个起点,则采用按行或按列或按斜角,选择一个一个的随机数。

现在假定已选取了一个由 30 名管理人员组成的简单随机样本,他们相应的年奖金及参加管理培训项目的数据见表 7-2。在管理培训项目这一栏,已经参加过管理培训项目的人员用"是"表示。

表 7-2  由 30 名管理人员组成的简单随机样本

| 人员编号 | 年奖金（百元） | 是否参加过管理培训 | 人员编号 | 年奖金（百元） | 是否参加过管理培训 |
| --- | --- | --- | --- | --- | --- |
| 1 | 490 | 是 | 16 | 517 | 是 |
| 2 | 533 | 是 | 17 | 525 | 否 |
| 3 | 496 | 是 | 18 | 449 | 是 |
| 4 | 498 | 是 | 19 | 519 | 是 |
| 5 | 476 | 否 | 20 | 529 | 是 |
| 6 | 559 | 是 | 21 | 451 | 是 |
| 7 | 490 | 是 | 22 | 517 | 是 |
| 8 | 514 | 是 | 23 | 543 | 否 |
| 9 | 509 | 是 | 24 | 501 | 否 |
| 10 | 551 | 是 | 25 | 529 | 否 |
| 11 | 459 | 是 | 26 | 502 | 是 |
| 12 | 572 | 否 | 27 | 527 | 否 |
| 13 | 556 | 是 | 28 | 509 | 是 |
| 14 | 515 | 否 | 29 | 558 | 是 |
| 15 | 561 | 否 | 30 | 573 | 否 |

### 7.1.2 从无限总体中抽样

商业和经济中的许多抽样活动是针对有限总体的,但是在某些情况下,总体太大时可视为无限总体。在对无限总体进行抽样时,由于不能对个体进行编号,在选择样本点时必须采用另一不同的过程。例如,假设我们想估计某一快餐店 11：30 ～ 13：30 午饭时间顾客从点餐到拿到食品的平均时间,就要把所有可能光顾的顾客作为一个总体,这个总体是一个正在进行的过程，要列示或统计总体的每一个个体是不可能的，这时，通常认为总体是无限的。我们的目标是从无限总体中选出 $n$ 个顾客作为简单随机样本。

如果一个来自无限总体的样本满足以下两个条件，则称该样本为简单随机样本(无限总体)。①每个个体来自同一总体；②每个个体的选择是独立的。在从快餐店顾客中抽取简单随机样本时，只要任何顾客的光临都是发生在快餐店全体职工正常营业的午餐时间 11:30～13:30 内，就应纳入该总体；挑选顾客时，只要采取一种措施确保某一顾客的入选与其他顾客的入选无关时，即挑选的顾客是独立的。那么，由此得到的总体就是一个简单随机样本(无限总体)。

需要强调的是，因为对无限总体不能进行标号排列，所以抽样过程中不能用随机数表。这时，必须专门制定一种独立选取样本点的抽样过程，以避免由于某些类型的个体以较大的概率(破坏随机原则)被选入而产生偏差。这个快餐店选取样本的做法是：当一名顾客戴着眼镜走进来时，他之后的下一名顾客就是要被选入的样本。因为顾客是否戴着眼镜走进来纯属随机而独立的，所以满足来自无限总体的简单随机样本的两个条件。

## 7.2 点估计和区间估计

按照估计方法的不同，参数估计包括点估计和区间估计。常见的待估参数包括单一总体的均值 $\mu$ 或 $\pi$(当总体服从 0~1 分布时，总体均值记为 $\pi$，称为总体比例)、单一总体的方差 $\sigma^2$、两个总体的均值差 $\mu_1 - \mu_2$ 或比例差 $\pi_1 - \pi_2$、两个总体的方差比 $\sigma_1^2/\sigma_2^2$。

### 7.2.1 点估计的方法

为了估计 TTA 公司 2 500 名管理人员的平均年奖金($\mu$)和奖金标准差($\sigma$)的情况，用 30 个样本点采用点估计的方法时，就要计算样本平均值和样本标准差。

$$样本平均值 \quad \bar{x} = \sum x/n = 15\,527/30 = 517.566\,7(百元)$$

$$样本标准差 \quad s = \sqrt{\sum (x - \bar{x})^2/(n-1)} = 33.463\,0(百元)$$

为了估计 2 500 名管理人员中参加管理培训的比率($p$)，计算出 30 名管理人员的样本中有 19 人完成了培训项目，则有

$$样本比率 \quad \bar{p} = 19/30 = 0.63$$

通过以上计算，我们完成了称为点估计的统计过程。用样本统计量的值 517.57，33.46 和 0.63 作为总体参数的估计，得出 TTA 公司 2 500 名管理人员的年奖金平均数($\mu$)、奖金标准差($\sigma$)和参加过管理培训的人员比率($p$)分别为 51 757 元、3 346 元和 63% 的结论。

### 7.2.2 点估计的性质

采用样本统计量对相应总体参数进行点估计之前，我们必须了解这些样本统计量是否具有某些与良好的点估计量相联系的性质。点估计量的性质主要有无偏性、有效性和一致性。

通常，$\theta$代表任一总体的参数，如总体均值、总体标准差和总体比率等；$\hat{\theta}$代表相应的样本统计量，如样本均值、样本标准差和样本比率。

(1) 无偏性。

无偏性是指样本统计量的数学期望等于所估计的总体参数的值，即，如果$E(\hat{\theta})=\theta$，则称样本统计量是总体参数$\theta$的无偏估计。式中，$E(\hat{\theta})$表示样本统计量的数学期望。因此，样本无偏统计量的所有可能值的期望值或均值等于被估计的总体参数。

点估计的有偏和无偏的区别是：无偏估计量中，抽样分布均值与总体参数相等。在这种情形下，由于有时点估计量大于$\theta$，有时小于$\theta$，抽样误差可以相抵。但在有偏估计的情形下，抽样分布的均值比总体参数的值无论是更大或是更小，抽样误差都无法相互抵消。

样本均值和样本比率都是相应总体参数的无偏估计量。样本标准差$s$只有在分母是$n-1$而不是$n$时，才是无偏估计量。如果分母是$n$，则样本标准差为总体标准差的有偏估计量，从趋势上略为低估了总体标准差。

(2) 有效性。

$\hat{\theta}_1$和$\hat{\theta}_2$都是含$n$个元素的一个简单随机样本用于给出同一总体参数的两个不同的无偏$\hat{\theta}$点估计量，若$\hat{\theta}_1$的标准差小于$\hat{\theta}_2$的标准差，这时，我们偏好于用标准差较小的点估计量$\hat{\theta}_1$，因为它给出的估计值与总体参数更接近。有较小标准差的点估计量比其他点估计量更有效。

(3) 一致性。

在抽样估计中，样本容量越大，点估计量的值就越接近于总体参数，该点估计量就是一致估计量。换言之，大样本比小样本趋于推出一个更好的点估计。因为样本容量增大会降低抽样误差，所以大样本容量给出的点估计比小样本容量给出的点估计更接近于总体均值。从这个意义上说，样本均值是总体均值的一个一致估计量。同样的道理，我们也可以得出样本比率是总体比率的一个一致估计量。

在正态总体抽样时，总体均值与总体中位数相同，而中位数的标准误差大约比均值的标准误差大25%。因此，样本均值更有效，并且落入总体均值特定范围的概率更大。

### 7.2.3 区间估计

从2 500名管理人员中随机抽出30名，抽样比率只有12‰，依据其样本结果517.57和0.63来估计总体参数，必然会与总体参数存在抽样误差。

抽样误差是指点估计值与总体参数之差的绝对值，记为$\Delta$，则有

$$\Delta = |\bar{x}-\mu| = |\mu-\bar{x}| \tag{7-1}$$

总体均值的区间估计是指用样本均值以一定的概率落入总体均值附近范围来估计总体参数的方法。在概率为$1-\alpha$时，则有

$$P(|\mu-\bar{x}|\leq\Delta)=P(|\bar{x}-\mu|\leq\Delta)=1-\alpha \tag{7-2}$$

总体均值$\mu$落入样本均值$\bar{x}$附近，误差为$\Delta$的简化表达为

$$\mu = \bar{x} \pm \Delta \tag{7-3}$$

例如，已知从TTA公司2 500名管理人员中抽出30名样本时，得知样本的年奖金平

均值为51 757元，在概率为95%时，年奖金抽样误差为1 431元，以此估计出全部管理人员的年奖金平均值将落入以下范围：

$$\mu = \bar{x} \pm \Delta = 51\ 757(元) \pm 1\ 431(元)$$

即TTA公司2 500名管理人员的平均年奖金将以95%的概率保证落入50 326元与53 188元之间。

需要强调的是，样本平均值是一个随机变量，其估计结果犯错误的概率为$\alpha = 1 - 95\% = 5\%$，估计误差范围为1 431元。

在样本容量(抽取的样本个数$n$)为一定(30个)时，要提高抽样估计的概率保证程度，就要扩大抽样的误差范围；要提高抽样的精确度(减少抽样误差范围)，就要降低抽样的概率保证程度。为什么呢？

因为抽样误差$\Delta$属于极限误差，它等于抽样平均误差的$t$倍。用$\sigma_{\bar{x}}$表示抽样平均误差，则有

$$\Delta = t\sigma_{\bar{x}} \tag{7-4}$$

统计学家们研究了抽样极限误差$\Delta$与抽样平均误差$\sigma_{\bar{x}}$的比值或倍数$t$与概率之间的关系，得出$t$等于1，1.96，2，3时，概率则分别为68.26%，95%，95.45%，99.73%。可见，提高概率保证程度就等于放大$t$，在抽样平均误差$\sigma_{\bar{x}}$不变的条件下，极限误差$\Delta$会随着$t$的放大而增加。这就是抽样误差与概率保证一同增减的原因。我们把极限误差$\Delta$与抽样平均误差$\sigma_{\bar{x}}$的比值或倍数$t$，称为概率度。

如果要求提高概率保证程度的同时，又要求提高抽样的精确度，就必须扩大样本容量。这又是为什么呢？

因为抽样平均误差$\sigma_{\bar{x}}$的变化是由样本容量决定的，在数学上可以证明，二者的关系如下：

$$\sigma_{\bar{x}} = \sigma/\sqrt{n} \tag{7-5}$$

式中，$\sigma$表示总体标准差，它是个不变的常数；$n$表示样本容量(样本抽取个数)。当扩大样本容量$n$时，抽样平均误差$\sigma_{\bar{x}}$会变小，从而极限误差$\Delta$也随之变小。它们的关系可表达如下：

$$\Delta = t\sigma_{\bar{x}} = t\sigma/\sqrt{n} \tag{7-6}$$

为了提高概率保证程度，同时也降低估计的误差范围，假设把概率保证程度提高到99.73%，把极限误差减少到1 000元，样本容量应如何变化？

已知$t = 3$，$\sigma = 3\ 998.92$，$\Delta = 1\ 000$，则有

$$n = (t\sigma/\Delta)^2 = (3 \times 3\ 998.92/1\ 000)^2 = 143.9，取144(人)$$

可见，抽取的样本容量要由30人扩大到144人，才能满足以上抽样要求。

## 7.3　抽样误差与概率保证

### 7.3.1　样本容量与抽样平均误差的关系

简单地说，在"放回抽样"条件下，样本容量越大抽样平均误差就越小，从数学上可

以证明，两者的数量关系如下：

$$\sigma_{\bar{x}} = \sigma/\sqrt{n} \tag{7-7}$$

式中，$\sigma_{\bar{x}}$为抽样平均误差，$\sigma$为总体标准差，$n$为样本容量。总体标准差是一个常数，抽样平均误差随着样本容量的增大而减少。

例如，假设有4个人的年龄分别为30岁、40岁、60岁和70岁，分别用$x_1$，$x_2$，$x_3$和$x_4$表示，总体单位总数为4，计算出这四人的平均年龄为50岁，标准差为15.18岁。

现在我们从这4个人中抽出2个人来推断总体平均年龄，一共有多少可能的结果呢？在"放回抽样"条件下，有16种可能的结果，见表7-3。

表7-3　样本均值和标准差计算表

| 序号 | 样本值1 $x_1$ | 样本值2 $x_2$ | 样本均值 $\bar{x}$ | 抽样离差 $\Delta = \bar{x} - \mu$ | 离差平方 $\Delta^2$ |
|---|---|---|---|---|---|
| 1 | $x_1=30$ | $x_1=30$ | 30 | -20 | 400 |
| 2 | $x_1=30$ | $x_2=40$ | 35 | -15 | 225 |
| 3 | $x_1=30$ | $x_3=60$ | 45 | -5 | 25 |
| 4 | $x_1=30$ | $x_4=70$ | 50 | 0 | 0 |
| 5 | $x_2=40$ | $x_1=30$ | 35 | -15 | 225 |
| 6 | $x_2=40$ | $x_2=40$ | 40 | -10 | 100 |
| 7 | $x_2=40$ | $x_3=60$ | 50 | 0 | 0 |
| 8 | $x_2=40$ | $x_4=70$ | 55 | 5 | 25 |
| 9 | $x_3=60$ | $x_1=30$ | 45 | -5 | 25 |
| 10 | $x_3=60$ | $x_2=40$ | 50 | 0 | 0 |
| 11 | $x_3=60$ | $x_3=60$ | 60 | 10 | 100 |
| 12 | $x_3=60$ | $x_4=70$ | 65 | 15 | 225 |
| 13 | $x_4=70$ | $x_1=30$ | 50 | 0 | 0 |
| 14 | $x_4=70$ | $x_2=30$ | 55 | 5 | 25 |
| 15 | $x_4=70$ | $x_3=60$ | 65 | 15 | 225 |
| 16 | $x_4=70$ | $x_4=70$ | 70 | 20 | 400 |
| 合计 | — | — | 800 | — | 2000 |

对例子中的总体参数和样本统计量的计算如下：

(1) 总体参数。

总体单位总数：$N = 4$

总体均值：$\mu = \bar{x} = \sum x/N = (30+40+60+70)/4 = 50$，是唯一的。

总体方差：
$$\sigma^2 = \sum (x-\mu)^2/N$$
$$= [(30-50)^2+(40-50)^2+(60-50)^2+(70-50)^2]/4$$
$$=250$$

总体标准差：$\sigma = 15.81$，是唯一的。

(2) 样本指标。

样本容量：$n=2$

"放回抽样"的样本可能配合数目：$N^n = 4^2 = 16$

样本均值：$\bar{x} = \sum x/n = (x_1+x_2)/2$，$\bar{x}$ 是随机变量，有 16 个样本均值，见表 7-3。

样本均值的平均数：$\bar{\bar{x}} = \sum \bar{x}/N^n = 800/16 = 50$，$\bar{\bar{x}}$ 只有一个，不是随机变量，恒等于总体均值，即 $\bar{\bar{x}} = \mu = 50$。

抽样离差（抽样误差）：$\Delta = \bar{x} - \mu$，是随机变量，有 16 个。

样本均值的方差：$\sigma_{\bar{x}}^2 = \sum (\bar{x}-\mu)^2/N^n = \sum \Delta^2/N^n = 2\,000/16 = 125$，是随机变量。

样本均值的标准差（抽样平均误差）：$\sigma_{\bar{x}} = \sqrt{125} = 11.18$，也是个随机变量。

我们关心的是总体参数与样本统计量之间的关系，于是得出如下结果：

$$\sigma_{\bar{x}} = \sigma/\sqrt{n} = 15.81/\sqrt{2} = 11.18$$

可见，样本均值的标准差（抽样平均误差）是总体标准差的 $1/\sqrt{n}$ 倍。

当从 $N=4$ 的总体中抽出 3 人时，则有样本的可能配合数目达到 $N^n = 4^3 = 64$ 个，由此计算出样本均值的平均数仍然等于 50，但样本均值的标准差（抽样平均误差）却减少为

$$\sigma_{\bar{x}} = \sigma/\sqrt{n} = 15.81/\sqrt{3} = 9.128$$

抽样平均误差的减少与样本均值更加集中有关（见表 7-4 和图 7-1）。

表 7-4 样本容量扩大前后抽样分布的比较

| 样本均值 | 组中值 | $n=3$ | $n=3$ 的比率 | $n=2$ | $n=2$ 的比率 |
| --- | --- | --- | --- | --- | --- |
| 25.5～32.5 | 29 | 1 | 0.016 | 1 | 0.063 |
| 32.5～39.5 | 36 | 6 | 0.094 | 2 | 0.125 |
| 39.5～46.5 | 43 | 13 | 0.203 | 3 | 0.188 |
| 46.5～53.5 | 50 | 24 | 0.375 | 4 | 0.250 |
| 53.5～60.5 | 57 | 13 | 0.203 | 3 | 0.188 |
| 60.5～67.5 | 64 | 6 | 0.094 | 2 | 0.125 |
| 67.5～74.5 | 71 | 1 | 0.016 | 1 | 0.063 |
| 合 计 | — | 64 | 1.000 | 16 | 1.000 |

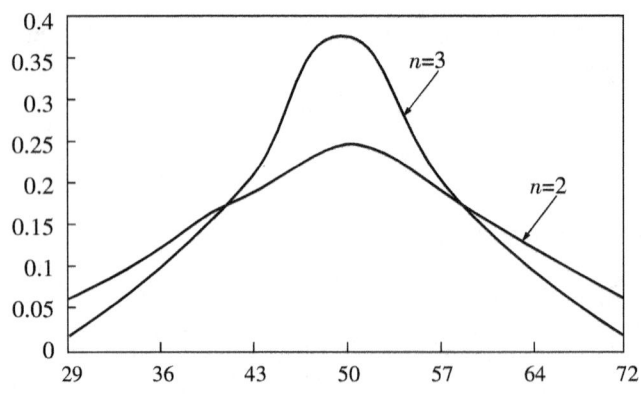

图 7-1 样本容量扩大后样本平均数分布更集中

### 7.3.2 抽样误差与概率保证程度的关系

当已知总体标准差时，抽样平均误差是由样本容量决定的。在以上例子中，$N=4$，总体标准差为 $\sigma=15.81$。当样本容量为 $n=2$ 时，$\sigma_{\bar{x}}=\sigma/\sqrt{n}=15.81/\sqrt{2}=11.18$；当样本容量为 $n=3$ 时，$\sigma_{\bar{x}}=\sigma/\sqrt{n}=15.81/\sqrt{3}=9.13$。

当抽样平均误差一定时，极限误差是由概率度决定的，有

$$\Delta = t\sigma_{\bar{x}}$$

样本均值 $\bar{x}$ 落入总体均值 $\mu$ 附近的 $\pm\Delta$ 范围内的频率 $f/N^n$ 就是我们要计算的概率（见表 7-5）。

表 7-5 抽样极限误差与概率度的关系

| $n=2$ $\sigma_{\bar{x}}=11.18$ $N^n=16$ | | | | | $n=3$ $\sigma_{\bar{x}}=9.13$ $N^n=64$ | | | | |
|---|---|---|---|---|---|---|---|---|---|
| $t$ | $\Delta=t\sigma_{\bar{x}}$ | $\bar{x}-\Delta \leqslant \mu \leqslant \bar{x}+\Delta$ | $f_1$ | $f_1/16$ | $t$ | $\Delta=t\sigma_{\bar{x}}$ | $\bar{x}-\Delta \leqslant \mu \leqslant \bar{x}+\Delta$ | $f_2$ | $f_2/64$ |
| 1 | 11.18 | 38.8～61.2 | 10 | 0.625 | 1 | 9.13 | 40.8～59.1 | 42 | 0.656 |
| 1.96 | 21.91 | 28.1～71.9 | 16 | 1 | 1.96 | 17.89 | 32.1～67.9 | 62 | 0.968 |
| 2 | 22.36 | 27.6～72.4 | 16 | 1 | 2 | 18.26 | 31.7～68.3 | 64 | 1 |

在 $n=2$ 的情况下，当 $t=1$ 时，样本均值 $\bar{x}$ 落入总体均值 1 个抽样平均误差范围内，即 $\mu\pm\Delta=50\pm1\times11.18$ 或 38.8～61.2，极限误差为 11.18，频数为 10，频率为 62.5%，这与理论概率 68.26% 有点接近。

在 $n=3$ 的情况下，当 $t=1$ 时，样本均值落入总体均值 1 个抽样平均误差范围内，即 $\mu\pm\Delta=50\pm1\times9.13$ 或 40.8～59.1，极限误差为 9.13，频数为 42，频率为 65.6%，这与理论概率 68.26% 更加接近。

随着 $n$ 的增加，当 $t=1$ 时，频率将趋近于理论概率 68.26%。

当 $t=1.96$ 时,抽样的极限误差随之扩大,样本均值落入扩大后的总体均值附近范围的概率也相应增大。$n=2$ 时,极限误差扩大到 21.91,频率提高到 100%;$n=3$ 时,极限误差扩大到 17.9,频率提高到 96.8%,与理论概率 95% 接近。

当 $t=2$ 时,理论概率为 95.45%。

当 $t=3$ 时,理论概率为 99.73%。

关于 $t$ 值与理论概率的关系可查"$t$ 分布表"(附录 2 表 5)。用图表示如图 7-2。

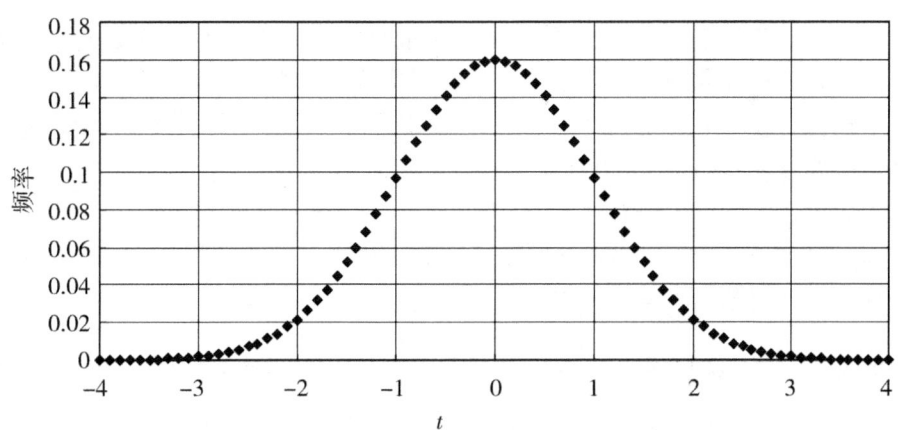

图 7-2 样本均值标准正态分布情况

## 7.4 一个总体参数的区间估计

### 7.4.1 总体均值的区间估计

#### 7.4.1.1 总体均值的区间估计(总体方差已知)

**例 7-1** 金盛机械厂生产圆管产品的直径 $x$ 服从方差为 0.05 的正态分布。从产品中随机抽取 6 个,测得其直径(单位:厘米)分别为 4.8, 5.3, 5.1, 5, 4.7, 5.1。在 0.95 的置信度下,试求该产品直径的均值的置信区间。

**解**:$1-\alpha=0.95$,查"正态分布分位数表"(附录 2 表 4)得 $Z=1.96$

样本均值 $\bar{x}=\sum x/n=30/6=5$

抽样平均误差 $\sigma_{\bar{x}}=\sigma/\sqrt{n}=\sqrt{0.05/6}=0.09$

抽样极限误差 $\Delta=Z\sigma_{\bar{x}}=1.96\times 0.009=0.0176$

所求的置信区间为 $\mu=\bar{x}\pm\Delta=5\pm 0.0176$,即(4.98,5.02)厘米。

由抽样分布的定理可知,当样本容量充分大时,无论总体分布形式如何,样本均值近似服从正态分布。因此,当样本容量相当大时,即使总体分布形式未知或总体为非正态分布,估计总体均值的方法与上述方法相同。

#### 7.4.1.2 总体均值的区间估计(总体方差未知,大样本)

大样本情况下,当总体方差未知而用样本方差代替时,由于抽样分布与正态分布近似,所以对总体均值的估计也采用上述方法。

**例 7-2** 立新公司有 1 000 名员工,采用不重复抽样从中随机抽取 100 人调查他们的当月业余学习时间,样本人均学习时间为 20 小时,样本标准差为 5,试以 95.45% 的置信度估计平均学习时间的抽样极限误差和置信区间。

**解:** $N=1\ 000$,总体分布不知是否为正态分布,但 $n=100 \geqslant 30$,属大样本。$1-\alpha = 0.954\ 5$,查"正态分布分位数表"(附录 2 表 4)得 $Z=2$。样本均值 $\bar{x}=20$,样本标准差 $S=5$。

在不重复抽样条件下,其抽样平均误差比重复抽样的抽样平均误差小 $(1-n/N)$ 倍。当样本容量占总体单位数的比重很小时,可以忽略修正系数 $(1-n/N)$。

抽样平均误差 $\sigma_{\bar{x}} = (S/\sqrt{n})\sqrt{1-n/N} = (5/\sqrt{100})\sqrt{1-100/1\ 000} = 0.474$(小时)

抽样极限误差 $\Delta = Z\sigma_{\bar{x}} = 2 \times 0.474 = 0.949$(h)

所求的置信区间为 $\mu = \bar{x} \pm \Delta = 20 \pm 0.949$,即 (19.05, 20.95) 小时。

### 7.4.1.3 总体均值的区间估计(总体方差未知,小样本,正态总体)

根据抽样分布定理,小样本条件下,如果总体呈正态分布,总体方差 $(\sigma^2)$ 未知而需要用样本方差 $(S^2)$ 来代替,$S^2 = \dfrac{\sum(x-\bar{x})^2}{n-1}$,式中,$n-1$ 表示失去一个自由度,则随机变量服从 $t(n-1)$ 分布。已知 $\alpha$ 时,可查自由度为 $n-1$ 的"$t$ 分布表"(附录 2 表 5)。

**例 7-3** 广源商场从一批袋装食品中随机抽取 10 袋,测得每袋重量(单位:克)分别为 389, 380, 394, 362, 402, 413, 370, 385, 410, 406。要求以 95% 的置信度,估计这批食品的平均每袋重量的区间范围及其允许误差。

**解:** 总体方差未知,样本容量 $n=10<30$,属于小样本。$1-\alpha=0.95$,查自由度为 $n-1$ 的"$t$ 分布表"(附录 2 表 5)得 $t=2.262\ 2$。

样本均值 $\bar{x} = \sum x/n = 3\ 911/10 = 391.1$(克)

样本方差 $S^2 = \sum(x-\bar{x})^2/(n-1) = 2\ 642.9/9 = 293.66$

抽样平均误差 $\sigma_{\bar{x}} = S/\sqrt{n} = \sqrt{293.66/10} = 5.419$

抽样极限误差 $\Delta = t\sigma_{\bar{x}} = 2.262\ 2 \times 5.419 = 12.258\ 8$(克)

所求的置信区间为 $\mu = \bar{x} \pm \Delta = 391.1 \pm 12.26$,即 (378.8, 403.3) 克。

### 7.4.1.4 总体均值的区间估计小结

综上所述,无论总体方差是否已知,总体均值的置信度为 $1-\alpha$ 的置信区间可表示为

$$\mu = \bar{x} \pm \Delta$$

在大样本条件下,总体方差未知,样本方差 $S^2 = \sum(x-\bar{x})^2/(n-1)$,则有

$$\mu = \bar{x} \pm \Delta = \bar{x} \pm Z\sigma_{\bar{x}} = \bar{x} \pm ZS/\sqrt{n}$$

在小样本条件下,样本方差 $S^2 = \sum(x-\bar{x})^2/(n-1)$,查 $t(n-1)$ 分布表,则有

$$\mu = \bar{x} \pm \Delta = \bar{x} \pm t\sigma_x = \bar{x} \pm ts/\sqrt{n}$$

在对总体平均数进行区间估计的基础上,可进一步推断相应的总量指标,即用总体单位总数 $N$ 分别乘以总体平均数的区间下限和区间上限,便得到相应总量 $(N)$ 的区间范围。

例如，已知从 TTA 公司 2 500 名管理人员中抽出 30 名样本时，得知样本的人均年奖金平均值为 51 757 元，在概率为 95% 时，年奖金抽样极限误差为 1 431 元，以此估计出全部管理人员的年奖金总额将落入以下范围：

$$N\mu = N(\bar{x} \pm \Delta) = 2\,500 \times (51\,757 \pm 1\,431)$$
$$= 129\,392\,500 \pm 3\,577\,500 \text{ 即}(12\,581.5, 13\,297.0) \text{万元}。$$

### 7.4.2 总体比率（成数）的区间估计

对于品质变量来说，当变量 $x$ 的取值是"1"和"0"两种情况时，它们相应的频率可记为 $P$ 和 $1-P$，变量均值和方差分别为

总体均值 $\mu = 1 \times p + 0 \times (1-p) = p$

总体方差 $\sigma^2 = (1-p)^2 p + (0-p)^2 (1-p) = p(1-p)$

对总体比率进行估计时，在符号形式上有变化，其抽样的基本原理不变。无论总体方差是否已知，总体比率的置信度为 $1-\alpha$ 的置信区间可表示为

$$P = p \pm \Delta_p \tag{7-8}$$

在大样本条件下，总体方差未知，样本方差 $S_p^2 = p(1-p)$，则有

$$P = p \pm \Delta_p = p \pm Z\sigma_p = p \pm ZS_p/\sqrt{n}$$

在小样本条件下，样本方差 $S^2 = p(1-p)$，查 $t(n-1)$ 分布表，则有

$$P = p \pm \Delta_p = p \pm t\sigma_p = p \pm tS_p/\sqrt{n}$$

用总体比率推断相应的总量指标 $NP$ 的置信区间则为

$$NP = N(p \pm \Delta_p) \tag{7-9}$$

**例 7-4** 大华棉织厂对一批产品的质量进行抽样检验，采用重复抽样抽取样品 200 个，样本优质品率为 85%，试计算当置信度为 90% 时优质品率的区间范围。如果这批产品量为 3 000 个，问其中优质品将落入什么范围？

**解**：$N = 3000$，$n = 200 > 30$，属于大样本。$p = 85\%$，总体方差未知，样本方差 $S_p^2 = 85\% \times 15\% = 0.127\,5$，由 $1-\alpha = 90\%$ 查"正态分布分位数表"（附录 2 表 4）得 $Z = 1.645$，则有

$$\text{优质品率 } P = p \pm \Delta_p = p \pm Z\sigma_p = p \pm ZS_p/\sqrt{n}$$
$$= 85\% \pm 1.645 \times 0.127\,5^{1/2}/200^{1/2} = 85\% \pm 4.15\%$$

即 $(80.85\%, 89.15\%)$。

优质产品总数 $NP = 3\,000 \times (85\% \pm 4.15\%)$ 即 $(2\,425.5, 2\,674.5)$ 个。

### 7.4.3 正态总体方差的区间估计

如第二节所述，方差（或标准差）估计是区间估计的另一个重要内容。来自正态总体的一组样本方差和总体方差之比服从 $\chi^2$ 分布，也即

$$\frac{(n-1)S^2}{\sigma^2} \sim \chi^2(n-1) \tag{7-10}$$

对于给定的置信度 $(1-\alpha)$，存在如下概率分布关系：

$$P\left\{\chi^2_{1-\alpha/2}(n-1) \leqslant \frac{(n-1)S^2}{\sigma^2} \leqslant \chi^2_{\alpha/2}(n-1)\right\} = 1-\alpha \quad (7-11)$$

整理得

$$\frac{(n-1)S^2}{\chi^2_{\alpha/2}(n-1)} < \sigma^2 < \frac{(n-1)S^2}{\chi^2_{1-\alpha/2}(n-1)} \quad (7-12)$$

也即，正态总体方差 $\sigma^2$ 的区间估计为

$$\left[\frac{(n-1)S^2}{\chi^2_{\alpha/2}(n-1)},\ \frac{(n-1)S^2}{\chi^2_{1-\alpha/2}(n-1)}\right] \quad (7-13)$$

**例 7-5** 对某科技园 40 家企业的月租金费用进行随机抽样调查，计算得出样本均值为 1 020 元，样本标准差为 300 元，求该科技园全部企业月租金费用方差的 90% 的置信区间（假设企业月租金费用服从正态分布）。

**解**：$S=300$，$1-\alpha=90\%$，查 $\chi^2$ 分布表（附录 2 表 6）知，$\chi^2_{0.1/2}(40-1)=54.572$，$\chi^2_{1-0.1/2}(40-1)=25.695$，代入如下关系式：

$$\frac{(n-1)S^2}{\chi^2_{\alpha/2}(n-1)} < \sigma^2 < \frac{(n-1)S^2}{\chi^2_{1-\alpha/2}(n-1)}$$

则该科技园全部企业月租金费用方差的 90% 的置信区间为

$$\frac{(40-1)300^2}{54.572} < \sigma^2 < \frac{(40-1)300^2}{25.695}$$

即 (64 318.7, 136 603.45) 元。

## 7.5 两个总体参数的区间估计

在现实中，经常会遇到对两个总体均值之差或者方差之比进行区间估计的问题。两个独立总体的相关参数及统计量的符号如表 7-6 所示。

表 7-6 两个总体的相关参数和统计量符号

| 参数或统计量 | 总体 1 | 总体 2 |
| --- | --- | --- |
| 总体均值 | $\mu_1$ | $\mu_2$ |
| 总体方差 | $\sigma_1^2$ | $\sigma_2^2$ |
| 总体比率 | $\pi_1$ | $\pi_2$ |
| 样本容量 | $n_1$ | $n_2$ |
| 样本均值 | $\bar{x}_1$ | $\bar{x}_2$ |
| 样本方差 | $S_1^2$ | $S_2^2$ |
| 样本比率 | $P_1$ | $P_2$ |

### 7.5.1 两个总体均值差的区间估计

与例 7-1 不同，两个总体均值差的区间估计中，抽样极限误差表达式如下：

$$\Delta = Z\sqrt{\frac{\sigma_1^2}{n_1} + \frac{\sigma_2^2}{n_2}} \quad (7-14)$$

则两个总体均值差的置信区间为

$$\mu_1 - \mu_2 = (\bar{x}_1 - \bar{x}_2) \pm \Delta \tag{7-15}$$

**例 7-6** 对甲、乙两家工厂生产的设备尺寸进行抽样,已知甲工厂设备尺寸的总体方差为 0.010,从甲工厂抽取设备 10 台,样本均值为 50.02 厘米;乙工厂设备尺寸的总体方差为 0.015,从乙工厂抽取设备 12 台,样本均值为 50.50 厘米,求甲、乙工厂设备尺寸均值差的 95% 的置信区间(假设两家工厂生产的设备尺寸都服从正态分布)。

**解**:已知 $\sigma_1^2 = 0.010$,$\sigma_2^2 = 0.015$,$n_1 = 10$,$n_2 = 12$,$\bar{x}_1 = 50.02$,$\bar{x}_2 = 50.50$,由 $1-\alpha = 95\%$ 查"正态分布分位数表"(附录 2 表 4)得 $Z = 1.96$

样本均值差 $\bar{x}_1 - \bar{x}_2 = 50.20 - 50.50 = -0.3$

抽样极限误差 $\Delta = Z\sqrt{\dfrac{\sigma_1^2}{n_1} + \dfrac{\sigma_2^2}{n_2}} = 1.96 \times \sqrt{\dfrac{0.01}{10} + \dfrac{0.015}{12}} = 0.09$

所求的置信区间为 $\mu_1 - \mu_2 = (\bar{x}_1 - \bar{x}_2) \pm \Delta = -0.3 \pm 0.09$,即 $(-0.39, -0.21)$ 厘米。

### 7.5.2 两个总体比率差的区间估计

与例 7-4 不同,两个总体比率差区间估计过程中,抽样极限误差的计算方式如下:

$$\Delta = Z\sqrt{\frac{P_1(1-P_1)}{n_1} + \frac{P_2(1-P_2)}{n_2}} \tag{7-16}$$

则两个总体比率差的置信区间为

$$\pi_1 - \pi_2 = (P_1 - P_2) \pm \Delta \tag{7-17}$$

**例 7-7** 对甲、乙两家棉织厂的产品质量进行抽样检验,从甲棉织厂抽取样品 56 个,样本优质品率为 89.29%,从乙棉织厂抽取样品 68 个,样本优质品率为 88.24%。求两家棉织厂产品优质品率之差的 90% 的置信区间。

**解**:已知 $n_1 = 56$,$n_2 = 68$,$P_1 = 89.29\%$,$P_2 = 88.24\%$,由 $1-\alpha = 90\%$ 查"正态分布分位数表"(附录2表4)得 $Z = 1.64$,则有

总体比例差 $\pi_1 - \pi_2 = (P_1 - P_2) \pm \Delta$

$$= (P_1 - P_2) \pm Z\sqrt{\frac{P_1(1-P_1)}{n_1} + \frac{P_2(1-P_2)}{n_2}}$$

$$= (89.29\% - 88.24\%) \pm 1.64 \times$$

$$\sqrt{\frac{89.29\% \times (1-89.29\%)}{56} + \frac{88.24\% \times (1-88.24\%)}{68}}$$

$$= 0.0105 \pm 0.0933$$

即 $(-0.0828, 0.1038)$ 个。

### 7.5.3 两个正态总体方差比的区间估计

两个正态总体方差比的 $F$ 统计量服从如下分布:

$$F = \frac{S_1^2/S_2^2}{\sigma_1^2/\sigma_2^2} \sim F(n_1-1, n_2-1) \tag{7-18}$$

对于给定的置信度 $(1-\alpha)$,存在如下概率分布关系:

$$P\left\{F_{1-\alpha/2}(n_1-1, n_2-1) < \frac{S_1^2/S_2^2}{\sigma_1^2/\sigma_2^2} < F_{\alpha/2}(n_1-1, n_2-1)\right\} = 1 - \alpha \qquad (7-19)$$

整理得

$$P\left\{\frac{S_1^2/S_2^2}{F_{\alpha/2}(n_1-1, n_2-1)} < \frac{\sigma_1^2}{\sigma_2^2} < \frac{S_1^2/S_2^2}{F_{1-\alpha/2}(n_1-1, n_2-1)}\right\} = 1 - \alpha \qquad (7-20)$$

即，两个正态总体方差比的 $1-\alpha$ 置信区间为

$$\left[\frac{S_1^2/S_2^2}{F_{\alpha/2}(n_1-1, n_2-1)}, \frac{S_1^2/S_2^2}{F_{1-\alpha/2}(n_1-1, n_2-1)}\right] \qquad (7-21)$$

**例 7-8** 对甲、乙铸造车间生产的合金硬度进行测试，从甲铸造车间抽取样本 50 个，其样本硬度均值为 50.20，样本硬度方差为 0.013。从乙铸造车间抽取样本 38 个，其样本硬度均值为 50.50，样本硬度方差为 0.019。求甲、乙铸造车间生产的合金硬度方差比的 95% 的置信区间(假设甲乙铸造车间生产的合金硬度服从正态分布)。

**解**：已知 $S_1^2 = 0.013$，$S_2^2 = 0.019$，$1-\alpha = 95\%$，查 $F$ 分布表(附录 2 表 7)知，$F_{0.025}(50-1, 38-1) = 1.87$，$F_{1-0.025}(50-1, 38-1) = 0.55$，代入如下公式：

$$\frac{S_1^2/S_2^2}{F_{\alpha/2}(n_1-1, n_2-1)} < \frac{\sigma_1^2}{\sigma_2^2} < \frac{S_1^2/S_2^2}{F_{1-\alpha/2}(n_1-1, n_2-1)}$$

得

$$\frac{0.6842}{1.87} < \frac{\sigma_1^2}{\sigma_2^2} < \frac{0.6842}{0.55}$$

即甲乙铸造车间生产的合金硬度方差比的 95% 的置信区间为(0.37, 1.24)。

## 7.6 用已知参数估计样本容量

### 7.6.1 样本容量的确定

样本容量是指样本中含有的总体单位数。在重复抽样条件下，样本容量由下式中三大因素决定：

$$n = (Z\sigma/\Delta)^2 \qquad (7-22)$$

在不重复抽样条件下，样本容量由下式中四个因素决定：

$$n = Z^2\sigma^2/(\Delta^2 + Z^2\sigma^2/N) \qquad (7-23)$$

**例 7-9** 双汇食品公司要检验本月生产的 10 000 袋调料产品的重量，根据上月资料，这种产品每袋重量的标准差为 25 克。要求在 95.45% 的概率保证程度下，平均每袋重量的误差范围不超过 5 克，应抽查多少袋产品？

**解**：已知 $N = 10\,000$，$\sigma = 25$，由 $1-\alpha = 95.45\%$ 查得 $Z = 2$，$\Delta \leq 5$，求 $n = ?$

不重复抽样公式 $n = Z^2\sigma^2/(\Delta^2 + Z^2\sigma^2/N) = 2^2 \times 25^2/(5^2 + 25^2/10\,000) = 99.75$ 取 100(袋)。

重复抽样公式 $n = Z^2\sigma^2/\Delta^2 = 2^2 \times 25^2/5^2 = 100$(袋)。

为什么这两个公式计算的结果非常接近呢？这是因为总体单位总数很大的缘故。当 $N$

很大时,使 $Z^2\sigma^2/N$ 趋近于 0,两个公式趋于相等。因此,在实际抽样工作中,往往用重复抽样公式来计算应抽取的样本容量数目,既经济又有保证程度。

在比率抽样条件下,确定样本容量的方法与上相同。但当总体方差未知时,应采用与最大方差 $0.5 \times 0.5$ 接近的样本方差来计算样本容量。

**例 7 – 10** 大华棉织厂一批棉纱产品进行质量检验,这批产品的总数为 5 000 锭,过去几次同类调查所得的产品合格率分别为 93%,95% 和 96%,为了使合格率的允许误差不超过 3%,在 99.73% 的概率下应抽查多少锭产品?

**解**:已知 $N = 5\,000$,由 $1 - \alpha = 95.73\%$ 查得 $Z = 3$,$\Delta \leq 3\%$,总体方差未知,但知道三次同类调查的样本合格率分别为 93%,95% 和 96%,应取合格率接近 50% 的值 93% 作为总体方差的估计资料,因为它能满足其他抽样的要求。

重复抽样公式 $n = Z^2\sigma^2/\Delta^2 = 3^2 \times 93\% \times 7\% / (3\%)^2 = 651$(锭)。

## 7.6.2 影响样本必要抽样数目(样本容量)的因素

在抽样调查中,把抽样数目大于 30 的样本称为大样本,而把抽样数目小于 30 的样本称为小样本。抽样一般采用大样本,但抽样数目的多少,不仅仅与抽样误差有关,还与调查费用有直接的关系。如果抽样数目过大,虽然抽样误差很小,但调查工作量增大,耗费的时间和经费太多,体现不出抽样调查的优越性。反之,如果抽样数目太小,抽样误差增大,抽样推断可能导致失误。所以,在抽样设计中合理确定必要的抽样数目非常重要。必要的抽样数目就是指使抽样误差不超过给定的允许范围至少应抽取的样本单位数目。从上述公式和例题可见,必要的抽样数目($n$)受以下因素影响。

(1)总体方差(总体标准差 $\sigma$)。其他条件不变的情况下,总体单位的差异程度大,则应多抽,反之可少抽一些。在抽样之前,如果不知道总体方差的实际值,也无样本资料来代替,就用以前同类调查的资料代替。如果有多个方差数值可供选择时,应选其中最大的方差。

(2)允许误差范围 $\Delta$。允许误差增大,意味着推断的精度要求降低,在其他条件不变的情况下,必要的抽样数目可减少;反之,缩小允许误差,就要增加必要的抽样数目。

(3)置信度$(1 - \alpha)$。因$(1 - \alpha)$与 $Z$ 是同方向变化的,所以在其他条件不变的情况下,要提高推断的置信程度,就必须增加抽样数目。

(4)抽样方法。相同条件下,采用重复抽样应比不重复抽样多抽一些样本单位。不过,总体单位数 $N$ 很大时,两者差异很小。所以,为简便起见,实际中当总体单位数很大时,一般都按重复抽样公式计算必要的抽样数目。

(5)抽样组织方式。由于不同抽样组织方式有不同的抽样误差,所以,在误差要求相同的情况下,不同抽样组织方式所必需的抽样数目也不同。上述公式只是简单随机抽样下确定必要抽样数目的公式。一般来说,其他条件不变时,类型抽样、等距抽样和整群抽样都比简单随机抽样的精确度高,在相同精确度条件下所需要的样本必要数目少。

## 7.7 抽样方式及其参数估计

### 7.7.1 分层抽样

分层抽样又叫分类抽样或类型抽样,它是按与调查目的有关的某个主要标志将总体单位划分为若干层(也称类、组或子总体),然后从各层中按随机原则分别抽取一定数目的单位构成样本。

**例 7-11** 对 W 地区的居民户在一年内用于打电话的支出进行了等比例分层抽样,调查结果如表 7-7 所示。

表 7-7 分层抽样计算表

| 类型 | 调查户数($n_i$) | 平均支出($\bar{x}_i$) | 标准差($S_i^2$) |
|---|---|---|---|
| 城镇 | $n_1 = 40$ | $\bar{x}_1 = 2100$ | $S_1^2 = 380$ |
| 农村 | $n_2 = 80$ | $\bar{x}_2 = 830$ | $S_2^2 = 210$ |
| 合计 | 120 | — | — |

要求以 95% 的置信度估计该地区居民户电话费年平均支出的区间。

**解**:$1 - \alpha = 95\%$,查得 $Z = 1.96$。

样本均值 $\bar{x} = \sum \bar{x}_i n_i / n = (2100 \times 40 + 830 \times 80)/(40 + 80) = 1253.33$(元)

样本层内方差 $\bar{S}_i^2 = \sum S_i^2 n_i / n = (380 \times 40 + 210 \times 80)/(40 + 80) = 266.667$

抽样平均误差 $\sigma_{\bar{x}} = \sqrt{S_i^2/n} = \sqrt{266.67/120} = 1.4907$

抽样极限误差 $\Delta = Z\sigma_{\bar{x}} = 1.96 \times 1.4907 = 2.9218$(元)

每户平均话费支出额的置信区间为 $\mu = x \pm \Delta = 1253.333 \pm 2.92$,即 (1250.41, 1256.25)元。

分层抽样是通过分组来提高样本的代表性的。这是因为分层后总体方差被划分成多个内部差异较小的子总体,把这些差异较小的方差平均后还是较小。由于各层都抽取,各层之间就不存在抽样误差问题。分层抽样条件下不考虑层间方差,层内方差小于简单随机抽样的样本方差。因为,在分组条件下,总方差 = 层内方差 + 层间方差,总有层内方差小于总方差,所以,与简单随机抽样相比,分层抽样的效果更好。即

样本总方差($S^2$) = 层内方差($S_i^2$) + 层间方差($\delta^2$)

由于 $\delta^2$ 总会大于等于 0,必然有 $S_i^2 \leq S^2$,从而有简单随机抽样的抽样平均误差 $S/\sqrt{n}$ 大于等于分层抽样的抽样平均误差 $\sqrt{S_i^2/n}$。

在抽样技巧方面,分层抽样首先要确定各层的抽样数目,这就涉及各层的抽样比例是相等还是不等的问题。实际中常常采用等比例分层抽样,这样做比较简便。

## 7.7.2 等距抽样

等距抽样是一种特殊的分层抽样,也叫机械抽样或系统抽样。它是先将总体单位按某一标志排队,再按固定的顺序和间隔来抽取样本单位,相当于分层抽样中对总体进行等距分层的做法。等距抽样最显著的优点是能提高样本单位分布的均匀性,样本代表性较强。当然,如果只是对总体进行无关标志编号,这样的等距抽样和简单随机抽样差不多。

需要注意的是,等距抽样的起点值可以随机确定,之后各点会依此全部被确定下来。

## 7.7.3 整群抽样

整群抽样是将总体全部单位分为 $R$ 群,然后按随机原则从中抽取 $r$ 群,对抽中的群内进行全面调查,而未抽中群一概不调查。因此,整群抽样只存在群间方差,不存在群内方差。例如,居民家计调查或人口抽样调查,常常以一个乡(或街道)的所有住户或所有人口为一群,并对抽中乡(或街道)的住户或人口进行全面调查。又如,要从某天 8 小时内生产的产品中抽取 1/12 进行质量检查,可按 5 分钟内生产的产品为一群,将全天产品分为 96 群,再从中随机抽 1/12 即 8 群进行检查。

整群抽样只需对各群体进行编号和调查,大大简化了抽样组织工作,实践中应用十分广泛。但如果样本单位在总体中的分布不够均匀,在其他条件相同的情况下,整群抽样的样本代表性可能较差,因为整群抽样的抽样误差取决于群间差异程度的大小,而不受各群体内部差异程度的影响。整群抽样的抽样平均误差公式为

$$\sigma_{\bar{x}} = \frac{\delta_{\bar{x}}}{\sqrt{r}} \sqrt{1 - \frac{r}{R}} \qquad (7-24)$$

式中,$R$ 为总体群数,$r$ 为样本群数,$\delta_{\bar{x}}$ 为群间标准差。

通常,总体群间方差未知,要用样本群间方差 $S_{\delta^2}$ 来估计,有

$$S_{\delta^2} = \frac{\sum (x - \bar{x})^2}{r - 1} \qquad (7-25)$$

**例 7-12** GF 商场有水果饮料 300 箱,每箱 12 瓶,现随机抽取 6 箱检查每瓶的含菌数,测得这 6 箱的平均每瓶含菌数(个)分别为 82,60,76,50,60,65。要求推断这批饮料的平均含菌数的区间(置信度为95%)。

**解:** $1 - \alpha = 95\%$,查得 $t(6-1) = 2.5706$。

样本平均数 $x = \sum x/r = (82+60+76+50+60+65)/6 = 65.5$(个)

样本群间方差 $S_{\delta^2} = \dfrac{\sum (x_i - \bar{x})^2}{r - 1}$

$= \dfrac{(82-65.5)^2 + (60-65.5)^2 + \cdots + (65-65.5)^2}{6-1}$

$= \dfrac{683.5}{5} = 136.7$

抽样平均误差 $\sigma_{\bar{x}} = \dfrac{\delta_{\bar{x}}}{\sqrt{r}}\sqrt{1-\dfrac{r}{R}} = \sqrt{\dfrac{136.7}{6}\left(1-\dfrac{6}{300}\right)} = 4.725$（个）

总体含菌平均数的区间估计 $\mu = \bar{x} \pm \Delta = \bar{x} \pm t\sigma_{\bar{x}}$
$= 65.5 \pm 2.5706 \times 4.725 = 65.5 \pm 12.146$

即（53.35，77.65）（个）。

在整群抽样过程中，划分群体的原则是：应使群间差异尽可能小，使各群体内的总体单位之间的差异尽可能大。整群抽样对群体的划分可以是人为的，也可以是自然形成的。人为划分群体通常可以要求群体大小相等或接近，如产品分装、职工分班组等。自然形成的群体则往往大小不等，如按街道、乡村划分居民群体等。当群体大小相等或接近时，样本群体的抽取和参数估计都比较简单。当群体大小悬殊时，宜采用与群体规模成比例的不等概率的抽样方法来抽取样本群体，其参数估计的公式也有所不同。因此，为简便起见，划分群体时应使各群体所含的总体单位数尽可能相等。

### 7.7.4 多种抽样方式灵活运用

在实际工作中，选择适当的抽样组织方式，主要应考虑调查对象的性质特点，对调查对象的了解程度（抽样框的特点），抽样误差的大小以及人力、财力和物力的条件等方面。一般来说，比较复杂的抽样组织方式，如分层抽样和按有关标志排队等距抽样抽样误差较小，但需要花费较多的人力、物力和财力，而且必须事先掌握总体各单位的有关信息，以便适当地分组或排队；相反，较为简单的抽样组织方式，抽样误差较大，但耗费相对较少，事先不需要了解总体的很多信息。

实际运用中通常灵活地将两种或多种抽样组织方式结合使用，使抽样工作更简便、更经济或使抽样误差更小。如分层抽样与等距抽样结合而产生分层等距抽样，即先按与调查目的有关的主要标志将总体分为若干层（类），在各层内采用等距抽样抽取样本单位，这种方式集中了分层抽样和等距抽样之所长，当然也要求事先掌握较多的信息。此外，对大规模的抽样调查，总体单位很多而且分布面广，从总体中直接抽取样本单位很困难，也不便收集样本资料，这就需要采用多阶段抽样。多阶段抽样指分两个或两个以上的阶段来完成抽取样本单位。如我国的城市职工家计调查采用三阶段抽样：先抽选调查城市，再从抽中的城市中分部门抽选基层单位，最后从抽中的基层单位中抽取调查户。多阶段抽样可根据需要和可能，将几种抽样组织方式结合运用。一般在前面阶段选择分层抽样或有关标志排队等距抽样，而在后面阶段采用简单随机抽样或无关标志排队等距抽样。

简单随机抽样、分层抽样、等距抽样和整群抽样是四种基本的抽样组织方式。简单随机抽样是最基本的抽样组织方式，其常用方法有抽签法、利用随机数表取数法和电子计算机取数法。简单随机抽样对总体单位不进行任何划分或排队，完全随机地直接从总体中抽取样本单位，使每个总体单位都有完全均等的机会被抽中，故简单随机抽样又称纯随机抽样。它只需对总体单位进行编号，而不要求事先掌握更多的总体信息。正因为如此，简单随机抽样的估计效率也比较低，进行较大规模的抽样调查时，其抽样组织工作也不易开展。所以，在大规模抽样调查中常常采用分层抽样、等距抽样或整群抽样。

□ **本章小结**

抽样是用样本指标推断总体指标的一种统计调查方法，样本的代表性是保证抽样调查效果的关键。抽样原理是关于抽样分布的基本理论，对弄清样本与总体的关系、样本容量与抽样误差的关系、概率保证与极限误差的关系等方面，具有非常重要的意义。抽样方式对抽样效果也有影响。

□ **练习**

1. 什么叫抽样？怎样抽样？
2. 什么是抽样误差？用它如何进行区间估计？抽样误差与概率度是什么关系？
3. 样本容量与抽样平均误差有什么关系？
4. 基本的抽样组织方式有哪几种？它们各有什么特点？它们的抽样平均误差如何计算？
5. 什么叫点估计？什么叫区间估计？
6. 某地区粮食播种面积共 6 000 亩①，按不重复抽样方法随机抽取了 100 亩进行实测。调查结果，平均亩产为 550 千克，亩产量的标准差为 65。试以 95% 的置信度估计该地区粮食平均亩产量和总产量的区间。
7. 某地对上年栽种的一批树苗（共10 000株）进行了抽样调查，随机抽查的 300 株树苗中有 210 株成活。试以 95.45% 的概率估计该批树苗的成活率的置信区间和成活总数的置信区间。
8. 某车间生产的螺杆直径服从正态分布 $N(\mu, 0.32)$，现随机抽取 5 只，测得直径（单位：毫米）为 22.3，21.5，22.0，21.8，21.4，试求直径 $\mu$ 的 95.45% 的置信区间。
9. 已知某种电子管的使用寿命服从正态分布。从一批电子管中随机抽取 16 只，检测结果，样本平均寿命为 2 050 小时，标准差为 310。试求这批电子管的平均寿命的置信区间（置信度为95%）。
10. 影响样本容量的因素主要有哪些？如何确定必要抽样数目？
11. 某厂日产某种电子元件 2 000 只，最近几次抽样调查所得的产品不合格率分别为 4.6%，3.5%，5%，现为了调查产品不合格率，问至少应抽查多少只产品，才能以 95.45% 的概率保证抽样误差不超过 2%？
12. 某企业对职工用于某类消费的支出进行了等比例分层抽样，调查结果如下表，试以 95.45% 的概率估计该企业职工平均支出和总支出的置信区间。

---

① 1 亩 = 0.667 公顷。

|  | 职工人数（人） | 调查人数（人） | 平均支出（元） | 标准差（元） |
|---|---|---|---|---|
| 青年职工 | 2 600 | 130 | 230 | 60 |
| 中老年职工 | 1 800 | 90 | 140 | 47 |

13. 为什么放回抽样分布的误差总是大于不放回抽样分布的误差？原因何在？

14. 假定10亿人口大国和100百万人口小国的居民年龄变异程度相同，现在各自用放回抽样的方法抽取本国10万人口计算平均年龄，问两国平均年龄的抽样平均误差是否相同，或哪国比较大？如果各自用同样的方法抽取本国1%人口计算平均年龄，抽样平均误差又当如何？

15. 本期全体托福考生的平均成绩为580分，标准差为150分，现在随机抽取100名考生成绩，试用正态逼近法估计样本平均成绩在560～600分之间的概率是多少？样本平均成绩在610分以上的概率是多少？

16. 从某县的100个村庄中随机抽出10个村，对选中的村庄进行整村调查，调查结果得平均每户饲养家禽35只，各村的平均数的方差为16只，试在95%的概率保证程度下，推断该县饲养家禽户均只数的区间范围。

参考答案

# 第8章 参数检验

> **引例**
> 2015年1月1日，修订后的《中华人民共和国环境保护法》开始施行。众多生产企业开始进行工艺改造，以符合污染物排放的监测指标。那么，工艺改造后，生产企业的污染物排放量是否有明显的减少呢？污染物排放量达到多少，就可以认为产生了显著的变化呢？这是一个显著性检验的问题。
> 通过本章的学习，你将发现，显著性检验是工业生产以及社会科学中常用的统计推断方法，帮助实现从样本参数推断总体参数的过程。

> **□学习目标**
> 本章要求掌握假设检验的基本思想、检验步骤和两类错误以及与区间估计的关系。重点掌握假设检验中显著性水平的设定与小概率原理应用之间的关系。

## 8.1 参数检验的思想

### 8.1.1 参数检验解决的问题

参数检验在管理中应用非常广泛。例如，HKL公司是通信设备的主要生产商，绝大多数产品都需要大批量生产并检验。主产品RF板由16个电器元件组成，在制造阶段的焊接过程中，发现板上的焊接质量未能达到产品质量标准。经过对大量可能影响焊接过程的因素进行考虑之后，一位工程师初步确定，这一焊接问题极可能是由于RF板的表层有疵点而引起的。

该工程师想知道在公司存货中表层有疵点的RF板所占的比率是否超过了供应商设计规格中所指定的值。令$p$代表公司的RF板实际存货中表层有疵点的板所占的比率，$p_0$代表供应商设计规格中所指定的值，建立如下假设：

$$H_0: p \leqslant p_0 \tag{8-1}$$
$$H_a: p > p_0 \tag{8-2}$$

$H_0$表明公司存货中表层有疵点的板所占的比率未超过供应商设计中所指定的值。如果能够断定该比率是可以接受的，则工程师需要另行寻找引起焊接问题的原因。$H_a$表明公司存货中表层有疵点的板所占的比率超过了供应商设计规格中所指定的值,如果是这样,就可以确认表层有疵点就是引起焊接问题的主要原因,应当采取措施解决存货中表层疵点比率过高的问题。

这位工程师进行假设检验的结果表明,结论 $H_0$ 是真的,应该拒绝 $H_a$,即认为公司存货中表层有疵点的 RF 板所占的比率未超过供应商设计规格中所指定的值。通过对存货的进一步调查发现,贮存的隔板受到了污染是导致这一比率过高的原因。因此,该工程师认为,改变贮存环境是解决焊接流量达到产品质量标准的关键。

### 8.1.2 参数检验的主要思想

为了进一步了解假设检验的主要思想,我们分析一个有具体数据的例子。已知,某企业过去生产某种零件的平均长度为 4 厘米,标准差为 0.1。改革工艺后,抽查了 100 个零件,测得样本平均长度为 3.94 厘米。现问:工艺改革前后零件的长度是否发生了显著的变化?

这是关于工艺改革前后零件的平均长度(总体平均数)是否等于 4 的假设检验问题。

我们知道,样本平均长度与原平均长度出现差异不外乎两种可能:一是改革后的总体平均长度不变,但由于抽样的随机性使样本平均数与总体平均数之间存在抽样误差;二是由于工艺条件的变化,使总体平均数发生了显著的变化。因此,可以这样推断:如果样本平均数与总体平均数之间的差异不大,未超出抽样误差范围,则认为总体平均数不变;反之,如果样本平均数与总体平均数之间的差异超出了抽样误差范围,则认为总体平均数发生了显著的变化。

根据样本平均数的抽样分布定理,有 $\mu = \bar{x} \pm Z\sigma_{\bar{x}}$ 或 $|\bar{x} - \mu|/\sigma_{\bar{x}} \leq Z$。当 $Z = 0$ 时,表明样本均值等于总体均值,即 $\bar{x} = \mu$;当 $Z$ 很大时,表明样本均值离总体均值很远,即 $\Delta$ 很大。后一种情况是小概率事件。在正常情况下,小概率事件是不会发生的,那么在一次抽样中小概率事件居然发生了,我们就有理由认为样本均值是不正常的,表明样本与原总体的性质已经发生变化,应该拒绝接受。

假设检验的关键之处在于恰当地确定临界值 $Z$ 发生的小概率是多少,记为 $\alpha$。

通常人们认为,当 $\alpha \leq 5\%$ 时就是小概率。也有人认为小于 1% 或 1‰才是小概率。无论如何,一旦 $\alpha$ 值被确定下来,就可以查"正态分布分位数表"找到相对应的 $Z_\alpha$,这个 $Z_\alpha$ 值就是我们要衡量的 $|\bar{x} - \mu|/\sigma_{\bar{x}}$ 是否不等于 0 的理论值。在双侧检验条件下,与 $\alpha$ 对应的是 $Z_{\alpha/2}$ 值,如图 8-1 所示。

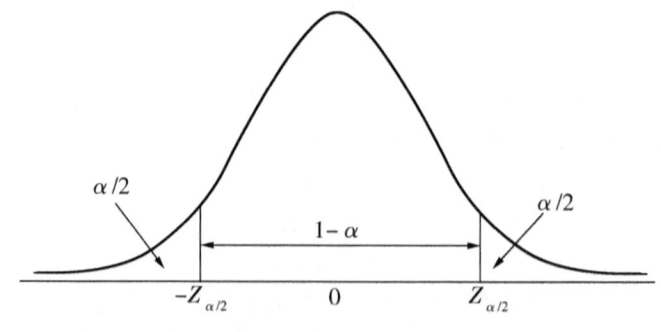

图 8-1 双侧检验

当 $|\bar{x}-\mu|/\sigma_{\bar{x}}=Z \leqslant Z_{\alpha/2}$ 时，我们就接受 $\bar{x}$，即认为样本来自原总体，或与原总体无质的区别，其误差来自抽样本身。

当 $|\bar{x}-\mu|/\sigma_{\bar{x}}=Z > Z_{\alpha/2}$ 时，我们就拒绝接受 $\bar{x}$，即认为样本与原总体相比，已经发生了质的变化，其误差并不是来自抽样本身，而是来自于生产条件等的变化。

本例中，$\bar{x}=3.95$，$\sigma=0.1$，$n=100$，假设 $\mu=4$，给定 $\alpha=0.01$，则有 $Z_{\alpha/2}=2.58$。于是，可计算得

$$Z = |\bar{x}-\mu|/\sigma_{\bar{x}} = |\bar{x}-\mu|/(\sigma/\sqrt{n}) = |3.95-4|/(0.1/\sqrt{100}) = 5 > Z_{\alpha/2} = 2.58$$

而 $|\bar{x}-4|/(\sigma/\sqrt{n}) > Z_{\alpha/2} = 2.58$ 是个小概率（$\alpha=0.01$）事件，这一事件在 100 次抽样中才可能发生一次。而在一次抽样中，这一小概率事件居然发生了，这是不合理的。所以，应否定原假设，即推断工艺改革前后零件的长度有了显著的变化。

由上例可见，假设检验的基本思想是带有概率性质的反证法。具体说来，假设检验主要有以下两个特点：

第一，假设检验所采用的逻辑推理方法是反证法。为了检验某个假设是否成立，先假定它是正确的，然后根据抽样理论和样本信息，观察由此假设而导致的结果是否合理，从而判断是否接受原假设。

第二，这里的合理与否，所依据的是"小概率事件实际不可能发生的原理"。即在一次观察中小概率事件发生了，则认为原假设是不合理的；反之，小概率事件没有出现，则认为原假设是合理的。所以，假设检验的反证法是带有概率性质的反证法，并非严格的逻辑证明。因为假设检验是基于样本资料来推断总体特征的，而这种推断是在一定的置信水平下进行的。如例中，拒绝原假设这一推断结果是在 $\alpha=0.01$ 的置信水平下得出的，也就是说，这一推断结果有 99% 的把握程度。

## 8.2 参数检验的步骤与两类错误

### 8.2.1 参数检验的步骤

进行假设检验要经过提出假设、计算统计量、给定显著性水平、查出临界值、比较判断等几个步骤。

（1）提出原假设和备择假设。

对每个假设检验问题，一般可同时提出两个相反的假设：原假设和备择假设。原假设又称零假设，是正待检验的假设，记为 $H_0$；备择假设是拒绝原假设后可供选择的假设，记为 $H_1$。原假设和备择假设是相互对立的，检验结果二者必取其一。接受 $H_0$，则必须拒绝 $H_1$；反之，拒绝 $H_0$ 则必须接受 $H_1$。

原假设和备择假设不是随意提出的，应根据所检验问题的具体背景而定。常常是采取"不轻易拒绝原假设"的原则，即把没有充分理由不能轻易否定的命题作为原假设，而相应地把没有足够把握就不能轻易肯定的命题作为备择假设。

一般地，假设有三种形式：

① $H_0$：$\mu=\mu_0$；$H_1$：$\mu \neq \mu_0$。这种形式的假设检验称为双侧检验。

②$H_0: \mu = \mu_0$;$H_1: \mu < \mu_0$(或 $H_0: \mu \geq \mu_0$;$H_1: \mu < \mu_0$)。这种形式的假设检验称为左侧检验,如图 8-2 所示。

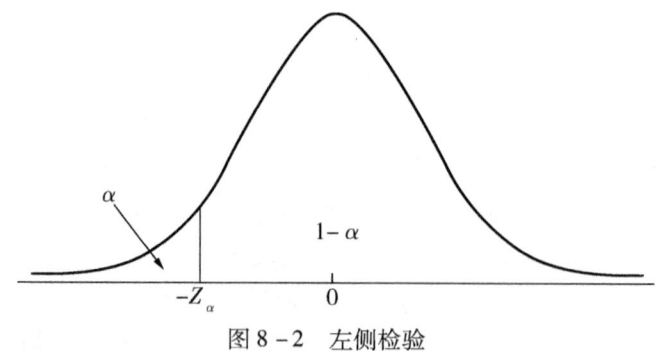

图 8-2 左侧检验

③$H_0: \mu = \mu_0$;$H_1: \mu > \mu_0$(或 $H_0: \mu \leq \mu_0$;$H_1: \mu > \mu_0$)。这种形式的假设检验称为右侧检验,如图 8-3 所示。

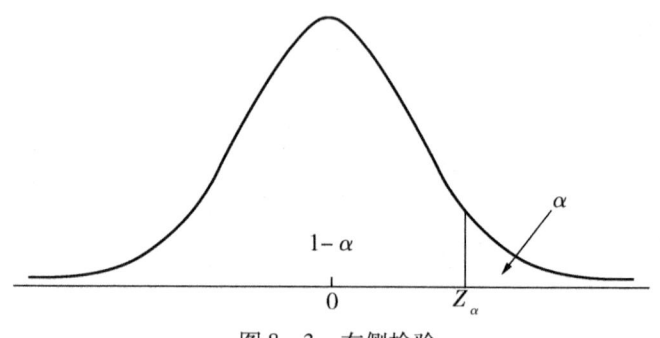

图 8-3 右侧检验

左侧检验和右侧检验统称为单侧检验。采用哪种假设,要根据所研究的实际问题而定。如果对所研究问题只需判断有无显著差异或要求同时注意总体参数偏大或偏小的情况,则采用双侧检验。如果所关心的是总体参数是否比某个值偏大(或偏小),则宜采用单侧检验。

(2)选择适当的统计量,并确定其分布形式。

不同的假设检验问题需要选择不同的统计量作为检验统计量。在例中,我们所用的统计量是 $Z$,在 $H_0$ 为真时,$Z \sim N(0,1)$。

(3)选择显著性水平 $\alpha$,确定临界值。

显著性水平表示 $H_0$ 为真时拒绝 $H_0$ 的概率,即拒绝原假设所冒的风险,用 $\alpha$ 表示。假设检验就是应用了小概率事件实际不发生的原理。这里的小概率就是指 $\alpha$。但是要小到什么程度才算小概率,对此并没有统一的标准。通常取 $\alpha = 0.1, 0.05, 0.01$。给定了显著性水平 $\alpha$,就可由有关的概率分布表查得临界值,从而确定 $H_0$ 的接受区域和拒绝区域。临界值就是接受区域和拒绝区域的分界点。

(4)作出结论。

根据样本资料计算出检验统计量的具体值,并用以与临界值比较,作出接受或拒绝原

假设 $H_0$ 的结论。如果检验统计量的值落在拒绝区域内,说明样本所描述的情况与原假设有显著性差异,应拒绝原假设;反之,则接受原假设。

### 8.2.2 参数检验中的两类错误

在作出接受或拒绝原假设 $H_0$ 的结论时,是基于样本信息来判断的。样本的随机性可能会使所作结论出现两类错误。

(1) 第一类错误。

当原假设 $H_0$ 为真,由于样本的随机性使样本统计量落入了拒绝区域,这时所作的判断是拒绝原假设。这类错误称为第一类错误,亦称拒真错误。如上例中,有的认为"一次抽样中小概率事件发生了"是不合理的,从而做出了拒绝原假设的结论。但事实上,小概率事件只是发生概率很小而已,并非绝对不发生。

犯第一类错误的概率,亦称拒真概率,它实质上就是前面提到的显著性水平 $\alpha$,即 $P\{拒绝 H_0 \mid H_0 为真\}=\alpha$。

(2) 第二类错误。

当原假设 $H_0$ 为不真,由于样本的随机性使样本统计量落入接受区域,这时的判断是接受原假设。这类错误称为第二类错误,亦称取伪错误。假如上例中真实情况是工艺改革前后零件的平均长度不相等,但是所抽查样本的平均长度却正好接近 4cm,即在 $(4 \pm 0.0258)$cm 的范围内,这时按检验规则应接受原假设。这就犯了第二类错误。犯第二类错误的概率亦称取伪概率,用 $\beta$ 表示,即 $P\{接受 H_0 \mid H_0 不真\}=\beta$。

由上可见,接受原假设时,只是因为没有发生小概率事件,还没有充足的理由拒绝它(即还没有足够的把握拒绝它)。因此,所谓"接受原假设",并非肯定原假设就是正确的,其含义应是"不否定原假设"或"保留原假设",即意味着原假设可能为真,尚需进一步检验证实。

假设检验中,原假设 $H_0$ 可能为真也可能不真,我们的判断(决策)有接受和拒绝两种。因此,检验中共有四种可能情况,可概括为表 8-1 所示。

表 8-1 两类错误的比较

| | $H_0$ 为真 | $H_0$ 为不真 |
|---|---|---|
| 接受 $H_0$ | 正确决策 | 第二类错误(采伪),概率为 $\beta$ |
| 拒绝 $H_0$ | 第一类错误(拒真),概率为 $\alpha$ | 正确决策 |

### 8.2.3 两类错误的概率 $\alpha$ 和 $\beta$ 的关系

由于抽样的随机性,在假设检验中要完全避免两类错误是不可能的,只能尽量控制犯错误的概率。一个好的检验法则总是希望犯两类错误的概率都很小,但两者是互为消长的。在一般场合,当 $n$ 固定时,减少 $\alpha$ 必然导致 $\beta$ 增大;反之,减少 $\beta$ 必然会增大 $\alpha$。以利用 $Z$ 统计量进行右侧检验的情况为例:

$$\alpha = P(Z > Z_\alpha \mid H_0 为真) \tag{8-3}$$

$$\beta = P(Z \leq Z_\alpha | H_0 \text{不真}) \qquad (8-4)$$

要使 $\alpha$ 小，则临界值 $Z_\alpha$ 增大，而 $Z_\alpha$ 增大必然导致 $\beta$ 增大。反之，要使 $\beta$ 小，则必然导致 $\alpha$ 增大。两者的关系如图 8-4 所示。

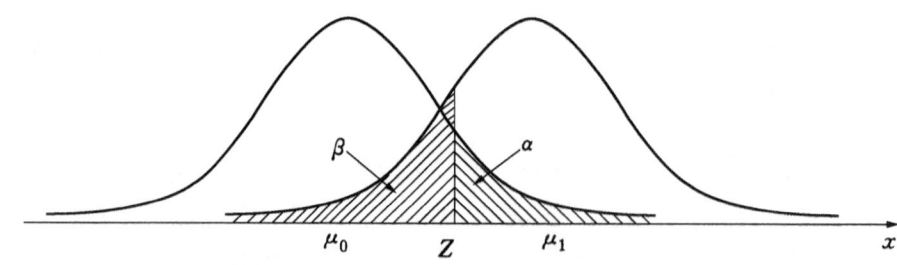

图 8-4 两类错误的关系

在检验中，对 $\alpha$ 和 $\beta$ 的选择取决于犯两类错误所要付出的代价。若拒真所付的代价较大，则应取较小的 $\alpha$ 而容忍较大的 $\beta$；反之，若取伪所付的代价更大，则不得不取较大的 $\alpha$ 以求较小的 $\beta$。通常的做法是先确定 $\alpha$，也即原假设为真时拒绝它的概率事先得到控制。由此再次可见，原假设是受到保护而不会轻易被否定的。

若要同时减少 $\alpha$ 和 $\beta$，或给定 $\alpha$ 而使 $\beta$ 减少，就必须增大样本容量 $n$。因为增大 $n$，就能降低抽样平均误差，样本统计量的分布更集中，分布曲线更尖峭，从而可使分布曲线尾部的面积 $\alpha$ 和 $\beta$ 都减少。

$\beta$ 的大小不仅与临界值有关，而且还与原假设的参数值 $\mu_0$ 和总体参数的真实值 $\mu$ 之间的差异大小有关。此差异越大，$\beta$ 就越小。因为此差异越大，就越容易鉴别出样本来自哪一总体，取伪的可能性就会降低。如图 8-4 中，当原假设 $H_0$ 不真而备择假设 $H_1$ 为真时，若真值 $\mu_1$ 右移，使真值与原假设的参数值的差异 $(\mu_1 - \mu_0)$ 增大，则以 $\mu_1$ 为中心的分布曲线随之而右移，从而该曲线左尾的阴影部分即 $\beta$ 也随之而缩小。

统计学中把 $(1-\beta)$ 称为检验功效，它表示当原假设不真实时拒绝它的概率，也即反映了肯定备择假设的能力大小。$(1-\beta)$ 较高，意味着检验做得较好。在给定 $\alpha$ 的情况下，使 $\beta$ 最小或 $(1-\beta)$ 最大的检验叫做最佳检验。

## 8.3 一个总体参数的假设检验

### 8.3.1 总体均值的假设检验

假设检验按对象和方法的不同，可分为总体均值检验、总体比率检验和总体方差检验等。其中，总体均值检验又分为总体方差已知和总体方差未知两种情况。

#### 8.3.1.1 总体均值的假设检验（总体方差已知）

利用服从正态分布的统计量 $Z$ 进行的假设检验称为 $Z$ 检验法。根据已知的总体方差、样本容量 $n$ 和样本平均数，计算出检验统计量 $Z$ 的值。对于给定的检验水平 $\alpha$，查正态分布表可得临界值，将所计算的 $Z$ 值与临界值比较，便可作出检验结论。

**例 8-1** 根据过去大量资料，HL 厂生产的保温产品的使用寿命服从正态分布 $N(\mu = 1\,020, \sigma^2 = 100^2)$。现从最近生产的一批产品中随机抽取 16 件，测得样本平均寿命为 1 080 小时。试在 0.05 的显著性水平下判断这批产品的使用寿命是否有显著提高？

**解**：根据题意，提出假设：$H_0: \mu = 1\,020$，$H_1: \mu > 1\,020$

$$|Z| = |\bar{x} - \mu_0|/\sigma_{\bar{x}} = |\bar{x} - \mu_0|/(\sigma/\sqrt{n})$$
$$= |1\,080 - 1\,020|/(100/\sqrt{16}) = 2.4$$

由 $\alpha = 0.05$，查"正态分布分位数表"（附录 2 表 4）得临界值 $Z_\alpha = 1.645$。

由于 $Z = 2.4 > Z_\alpha = 1.645$，所以应拒绝 $H_0$ 而接受 $H_1$，即这批产品的使用寿命确有显著提高。

### 8.3.1.2 总体均值的假设检验（总体方差未知）

总体方差未知，对总体均值的检验不能用上述 $Z$ 检验法，因为此时的检验统计量 $Z$ 中包含了未知参数 $\sigma$。为了得到一个不含未知参数的检验统计量，很自然会用总体方差的无偏估计量——样本方差 $S^2$ 来代替 $\sigma$，于是得到 $t$ 统计量。$t$ 统计量在 $H_0$ 成立时分布为

$$t = \frac{\bar{x} - \mu_0}{\sigma_{\bar{x}}} = \frac{\bar{x} - \mu_0}{S/\sqrt{n}} \tag{8-5}$$

利用服从 $t$ 分布的统计量去检验总体均值的方法称为 $t$ 检验法。

**例 8-2** CS 厂采用自动包装机分装产品，假定每包产品的重量服从正态分布，每包标准重量为 1 000 克。某日随机抽查 9 包，测得样本平均重量为 986 克，样本标准差为 24。试问在 0.05 的检验水平上，能否认为这天自动包装机工作正常？

**解**：根据题意，检验目的是观察产品的平均每袋重量是否与标准重量一致。因此，可建立如下假设：

$H_0: \mu = 1\,000$，$H_1: \mu \neq 1\,000$

检验统计量 $|t| = |(\bar{x} - \mu_0)/\sigma_{\bar{x}}| = |(\bar{x} - \mu_0)/(S/\sqrt{n})|$
$$= |(986 - 1\,000)/(24/\sqrt{9})| = 1.75$$

由 $\alpha = 0.05$，查"$t$ 分布表"（附录 2 表 5）得临界值 $t_{\alpha/2}(n-1) = t_{0.025}(9-1) = 2.306$。

由于 $|t| = 1.75 < t_{\alpha/2}(n-1) = 2.306$，所以接受 $H_0$，即可认为这天自动包装机工作正常。

$t$ 检验法适用于小样本情况下总体方差未知时对正态总体均值的假设检验。随着样本容量 $n$ 的增大，$t$ 分布趋近于标准正态分布。所以，在大样本情况下（$n > 30$），总体方差未知时对正态总体均值 $\mu$ 的假设检验通常近似采用 $Z$ 检验法。同理，大样本情况下非正态总体均值的检验也可用 $Z$ 检验法。因为，根据大样本的抽样分布定理，总体分布形式不明或为非正态总体时，样本平均数趋近于正态分布，这时，检验统计量 $Z$ 中的总体标准差 $\sigma$ 用样本标准差 $S$ 来代替。

### 8.3.2 总体比率（成数）的假设检验

由理论可知样本比率服从二项分布，但在大样本情况下，二项分布近似服从正态分布。因此，对总体比例的检验通常是在大样本条件下进行的，根据正态分布来近似确定临

界值，即采用 Z 检验法。其检验步骤与均值检验的步骤相同，只是检验统计量不同。

**例 8-3** 研究人员估计 S 市居民家庭的电脑拥有率为 30%。现随机抽查 200 个家庭，其中有 68 个家庭拥有电脑。试问该研究者的估计是否可信（$\alpha = 0.1$）？

**解**：假设 $H_0: P_0 = 0.3$，$H_1: P_0 \neq 0.3$

样本比率 $\overline{P} = m/n = 68/200 = 0.34$

由于样本容量大，所以可近似采用 Z 检验法，有

$$Z = \frac{\overline{P} - P_0}{\sqrt{\frac{P(1-p)}{n}}} = \frac{0.34 - 0.3}{\sqrt{\frac{0.34 \times 0.66}{200}}} = \frac{0.44}{0.0335} = 1.194$$

给定 $\alpha = 0.1$，查"正态分布分位数表"（附录 2 表 4）得 $Z_{\alpha/2} = Z_{0.05} = 1.645$。

由于 $|Z| < Z_{\alpha/2}$，接受原假设，即认为该研究者的估计是可信的。

### 8.3.3 总体方差的假设检验

方差或标准差是衡量变量的离散程度、研究生产活动的均衡性、产品质量的稳定性等最常用的指标，也是正态总体的重要参数之一。所以对总体方差的检验也是常见的一类假设检验问题。若 $H_0$ 为真，则检验统计量服从自由度为 $n-1$ 的 $\chi^2$ 分布，即

$$统计量 \chi^2 = \frac{(n-1)S^2}{\sigma_0^2} \tag{8-6}$$

**例 8-4** 根据长期正常生产的资料可知，某厂所产维尼纶的纤度服从正态分布，其方差为 0.002 5。现从某日产品中随机抽出 20 根，测得样本方差为 0.004 2。试判断该日纤度的波动与平时有无显著差异（取 $\alpha = 0.10$）。

**解**：假设 $H_0: \sigma_0^2 = 0.002\,5$，$H_1: \sigma_0^2 \neq 0.002\,5$

统计量 $\chi^2 = (n-1)S^2/\sigma_0^2 = (20-1)0.004\,2/0.002\,5 = 31.92$

$\alpha = 0.10$，查"$\chi^2$ 分布表"（附录 2 表 6）得 $\chi_{0.05}^2(19) = 30.14$，故应拒绝 $H_0$ 而接受 $H_1$，即认为该日纤度的波动性与平时有显著差异（因样本方差大于 0.0042，可认为该日纤度的波动性比平时显著增大）。

## 8.4 两个总体参数的假设检验

### 8.4.1 关于两个正态总体均值的检验

#### 8.4.1.1 两总体方差已知的场合

设 $X_1, X_2, \cdots, X_{n_1}$ 与 $Y_1, Y_2, \cdots, Y_{n_2}$ 分别独立来自总体 $N(\mu_1, \sigma_1^2)$ 与总体 $N(\mu_2, \sigma_2^2)$ 的两个样本，其中 $\sigma_1^2$、$\sigma_2^2$ 已知。假设 $H_0: \mu_1 = \mu_2$，$H_1: \mu_1 \neq \mu_2$。如 $H_0$ 为真，则统计量 $U = (\overline{X} - \overline{Y})/\sqrt{\sigma_1^2/n_1 + \sigma_2^2/n_2}$ 服从标准正态分布，可用此统计量来检验上述假设。

**例 8-5** 某厂铸造车间为提高缸体的耐磨性而试制了一种镍合金铸件以取代一种铜合金铸件，现从两种铸件中各抽一个样本进行硬度测试（表示耐磨性的一种考核指标），其结果如下：

镍合金铸件($X$)　72.0　69.5　74.0　70.5　71.8
铜合金铸件($Y$)　69.8　70.0　72.0　68.5　73.0　70.0

根据以往经验知硬度 $X \sim N(\mu_1, \sigma_1^2)$，$Y \sim N(\mu_2, \sigma_2^2)$，且 $\sigma_1 = \sigma_2 = 2$，试在 $\alpha = 0.05$ 水平上比较镍合金铸件硬度有无显著提高。

**解**：要检验的假设为 $H_0: \mu_1 = \mu_2$，$H_1: \mu_1 > \mu_2$。由于 $\sigma_1$ 与 $\sigma_2$ 均已知，所以用 $U$ 检验。

拒绝域为 $U = (\bar{X} - \bar{Y})/\sqrt{\sigma_1^2/n_1 + \sigma_2^2/n_2} > \mu_{1-\alpha} = 1.645$，即拒绝域为 $\{\mu > 1.645\}$。

现由样本求得 $\bar{x} = 71.56$，$\bar{y} = 70.55$，因此 $U = 0.834$，样本未落在拒绝域中，因此在 $\alpha = 0.05$ 水平上认为镍合金铸件的硬度没有明显提高。

#### 8.4.1.2　两总体方差未知，但 $\sigma_1^2 = \sigma_2^2$ 的场合

设 $X_1, X_2, \cdots, X_{n_1}$ 与 $Y_1, Y_2, \cdots, Y_{n_2}$ 分别独立来自总体 $N(\mu_1, \sigma_1^2)$ 与总体 $N(\mu_2, \sigma_2^2)$ 的两个样本，其中 $\mu_1$、$\mu_2$、$\sigma_1^2$、$\sigma_2^2$ 未知，但 $\sigma_1^2 = \sigma_2^2$。假设 $H_0: \mu_1 = \mu_2$，$H_1: \mu_1 \neq \mu_2$。如 $H_0$ 属真，则统计量 $T = (\bar{X} - \bar{Y})/S^* \sqrt{1/n_1 + 1/n_2}$ 服从自由度为 $n_1 + n_2 - 2$ 的 $t$ 分布，可用此统计量来检验上述假设。其中

$$S^* = \frac{(n_1 - 1)S_1^2 + (n_2 - 1)S_2^2}{n_1 + n_2 - 2} \tag{8-7}$$

**例 8-6**　杜鹃总是把蛋生在别的鸟巢中，现从两种鸟巢中得到杜鹃蛋 24 个。其中 9 个来自一种鸟巢，15 个来自另一种鸟巢，测得杜鹃蛋的长度(毫米)如下：

| | | |
|---|---|---|
| $n = 9$ | 21.2　21.6　21.9　22.0　22.0　22.2　22.8　22.9　23.2 | $\bar{x} = 22.20$<br>$S_1^2 = 0.4225$ |
| $m = 15$ | 19.8　20.0　20.3　20.8　20.9　20.9　21.0　21.0<br>21.0　21.2　21.5　22.0　22.0　22.1　22.3 | $\bar{y} = 21.12$<br>$S_2^2 = 0.5689$ |

试判别两个样本均值的差异是仅由随机因素造成的还是与来自不同的鸟巢有关($\alpha = 0.05$)。

**解**：$H_0: \mu_1 = \mu_2$；$H_1: \mu_1 \neq \mu_2$

取统计量 $T = \dfrac{\bar{X} - \bar{Y}}{\sqrt{\dfrac{1}{n} + \dfrac{1}{m}} S_w} \sim T(n + m - 2)$

拒绝域为 $|T| \geq t_{0.025}(22) = 2.074$

$$S_w = \sqrt{\frac{(n-1)S_1^2 + (m-1)S_2^2}{n + m - 2}} = 0.718$$

算得统计量值 $T = 3.568 > 2.074$，落在拒绝域内，所以拒绝 $H_0$，即蛋的长度与不同鸟巢有关。

#### 8.4.1.3　两总体方差未知的一般场合

这里给出两种近似检验方法。

(1) $n$ 与 $m$ 不太大时。

此时 $\bar{X} \sim N(\mu_1, \frac{\sigma_1^2}{n})$，$\bar{Y} \sim N(\mu_2, \frac{\sigma_2^2}{m})$，且两者独立，从而

$\bar{X} - \bar{Y} \sim N(\mu_1 - \mu_2, \frac{\sigma_1^2}{n} + \frac{\sigma_2^2}{m})$，故

$$\frac{(\bar{X} - \bar{Y}) - (\mu_1 - \mu_2)}{\sqrt{\frac{\sigma_1^2}{n} + \frac{\sigma_2^2}{m}}} \sim N(0,1) \tag{8-8}$$

当 $\sigma_1^2$ 与 $\sigma_2^2$ 分别用其相合估计 $S_X^2$ 和 $S_Y^2$ 代替后，则

$$t^* = \frac{(\bar{X} - \bar{Y}) - (\mu_1 - \mu_2)}{\sqrt{\frac{S_X^2}{n} + \frac{S_Y^2}{m}}} \tag{8-9}$$

近似服从自由度是 $L$ 的 $t$ 分布，其中，$L = (\frac{S_X^2}{n} + \frac{S_Y^2}{m})^2 / (\frac{S_X^4}{n^2(n-1)} + \frac{S_Y^4}{m^2(m-1)})$。

(2) 当 $n$ 与 $m$ 较大时。

当 $n$ 与 $m$ 较大时，$L$ 也将随之而增大，我们知道，当 $L \geq 30$ 时，自由度为 $L$ 的 $t$ 分布就很接近于正态分布 $N(0,1)$，故在 $n$ 与 $m$ 较大时，我们将上式中的 $t^*$ 改记为 $U$，并记为 $U$ 近似服从 $N(0,1)$ 分布。

**例 8-7** 设甲、乙两种矿石中含铁量分别服从 $N(\mu_1, \sigma_1^2)$ 与 $N(\mu_2, \sigma_2^2)$，现分别从两种矿石中各取若干样品测其含铁量，其样本量、样本均值和样本无偏方差分别为

甲矿石：$n = 10$，$\bar{x} = 16.01$，$S_X^2 = 10.80$

乙矿石：$m = 5$，$\bar{y} = 18.98$，$S_Y^2 = 0.27$

试在 $\alpha = 0.01$ 水平上，检验下述假设：甲矿石含铁量不低于乙矿石的含铁量。

**解**：这里的检验问题为

$$H_0: \mu_1 \geq \mu_2;\ H_1: \mu_1 < \mu_2$$

由于这里 $n$ 与 $m$ 都不大，且 $S_x^2$ 与 $S_y^2$ 又相差很大，故拟采用 $t^*$ 统计量进行检验。此时 $L = 9.87$，取整后为 10。在 $\alpha = 0.01$ 时，$t_{0.01}(10) = -2.7638$，现由样本求得 $t^* = -2.0789$，落入拒绝域，故拒绝 $H_0$，认为甲矿石含铁量明显高于乙矿石的含铁量。

### 8.4.2 关于两个正态总体比率差的检验

大样本情况下，且 $n_1 P_1 \geq 5$，$n_1(1 - P_1) \geq 5$，$n_2 P_2 \geq 5$，$n_2(1 - P_2) \geq 5$ 时，两个总体的样本比率都近似服从正态分布，所以样本比率之差也近似服从正态分布，标准化后得

$$Z = \frac{P_1 - P_2 - (\pi_1 - \pi_2)}{\sqrt{\frac{\pi_1(1-\pi_1)}{n_1} + \frac{\pi_2(1-\pi_2)}{n_2}}} \sim N(0,1) \tag{8-10}$$

#### 8.4.2.1 大样本情况下，两个总体比率差与零比较的检验

此情况下的检验统计量为

$$Z = \frac{P_1 - P_2}{\sqrt{P(1-P)(\frac{1}{n_1} + \frac{1}{n_2})}} \tag{8-11}$$

其中，$P$ 为两个样本比率的加权平均值，即

$$P = \frac{n_1 P_1 + n_2 P_2}{n_1 + n_2} \tag{8-12}$$

当 $\pi_1 - \pi_2 = 0$ 时，上述 $Z$ 统计量近似服从标准正态分布，即

$$Z = \frac{P_1 - P_2}{\sqrt{P(1-P)(\frac{1}{n_1} + \frac{1}{n_2})}} \sim N(0,1) \tag{8-13}$$

**例 8-8** 为调查 A、B 两城市的企业对营改增政策的支持度，从 A 城市随机调查 400 家企业，有 220 家企业持支持态度；从 B 城市随机调查 800 家企业，有 490 家企业持支持态度。根据样本检测结果推断：两个城市对营改增政策持支持态度的比率是否有差别（$\alpha = 0.05$）？

**解**：已知 $n_1 = 400$，$P_1 = 220/400 = 0.55$，$n_2 = 800$，$P_2 = 490/800 = 0.6125$，提出如下假设：

$$H_0: \pi_1 - \pi_2 = 0; \quad H_1: \pi_1 - \pi_2 \neq 0$$

此检验的统计量为

$$Z = \frac{P_1 - P_2}{\sqrt{P(1-P)(\frac{1}{n_1} + \frac{1}{n_2})}}$$

其中

$$P = \frac{n_1 P_1 + n_2 P_2}{n_1 + n_2} = \frac{220 + 490}{400 + 800} = 0.5917$$

则

$$Z = \frac{0.55 - 0.6125}{\sqrt{0.5917(1-0.5917)(\frac{1}{400} + \frac{1}{800})}} = -2.08$$

由 $\alpha = 0.05$，查"正态分布分位数表"（附录2 表5）得 $Z_{\alpha/2} = Z_{0.025} = 1.96$。

由于 $|Z| = 2.08 > 1.96$，因此拒绝原假设，即认为两个城市对营改增政策持支持态度的比率是有差别的。

#### 8.4.2.2 大样本情况下，两个总体比率差与非零比较的检验

此情况下的检验统计量为

$$Z = \frac{(P_1 - P_2) - k}{\sqrt{\frac{P_1(1-P_1)}{n_1} + \frac{P_2(1-P_2)}{n_2}}} \tag{8-14}$$

由于两总体比率 $\pi_1$ 和 $\pi_2$ 未知，分别用相应的样本比率代替 $Z$ 统计量分母中的两个总体比率。

上述 $Z$ 统计量近似服从标准正态分布，即

$$Z = \frac{(P_1 - P_2) - k}{\sqrt{\frac{P_1(1-P_1)}{n_1} + \frac{P_2(1-P_2)}{n_2}}} \sim N(0,1) \tag{8-15}$$

**例 8-9** 将例 8-8 中的最后的问题改为：根据样本检测结果推断，A、B 两个城市关于营改增政策支持度的比率，A 城市比 B 城市至少低 5 个百分点（$\alpha = 0.05$）？

**解**：已知 $n_1 = 400$，$P_1 = 220/400 = 0.55$，$n_2 = 800$，$P_2 = 490/800 = 0.6125$，$k = -0.05$，提出如下假设：

$$H_0: \pi_1 - \pi_2 \geq -0.05; \quad H_1: \pi_1 - \pi_2 < -0.05$$

此检验的统计量为

$$Z = \frac{(P_1 - P_2) - k}{\sqrt{\frac{P_1(1-P_1)}{n_1} + \frac{P_2(1-P_2)}{n_2}}}$$

代入数值，计算检验统计量的值如下：

$$Z = \frac{(0.55 - 0.6125) - (-0.05)}{\sqrt{\frac{0.55 \times (1 - 0.55)}{400} + \frac{0.6125 \times (1 - 0.6125)}{800}}} = -0.51$$

由于本例为单侧（左侧）检验，故拒绝域的临界值为 $-Z_\alpha$。由 $\alpha = 0.05$，查"正态分布分位数表"（附录 2 表 5）得 $-Z_\alpha = -1.64$。

由于 $Z = -0.51 > -1.64$，因此不能拒绝原假设，即在 $\alpha = 0.05$ 的显著性水平下，根据样本检测结果，不能得到 A 城市营改增政策支持度比率比 B 城市至少低 5 个百分点的推断。

### 8.4.3 关于两个正态总体方差比的检验

设 $X_1, X_2, \cdots, X_{n_1}$ 与 $Y_1, Y_2, \cdots, Y_{n_2}$ 分别来自总体 $N(\mu_1, \sigma_1^2)$ 与总体 $N(\mu_2, \sigma_2^2)$ 的两个样本，且相互独立。其中 $\mu_1, \mu_2, \sigma_1^2, \sigma_2^2$ 均未知。假设 $H_0: \sigma_1^2 = \sigma_2^2$，$H_1: \sigma_1^2 \neq \sigma_2^2$。如果 $H_0$ 为真，则统计量 $F = S_1^2/S_2^2$ 服从自由度为 $n_1 - 1$，$n_2 - 1$ 的 $F$ 分布，可用此统计量来检验上述假设。

**例 8-10** 甲、乙两台机床加工同一轴。从两台机床加工的轴分别随机抽取若干根，测得直径为（单位：毫米）：

| 机床甲 | 20.5, 19.8, 19.7, 20.4, 20.1, 20.0, 19.0, 19.9 |
|---|---|
| 机床乙 | 20.7, 19.8, 19.5, 20.8, 20.4, 19.6, 20.2 |

假定各机床加工轴的直径分别构成正态总体。试比较甲、乙两台机床加工的精度有无显著差异（$\alpha = 0.05$）。

**解**：首先建立假设：

$$H_0: \sigma_1^2 = \sigma_2^2, \quad H_1: \sigma_1^2 \neq \sigma_2^2$$

在 $n = 8$，$m = 7$，$\alpha = 0.05$ 时，$F_{0.025}(7, 6) = 5.7$，$F_{0.975}(7, 6) = 1/F_{0.025}(6, 7) = 0.195$，故拒绝域为 $\{F \leq 0.195 \text{ 或 } F \geq 5.70\}$

现由样本求得 $S_X^2 = 0.2164$，$S_Y^2 = 0.2729$，从而 $F = 0.793$，未落入拒绝域，因而在 $\alpha = 0.05$ 水平上可以认为两台机床加工精度一致。

## 8.5 区间估计与参数检验的关系

### 8.5.1 区间估计与假设检验的关系

抽样估计和假设检验都是统计推断的重要内容。如果总体分布形式已知，只是总体参数未知，则统计推断问题就归结为推断总体参数的问题。抽样估计或称参数估计是根据样本资料估计总体参数的真值，而假设检验是根据样本资料来检验对总体参数的先验假设是否成立。例如，通过随机抽取的样本对某地区居民的平均收入进行推断，如果要求以一定的概率估计总体平均收入，这就是一个参数估计问题，更准确地说，这是一个区间估计问题；如果要求以一定的概率判断总体平均收入是否达到了某一水平或是否有显著提高，这就是一个假设检验问题。

区间估计通常求得的是以样本估计值为中心的双侧置信区间，而假设检验不仅有双侧检验也常常采用单侧检验，视检验的具体问题而定。

区间估计立足于大概率，通常以较大的把握程度（可信度）$1-\alpha$ 去估计总体参数的置信区间。而假设检验立足于小概率，通常是给定很小的显著性水平 $\alpha$ 去检验对总体参数的先验假设是否成立。在假设检验中，人们更重视拒绝区域。这是因为我们只依据一个样本来进行推断，用一个实例去证明某个命题是正确的，这在逻辑上是不充分的；但用一个反例去推翻一个命题，理由是充足的，因为一个命题成立时不允许有反例存在。所以，假设检验运用的是概率意义上的反证法，在建立假设时本着"不轻易拒绝原假设"的原则。一旦检验结论为拒绝原假设，就会有较大的把握程度（即错误判断的可能性很小）；而当不能否定原假设时，只能将它作为真的保留下来，但事实上它有可能不真，所以，接受它有可能是个错误。

区间估计和假设检验虽各有其特点，但也有着紧密的联系。两者都是根据样本信息对总体参数进行推断，都是以抽样分布为理论依据，都是建立在概率基础上的推断，推断结果都有一定的可信程度或风险；对同一实际问题的参数进行推断，使用同一样本、同一统计量、同一分布。因而，两者可以相互转换，即区间估计问题可以转换成假设检验问题，假设检验问题也可以转换成区间估计问题。这种相互转换形成了区间估计与假设检验的对偶性。

以总体均值 $\mu$ 的区间估计和假设检验为例，当总体方差 $\sigma^2$ 已知时，$\sigma_{\bar{x}} = \sigma/\sqrt{n}$，由于统计量

$$Z = \frac{|\bar{x} - \mu_0|}{\sigma_{\bar{x}}} = \frac{|\bar{x} - \mu_0|}{\left(\dfrac{\sigma}{\sqrt{n}}\right)} \sim N(0,1) \tag{8-16}$$

给定置信度 $1-\alpha$ 时，有

$$P(|Z| \leqslant Z_{\alpha/2}) = 1 - \alpha \tag{8-17}$$

反之

$$P(|Z| > Z_{\alpha/2}) = \alpha \tag{8-18}$$

当总体均值 $\mu$ 可知时，可估计的 $\mu$ 置信度为 $1-\alpha$ 的置信区间为

$$-Z_{\alpha/2} \leqslant \frac{(\mu - x)}{\sigma_{\bar{x}}} \leqslant Z_{\alpha/2} \tag{8-19}$$

上式等价于 $Z$ 检验的接受区域：$|Z| \leqslant Z_{\alpha/2}$

若事先假设 $\mu = \mu_0$，可求出统计量 $Z$ 的具体值。当 $|Z| \leqslant Z_{\alpha/2}$ 时，不属于小概率事件，应接受原假设；反之，当 $|Z| > Z_{\alpha/2}$ 时，小概率事件发生了，按假设检验的规则，应拒绝原假设。可见，区间估计中的置信区间对应于假设检验中的接受区域，置信区间之外的区域就是拒绝区域。对比率、方差等问题的区间估计和假设检验也同样存在这种对偶性。

### 8.5.2 参数检验中的 $P$ 值

假设检验的结论是在给定的显著性水平下做出的。因此，在不同的显著性水平下，对同一检验问题所下的结论可能完全相反。例如，在显著性水平 $\alpha = 0.10$ 时应拒绝原假设，但有可能在显著性水平 $\alpha = 0.05$ 时应接受原假设。因为降低显著性水平 $\alpha < 0.05$ 时会导致拒绝区域缩小，从而就有可能使原来落在 $\alpha = 0.10$ 的拒绝区域的统计量的值变成落在 $\alpha = 0.05$ 的接受区域内。

给定显著性水平，对于相同的样本容量和分布，临界值是固定的，拒绝区域也就固定了。但不同样本得出的检验统计量的值不同，即使都落在相同的区域，所下的结论相同，但检验的把握程度实际上是不同的。因为检验统计量的值 $Z$ 无论是等于 5 还是等于 3，都大于临界值 $Z_{0.01/2} = 2.58$，它们所得检验结论也都是拒绝原假设。但很显然，两者的把握程度是有差异的，前者拒绝原假设的理由更为充足，更有把握。

计算 $P$ 值就是把假设检验中的把握程度问题考虑进来，即换一个角度来进行假设检验。

在总体均值的检验中，对于检验统计量 $Z = 2.4$，由 $Z$ 服从正态分布 $N(0,1)$ 可求得统计量 $Z$ 大于 2.4 的概率：

$$P(Z \geqslant 2.4) = 0.008\,198$$

在这里，若选定的显著性水平 $\alpha > 0.008\,2$ 时，统计量的值 $Z = 2.4$ 必然大于临界值 $Z_\alpha$，即统计量的值落在拒绝区域内；若选定的显著性水平 $\alpha < 0.008\,2$ 时，必有 $Z = 2.4 < Z_\alpha$，即统计量的值落在接受区域内。可见，在本例中，若要拒绝原假设，显著性水平的最小值为 $0.008\,2$，比它稍大一点就会导致接受原假设。通常把这种"拒绝原假设的最小显著性水平"称为假设检验的 $P$ 值。

### □本章小结

假设检验是统计推断的重要内容。它是用样本信息对总体参数进行的一种判断，这种判断是基于小概率原理进行的。本章详细阐述了假设检验中对小概率原理的应用、两类错误问题，以及假设检验与区间估计之间的联系与区别。

### □练习

1. 假设检验的基本思想是什么？假设检验一般有哪些步骤？

2. 区间估计与假设检验有何联系与区别？如何根据置信区间进行假设检验？

3. 一种电子元件，要求其使用寿命不得低于 1 000 小时。已知这种元件的使用寿命服从标准差为 100 的正态分布。现从一批元件中随机抽取 25 件，测得平均使用寿命为 958 小时。试在 0.02 的显著性水平下，确定这批元件是否合格。

4. 已知，某企业过去生产某种零件的平均寿命为 500 小时，标准差为 20。改革工艺后，抽查了 100 个零件，测得样本平均寿命 495 小时。问：工艺改革前后零件的寿命是否发生了显著的变化？

5. 假设检验的两类错误是什么？它们之间存在什么样的关系？

6. 正态分布和 $t$ 分布有什么不同，在平均数检验中什么场合使用 $t$ 分布？

7. 假设某产品的重量服从正态分布，现在从一批产品中随机抽取 16 件，测得平均重量为 820 克，标准差为 60，试以显著性水平 $\alpha = 0.01$ 检验原假设 $\bar{X} = 800$ 克。

8. 某市全部职工中，平常订阅某种报纸的占 40%，最近从订阅率来看似乎出现减少的现象，随机抽 200 户职工家庭进行调查，有 76 户职工订阅该报纸，问报纸的订阅率是否显著降低（$\alpha = 0.05$）？

9. 某型号的汽车轮胎耐用里程服从正态分布，其平均耐用里程为 25 000 公里。现在从某厂生产的轮胎中随机取 10 个进行里程测试，结果数据如下：

    25 400 25 600 25 300 24 900 25 500
    24 800 25 000 24 800 25 200 25 700

根据以上数据检验该厂轮胎的耐用里程是否存在显著性的差异（$\alpha = 0.05$）？

10. 加工某零件的标准口径服从标准差为 0.03 毫米的正态分布。现在从生产的零件中随机取 6 件，实测口径（毫米）如下：

    20.05 20.12 20.15 20.07 20.1 20.11

根据样本资料，试以显著性水平 $\alpha = 0.1$ 检验总体口径方差是否存在显著性差异。

11. 在下列练习中，给出显著性水平和试验结果相应的概率值，陈述你将作出何种决策（拒绝或接受 $H_0$）：

 （1）$\alpha = 0.05$，$P = 0.65$  （2）$\alpha = 0.01$，$P = 0.009$
 （3）$\alpha = 0.01$，$P = 0.025$  （4）$\alpha = 0.05$，$P = 0.025$
 （5）$\alpha = 0.01$，$P = 0.10$  （6）$\alpha = 0.05$，$P = 0.49$

12. 在下列练习中，给出 $H_0$，$\alpha$，$P$ 的观察值以及 $H_0$ 的实际情况，请陈述错误的类型：

 （1）$H_0$：$P = Q = 0.5$，$\alpha = 0.01$ 单侧检验，$P = 0.008$（单侧），$H_0$ 为真；
 （2）$H_0$：$P = Q = 0.5$，$\alpha = 0.05$ 双侧检验，$P = 0.08$（双侧），$H_0$ 为真；
 （3）$H_0$：$P = Q = 0.5$，$\alpha = 0.05$ 双侧检验，$P = 0.06$（双侧），$H_0$ 不真；
 （4）$H_0$：$P = Q = 0.5$，$\alpha = 0.05$ 双侧检验，$P = 0.03$（双侧），$H_0$ 不真；
 （5）$H_0$：$P = Q = 0.5$，$\alpha = 0.01$ 双侧检验，$P = 0.005$（双侧），$H_0$ 不真。

13. 为比较两个电影制片公司生产的每部影片放映时间的长短，现随机抽若干部影片，记录其放映时间如下：

设甲厂放映时间服从正态分布 $N(\mu_1, \sigma_1^2)$，现抽 5 部影片，其放映时间分别为

$$102,86,98,109,92(分钟)$$

设乙厂放映时间服从正态分布 $N(\mu_2,\sigma_2^2)$，现抽 7 部影片，其放映时间分别为

$$81,105,97,124,92,87,114(分钟)$$

试问在 $\alpha=0.05$ 水平上两者的方差是否一致？两者的均值是否一致？

14. 假定 A、B 两种小麦的蛋白质含量分别服从 $N(\mu_1,\sigma_1^2)$ 与 $N(\mu_2,\sigma_2^2)$。为比较其蛋白质含量，现从 A 种小麦中随机抽取 10 个样品，得样本均值 $\bar{x}=14.3$，样本方差 $S_1^2=1.621$；从 B 种小麦中随机抽取 5 个样品，得样品均值 $\bar{y}=11.7$，样本方差 $S_2^2=0.135$。试在 $\alpha=0.05$ 水平上检验两者方差是否一致？两者均值是否一致？

参考答案

# 第9章 非参数检验

**引例**

中国地区发展不平衡明显已为世人所公认，东、中、西部3个区域的经济社会发展差距很大。地区人均GDP是反映一个地区经济发展成果的综合指标。2015年底，国家宏观经济研究小组从东、中、西3个区域各选取3个省份，来检验全国各省平均人均GDP的中位数是否等于45 000元。抽取的样本结果如下表所示（单位：元）：

| 省份 | 北京 | 广东 | 辽宁 | 河南 | 湖北 | 江西 | 陕西 | 四川 | 云南 |
|---|---|---|---|---|---|---|---|---|---|
| 人均GDP | 106 284 | 67 503 | 65 524 | 39 131 | 50 654 | 36 724 | 48 023 | 36 836 | 29 015 |

那么在总体分布函数形式未知且样本量极小的情形下，如何对假设 $H_0$（全国各省平均人均GDP的中位数等于45 000元）作出统计推断？

通过本章的学习，将对解决上述问题的统计学方法以及其他参数检验无法回答的统计推断有更好的解答。

> **□学习目标**
> 
> 本章要求掌握非参数检验的应用范围、基本思想以及检验步骤。重点掌握两总体比较的非参数检验方法。

## 9.1 非参数检验的概述

非参数检验是相对于参数检验而存在的。参数检验是在已知总体分布的条件下（一般要求总体服从正态分布）对一些主要的参数（如均值、百分数、方差、相关系数等）进行检验，有时还要求某些总体参数满足一定条件。如独立样本的 $T$ 检验和方差检验不仅要求总体符合正态分布，还要求总体方差齐性。

考虑一个明显非正态的数据总体，这种分布可能非常平坦、非常尖锐或者强烈地向右或向左偏斜（见图9-1）。如对这样的数据集应用小样本 $t$ 检验，就有可能导致严重后果。由于正态性假定在这里明显遭到破坏，因此 $t$ 检验所给出的结果是不可靠的。

对于不服从正态分布的数据，存在很多非参数检验方法。非参数检验不依赖被抽样总体的分布，因而称为与分布无关的检验。另外，非参数检验针对的是总体概率分布的位置，而不是特定的总体参数，如平均值之类。

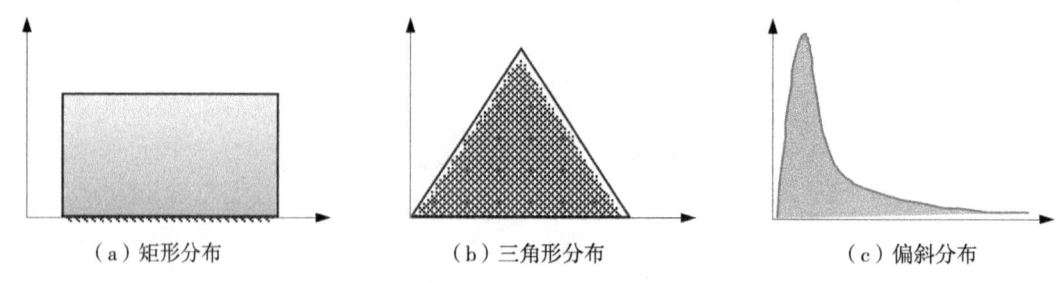

图 9-1　$t$ 统计量量无效的某些非正态分布

非参数检验方法简便且不依赖于总体分布的具体形式，因而适用性强，但灵敏度和精确度不如参数检验。一般而言，非参数检验适用于以下三种情况：①顺序类型的数据资料，这类数据的分布形态一般是未知的；②虽然是连续数据，但总体分布形态未知或者非正态，这和卡方检验一样，称为自由分布检验；③总体分布虽然正态，数据也是连续类型，但样本容量极小，如 10 以下（虽然 $T$ 检验被称为小样本统计方法，但样本容量太小时，代表性毕竟很差，最好不要用要求严格的参数检验法）。因为这些特点加上非参检验法一般原理和计算比较简便，所以常用于一些为正式研究进行探路的预备性研究中。当然，由于许多非参数检验不牵涉参数计算，对数据中的信息利用不够，因而其统计检验力相对于参数检验也差得多。

前面所学到的参数检验法在非参数检验法中都能找到替代的方法，因此按照和参数检验法相对应的原则可对非参数检验法进行如图 9-2 所示的分类。

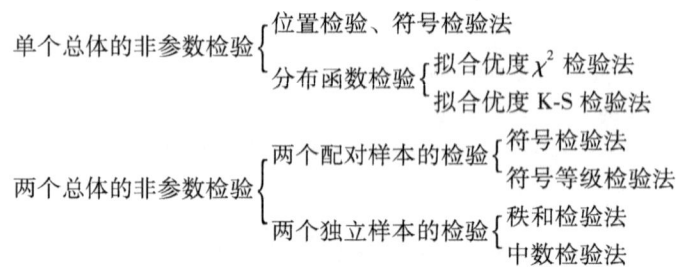

图 9-2　非参数检验的分类框架

## 9.2　单个总体的非参数检验

### 9.2.1　单个总体的位置检验

由第 8 章可知估计总体均值或检验关于总体均值的假设小样本方法，都要求总体服从某个近似的正态分布。因此，在非正态总体收集一个小样本的情况下，$t$ 检验就失效，必须求助于某种非参数方法。适用于此种情形的最简单的非参数方法是正负号检验法

(又称符号检验法)。这是一种专为检验关于任意连续分布的中位数的假设而设计的方法。同平均值一样,中位数是分布中心和分布位置的度量,所以正负号检验有时亦称位置检验。

**例 9–1** 回顾本章的引例,对于一个总体分布未知并且样本数据很小的情形,需要检验零假设 $H_0$:中位数 $\eta = 45\,000$ 对单尾替代假设 $H_1$:中位数 $\eta > 45\,000$。所谓的中位数,是指使总体左右两侧概率分布面积相等的数。因此从总体选出大于 $\eta$ 的 $x$ 的概率为 0.5,即 $P(x_i > \eta) = 0.5$。要是零假设事实上为真,那么可以预期将会观察到差不多有一半样本 $x$ 值大于 $\eta$。

正负号检验所用的检验统计量 $S$ = 超过 45 000 的样本观察值数,试求本检验的零假设是否成立。

**解**:$S$ 只依赖于每个样本值 $x_i$ 与 45 000 之差的正负号。也就是说,我们只需数一数样本差 $(x_i - 45\,000)$ 中有几个正号就行了。令每一个样本差 $(x_i - 45\,000)$ 代表由 $n$ 次相同试验组成的实验中一次试验的结果。如果称正的差值为"成功",负的差值为"失败",则 $S$ 便是 $n$ 次试验的成功数。在 $H_0$ 之下,观察到任意一次试验为成功的概率为

$$\pi = P(成功) = P(x_i - 45\,000 > 0) = 0.5$$

由于各次试验都是独立的,满足二项实验的性质。于是 $S$ 服从参数 $n$ 和 $\pi = 0.5$ 的二项分布,进而计算 $p$ 值,最后根据 $p$ 值与显著性水平 $\alpha$ 的关系,判断 $H_0$ 是否成立。

一般而言,单个总体中位数 $\eta$ 的正负号检验需要经历以下三个步骤:

(1),提出零假设和备择假设:

$$H_0: \eta = \eta_0$$
$$H_1: \eta > \eta_0 (或 H_1: \eta < \eta_0)$$

(2),计算检验统计量 $S$:

$S \geq \eta_0$ 的样本观察值数(或 $S \leq \eta_0$ 的样本观察值数)

(3),根据显著性水平 $\alpha$,判断是否拒绝原假设 $H_0$。其判断分小样本和大样本两种情形。

① 在小样本的情形下 ($n < 10$)。

计算 $p$ 值:

$$p = P(x \geq S) \tag{9-1}$$

此处 $x$ 服从参数为 $n$ 和 $\pi = 0.5$ 的二项分布。当 $p$ 值 $< \alpha$ 时,则拒绝 $H_0$。

② 在大样本的情形下 ($n \geq 10$)。

计算 $Z$ 值:

$$Z = \frac{S - \mu}{\sigma} = \frac{S - 0.5n}{0.5\sqrt{n}} \tag{9-2}$$

当 $Z > Z_\alpha$ 时,拒绝 $H_0$。

### 9.2.2 单个总体的分布函数检验

**9.2.2.1 拟合优度 $\chi^2$ 检验法**

假设(猜测)总体的概率密度函数为 $f(x)$(若总体为离散型,则假设总体的概率密度为 $P\{X=x_i\}=P_i$),那么用一组样本 $x_1,x_2,\cdots,x_n$ 如何来检验假设是否成立?

一般而言,要经历以下四个步骤。

(1) 提出零假设和备择假设。

$H_0$:总体的累积概率分布函数为 $F(x)$

$H_1$:总体的累积概率分布函数不是 $F(x)$

(2) 在数轴上选取 $k-1$ 个分点 $t_1,t_2,\cdots,t_{k-1}$ 将数轴分为 $k$ 个区间(不必等区间): $(-\infty,t_1],(t_1,t_2],\cdots,(t_{k-1},+\infty)$。

记 $p_i$ 为总体在第 $i$ 个区间上的概率值,则有

$$p_1 = P(X \leq t_1) = F(t_1)$$
$$p_2 = P(t_1 < X \leq t_2) = F(t_2) - F(t_1)$$
$$\cdots$$
$$p_{k-1} = P(t_{k-2} < X \leq t_{k-1}) = F(t_{k-1}) - F(t_{k-2})$$
$$p_k = P(X \geq t_{k-1}) = 1 - F(t_{k-1})$$

记 $n_i$ 为样本 $x_1,x_2,\cdots,x_n$ 中,落在区间 $i$ 中的个数(或频数),那么,频率 $\frac{n_i}{n}$($n$ 至少为50,最好100以上)与概率 $p_i$ 之差应当很小,否则就应该拒绝假设 $H_0$。

可以证明,在 $H_0$ 成立的条件下,统计量

$$\chi^2 = \sum_{i=1}^{k} \frac{(n_i - np_i)^2}{np_i} \tag{9-3}$$

服从 $\chi^2(k-1-r)$ 分布,其中,$r$ 是总体中未知参数的个数。

在计算 $\chi^2$ 时,由于式中的 $p_i$,可用 $\hat{p}_i$ 代替。为了计算 $\hat{p}_i$,常常需要用样本估计总体的某些参数。例如,假设总体服从正态分布,就需要用样本估计总体的均值与方差,有了这两个参数,就可以计算出各个区间的概率 $\hat{p}_i$。

(3) 对于给定的显著性水平 $\alpha$,可由 $\chi^2(k-1-r)$ 分布表,查出临界值 $\chi^2_\alpha$。

(4) 比较统计量 $\chi^2$ 与临界值 $\chi^2_\alpha$ 的大小,若 $\chi^2 \geq \chi^2_\alpha$(意味着 $\chi^2$ 的分子大,即频率 $\frac{n_i}{n}$ 与概率 $p_i$ 之差大),则拒绝 $H_0$。

**9.2.2.2 拟合优度 K-S 检验法**

K-S 检验法是柯尔莫哥洛夫(Kolmogorov)-斯米尔诺夫(Smirnov)检验法的简称。

假设现在面临的问题依然是:用一组样本 $x_1,x_2,\cdots,x_n$ 来检验关于某个总体分布 $F(x)$ 的假设是否成立。即零假设 $H_0$:总体的累积概率分布函数为 $F(x)$;备择假设 $H_1$:总体的累积概率分布函数不是 $F(x)$。

K-S 检验法的基本思路如下:

(1)把不重复的样本观察值从小到大排列,依据不重复的样本观察值的频率,建立一

个样本累积频率函数 $F_n(x)$，$F_n(x)$ 是一个阶跃函数。

(2) 对于任何确定的 $n$，定义 $D(n)$ 统计量。

$$D(n) = \sup_{-\infty < x < +\infty} |F_n(x) - F(x)| \tag{9-4}$$

(3) 对于任何确定的 $n$，统计量 $D(n)\sqrt{n}$ 的(累积)概率分布函数为 $P\{D(n)\sqrt{n} < \lambda\}$，记为 $Q(\lambda, n)$。

柯尔莫哥洛夫和斯米尔诺夫求出了统计量 $D(n)\sqrt{n}$ 的累积概率的极限分布 $Q(\lambda)$，并给出了 $Q(\lambda)$ 的概率表格(不同的 $\lambda$ 值及所对应的概率 $Q(\lambda)$ 的值)。于是，对于给定的 $\alpha$，通过表中 $Q(\lambda)$ 列，查到 $1-\alpha$，对应地找出 $\lambda$ 值(即 $\lambda_\alpha$)。对于计算出来的统计量 $D(n)\sqrt{n}$ 的值 $d(n)\sqrt{n}$，若 $d(n)\sqrt{n} < \lambda_\alpha$，则接受 $H_0$；若 $d(n)\sqrt{n} \geq \lambda_\alpha$，则拒绝 $H_0$。

## 9.3 两个总体的非参数检验

### 9.3.1 两个配对样本的检验

#### 9.3.1.1 符号检验法

符号检验法是通过对两个配对样本的每对数据之差的符号(正号或负号)进行检验，以比较这两个样本所代表的总体的差异显著性，对应于参数检验中两相关样本差异显著性的 $T$ 检验。其基本思想是：若两总体差异不显著，则两样本差值的正号与负号应大致各占一半，即中位数为 0。符号检验法一般要经历以下三个步骤。

(1) 提出零假设和备择假设。

$H_0$：差值的总体中位数为 0

$H_1$：差值的总体中位数不为 0

(2) 标记出每对数据之差的符号，正号个数记为 $n^+$，负号的个数记为 $n^-$，差值为 0 的不计算在内，并记 $r = \min\{n^+, n^-\}$，$N = n^+ + n^-$。

(3) 分小样本和大样本两种情况进行检验。

①当为小样本时($N \leq 25$)。

计算 $p$ 值：

$$p = P(x \geq r) \tag{9-5}$$

此处 $x$ 服从参数为 $N$ 和 $\pi = 0.5$ 的二项分布。当 $p < \alpha$ 时，则拒绝 $H_0$。

②当为大样本时($N > 25$)。

计算 $Z$ 统计量：

$$Z = \frac{(r+0.5) - N/2}{\sqrt{N}/2} \tag{9-6}$$

若 $Z > Z_\alpha$，则拒绝 $H_0$；否则，接受 $H_0$。

#### 9.3.1.2 符号等级检验法

符号等级检验法(Wilcoxon Signed-Rank test)是由威尔科克森(Wilcoxon)提出的，有时也简称威尔科克森检验法(Wilcoxon test)。其适用条件与符号检验法相同，也适合于配对样本，但它的精度比符号检验法高，因为它不仅考虑差值的符号，同时还考虑差值的大小。

符号等级检验法是通过对两个配对样本的每对数据之差的符号（正号或负号）及等级进行检验，以比较这两个样本所代表的总体的差异显著性，对应于参数检验中两相关样本差异显著性的 $T$ 检验。其基本思想是：若两总体差异不显著，则两样本的正负向差值的等级之和应大致相等，即分布对称，且中位数为 0。符号等级检验法一般要经历以下五个步骤。

（1）提出零假设和备择假设：

$H_0$：差值的总体分布对称且中位数为 0

$H_1$：差值的总体分布不对称，或中位数不为 0

（2）将两配对样本数据之差按绝对值由小到大排列，若差值为 0，则不参与排序。

（3）在各等级前添上差值的符号。

（4）记带正号的等级和为 $T^+$，记带负号的等级和为 $T^-$，并记 $T = \min\{T^+, T^-\}$，$N = n^+ + n^-$。

（5）分小样本和大样本两种情况进行检验。

①当为小样本时（$N \leq 25$）。

根据 $N$ 查"威尔科克森配对差等级和检验临界值表"（附录 2 表 8），得到 $T_\alpha$。若 $T < T_\alpha$，则拒绝 $H_0$；否则接受 $H_0$。

②当为大样本时（$N > 25$）。

计算 $Z$ 统计量：

$$Z = \frac{T - N(N+1)/4}{\sqrt{N(N+1)(2N+1)/24}} \tag{9-7}$$

若 $Z > Z_\alpha$，则拒绝 $H_0$；否则，接受 $H_0$。

**例 9-2** 某幼儿园对 10 名儿童在刚入园时和入园一年后均进行了血色素检查，结果如表 9-1 所示，试问两次检查有无明显变化？

表 9-1 10 名儿童一年前后的血色素检查表

| 儿童 | 1 | 2 | 3 | 4 | 5 | 6 | 7 | 8 | 9 | 10 |
|---|---|---|---|---|---|---|---|---|---|---|
| 刚入园 | 12.3 | 11.3 | 13.0 | 15.0 | 12.0 | 15.0 | 13.5 | 12.8 | 10.0 | 11.0 |
| 一年后 | 12.0 | 14.0 | 13.8 | 13.8 | 11.4 | 14.0 | 13.5 | 13.5 | 12.0 | 14.7 |

**解**：首先，提出零假设和备择假设：

$H_0$：两次检查无明显变化

$H_1$：两次检查有明显变化

其次，计算差值，并进行有符号的排序，如表 9-2 所示。

表 9-2 10 名儿童一年前后的血色素检查等级和表

| 儿童 | 1 | 2 | 3 | 4 | 5 | 6 | 7 | 8 | 9 | 10 |
|---|---|---|---|---|---|---|---|---|---|---|
| 刚入园 | 12.3 | 11.3 | 13.0 | 15.0 | 12.0 | 15.0 | 13.5 | 12.8 | 10.0 | 11.0 |
| 一年后 | 12.0 | 14.0 | 13.8 | 13.8 | 11.4 | 14.0 | 13.5 | 13.5 | 12.0 | 14.7 |

续表 9-2

| 儿童 | 1 | 2 | 3 | 4 | 5 | 6 | 7 | 8 | 9 | 10 |
|---|---|---|---|---|---|---|---|---|---|---|
| 差值 | -0.3 | 2.7 | 0.8 | -1.2 | -0.6 | -1.0 | 0 | 0.7 | 2.0 | 3.7 |
| $\|D\|$ | 1 | 8 | 4 | 6 | 2 | 5 | 0 | 3 | 7 | 9 |
| 加符号 | -1 | 8 | 4 | -6 | -2 | -5 | 0 | 3 | 7 | 9 |

再次，计算 $T^+ = 8+4+3+7+9 = 31$，$T^- = 1+6+2+5 = 14$；得到 $T = 14$，$N = 9$。

最后，查"威尔科克森配对差等级和检验临界值表"（附录 2 表 8），得到双侧检验下 $N = 9$，$\alpha = 0.05$，$T_{0.05} = 6$。因为 $T = 14 > T_{0.05}$，所以接受原假设，即，两次检查无明显变化。

## 9.3.2 两个独立样本的检验

### 9.3.2.1 秩和检验法

秩和（sum of ranks）即秩次的和或者等级之和。这一方法首先由威尔科克森提出，叫威尔科克森两样本检验法，后来曼（Mann）与惠特尼（Whitney）两人将其应用到两样本容量不等的情况，因而又称作曼-惠特尼-威尔科克森秩和检验，或称曼-惠特尼 $U$ 检验。

秩，就是变量值排序的名次。可以将数据升序（或降序）排列，每个变量值都会有一个在整个变量值序列中的位置或名次，这个位置或名次就是变量值的秩。变量值有几个，对应的秩就有几个。

秩和检验法相当于考验两个独立样本平均数之差异 $t$ 检验法。当两个独立样本不符合 $t$ 检验法的基本假设——其总体分布不是正态分布时，就要用秩和检验法代替 $t$ 检验法的基本假设。秩和检验法要经历以下四个步骤。

（1）提出零假设和备择假设：

$$H_0：两总体分布相同$$

$$H_1：两总体分布不同$$

（2）将两本数据混合，由小到大排序（相同数据占平均等级）。

（3）取容量小的样本中各数据的等级相加，记为 $T$。

（4）分小样本和大样本两种情形进行检验（两样本的容量分别记为 $n_1$, $n_2$）。

①当为小样本时（$n_1 \leq 10, n_2 \leq 10$）。

根据 $n_1$，$n_2$ 以及 $\alpha$ 查"威尔科克森等级和检验的临界值表"（附录 2 表 8），得到 $T_L$ 和 $T_U$，当 $T_L < T < T_U$ 时，接受原假设，否则拒绝原假设。

②当为大样本时（$n_1 > 10, n_2 > 10$）。

计算 $Z$ 统计量：

$$Z = \frac{T - n_1(n_1 + n_2 + 1)/2}{\sqrt{n_1 n_2 (n_1 + n_2 + 1)/12}} \tag{9-8}$$

若 $Z > Z_\alpha$，则拒绝 $H_0$；否则，接受 $H_0$。

（注：本章所采取的都是单侧检验下的判断准则）

**例9-3** 一家邮购公司想对制订一项新的质量控制计划前后每天收到的投诉进行比较。过了足够长时间后,当客户们收到的已经是执行新计划之后生产出来的产品时,就接连10天记下每天收到的投诉信的数目。类似地,在执行新的质量控制计划之前,也挑选10天记下每天收到的投诉信数目。这些数据列于表9-3。有无充分证据说明由于制订了新的质量控制计划,客户们的投诉减少了?检验时 $\alpha = 0.05$。

表9-3 每天收到投诉信数目

| 执行新计划前 | 17 | 14 | 12 | 16 | 23 | 18 | 10 | 8 | 19 | 22 |
|---|---|---|---|---|---|---|---|---|---|---|
| 执行新计划后 | 10 | 15 | 7 | 6 | 13 | 11 | 12 | 9 | 17 | 4 |

**解**:20个观测值由低到高的等级示于表9-4。相同观察值的等级取它们不相同时等级的平均值。因为想确定自执行新的质量控制计划以来投诉信的数目是否减少了,所以应检验如下假设:

$H_0$:执行新计划前后每天投诉信数目的分布相同

$H_1$:执行新计划前后每天投诉信数目的分布不同

表9-4 等级和的计算

| 执行新计划前 | | 执行新计划后 | |
|---|---|---|---|
| 原始数据 | 等级 | 原始数据 | 等级 |
| 17 | 15.5 | 10 | 5.5 |
| 14 | 11.5 | 15 | 13 |
| 12 | 8.5 | 7 | 2 |
| 16 | 14 | 6 | 1 |
| 23 | 20 | 13 | 10 |
| 18 | 17 | 11 | 7 |
| 10 | 5.5 | 12 | 8.5 |
| 8 | 3 | 9 | 4 |
| 19 | 18 | 17 | 15.5 |
| 22 | 19 | 4 | 11.5 |
| | $T_1 = 132$ | | $T_2 = 78$ |

选取检验统计量 $T_1 = 132$,根据 $n_1 = 10$,$n_2 = 10$ 以及 $\alpha = 0.05$ 查"威尔科克森等级和检验的临界值表"(附录2表8),得到 $T_L = 83$ 和 $T_U = 127$。$T_1 > T_U$,故拒绝原假设,则可以推断执行新的质量控制计划之后客户投诉信显著减少了。

#### 9.3.2.3 中数检验法

中数检验法也适用于两独立样本的差异显著性检验,用以检验两总体是否具有相同中数。中数检验法是用中位数作为统计量进行假设检验的方法,它将各组样本数据合在一起找出共同的中位数,然后分别计算每个样本的共同中位数上、下频数,再进行卡方检验。所以实际上中数检验法是利用卡方独立性检验进行决策,中数检验一般要经历以下五个步骤。

(1) 提出零假设和备择假设:

$H_0$: 两总体分布具有相同的中位数

$H_1$: 两总体分布中位数不同

(2) 两样本由小到大混合排序。

(3) 计算混合排序数列的中数。

(4) 分别找出每一样本中大于混合排列中数及小于混合排列中数的数据个数,列成四格表。

(5) 对四格表进行 $\chi^2$ 检验。若 $\chi^2$ 检验结果显著,则说明两样本中数差异显著。

## 本章小结

非参数检验作为对参数检验的补充,其对于统计推断应用范围的延伸有着巨大的推动作用。其主要是用样本信息对总体分布的特征进行检验的方法,不需要对总体的分布参数进行估计,使统计推断的适用性大大提高。与参数检验相对应,非参数检验方法也分为单一总体的非参数检验和两个总体的非参数检验。

## 练习

1. 简述非参数检验的优缺点。
2. 什么是非参数检验,它的应用场合是什么?
3. 为了解一种节能灯的使用寿命,随机抽取了 8 只灯泡,测得其使用寿命(单位:小时)如下表所示。请用符号检验法检验这种节能灯的使用寿命的中位数是否等于 3 000 小时(单尾 $\alpha = 0.05$)?

| 灯泡 | 1 | 2 | 3 | 4 | 5 | 6 | 7 | 8 |
| --- | --- | --- | --- | --- | --- | --- | --- | --- |
| 寿命 | 3 250 | 3 500 | 2 850 | 3 700 | 3 010 | 2 910 | 2 980 | 3 420 |

4. 为分析股票的每股收益状况,在某证券市场上随机抽取 10 只股票,得到 2014 年和 2015 年的每股收益数据如下表所示,在单尾检验下,采用威尔科克森符号秩检验分析: 2015 年与 2014 年相比,每股收益是否有显著提高($\alpha = 0.05$)?

| 股票代码 | 2014 年每股收益(元) | 2015 年每股收益(元) |
| --- | --- | --- |
| 1 | 0.12 | 0.26 |
| 2 | 0.95 | 0.87 |
| 3 | 0.20 | 0.24 |
| 4 | 0.02 | 0.12 |
| 5 | 0.05 | 0.13 |
| 6 | 0.56 | 0.51 |
| 7 | 0.31 | 0.35 |
| 8 | 0.25 | 0.42 |

续表

| 股票代码 | 2014年每股收益（元） | 2015年每股收益（元） |
|---|---|---|
| 9 | 0.16 | 0.37 |
| 10 | 0.06 | 0.05 |

5. 用 A、B 两种方法同时检测患阴性乳房炎的奶牛所产牛奶中的体细胞数，得到下表数据，请用符号检验法检验 A、B 两种方法的检测结果有无差异（单尾 $\alpha = 0.05$）？

| 奶样序号 | A方法 | B方法 | 奶样序号 | A方法 | B方法 |
|---|---|---|---|---|---|
| 1 | 5.52 | 5.63 | 11 | 4.63 | 4.84 |
| 2 | 5.15 | 5.30 | 12 | 5.42 | 4.93 |
| 3 | 4.38 | 4.72 | 13 | 5.17 | 5.17 |
| 4 | 5.41 | 5.16 | 14 | 4.82 | 4.92 |
| 5 | 5.93 | 6.24 | 15 | 4.35 | 4.65 |
| 6 | 4.82 | 5.26 | 16 | 4.67 | 5.28 |
| 7 | 5.32 | 5.54 | 17 | 4.73 | 5.10 |
| 8 | 4.67 | 4.21 | 18 | 5.15 | 4.72 |
| 9 | 4.57 | 4.61 | 19 | 4.87 | 5.03 |
| 10 | 4.51 | 4.86 | 20 | 4.95 | 5.41 |

6. 为研究某大学毕业生的薪水与其性别有无关系，研究者调查了该专业往届的一个班毕业生的薪水，如下表所示，请用秩和检验法检验两个总体的差异是否显著（单尾 $\alpha = 0.05$）？

| 男毕业生薪水（元） | 3 550  4 000  4 800  5 300  5 800  5 700  5 400  4 900  4 950  5 100  5 150  5 750  5 250 |
|---|---|
| 女毕业生薪水（元） | 3 500  3 000  4 500  4 200  5 000  5 200  2 500  3 800  4 000  4 100 |

7. 研究某中草药提取物对提高家畜免疫力的影响，将小鼠分为两组，试验组 7 只小鼠，灌服该提取物 1.0mL，对照组 6 只小鼠，灌服该提取 0.0mL，试验结束后测定小鼠体内某生化物质，得到下表数据，请用秩和检验法检验两个总体的差异是否显著（单尾 $\alpha = 0.05$）？

| 对照组 | 49.8 | 54.6 | 43.8 | 58.4 | 50.7 | 57.6 | |
|---|---|---|---|---|---|---|---|
| 实验组 | 56.7 | 53.5 | 65.1 | 68.7 | 60.3 | 59.1 | 56.9 |

参考答案

# 第 10 章 方差分析

**引例**

乳制品是我们日常生活消费品,比如牛奶就是常见乳制品。在实际生活中,我们似乎发现,冬天天气变冷,人们对牛奶的需求量会变大,而夏天,由于天气炎热,似乎人们更愿意饮用可乐等,可是事实上是这样吗?乳制品的销售是否真的会受季节的影响?该怎么样验证我们的假设呢?下表收集了某地区近四年各季节乳制品销售的数据,从中可以看到季节对乳制品销售的影响。

| 年份 | 乳制品销售量(万吨) | | | |
|---|---|---|---|---|
| | 第一季度 | 第二季度 | 第三季度 | 第四季度 |
| 2012 | 547.0 | 1 144.5 | 1 796.7 | 2 518.7 |
| 2013 | 621.6 | 1 301.6 | 1 971.1 | 2 672.0 |
| 2014 | 597.5 | 1 259.6 | 1 941.7 | 2 643.2 |
| 2015 | 615.2 | 1 304.5 | 2 013.5 | 2 738.9 |

学完本章,就可以使用方差分析这一工具对我们的猜想作出检验,为我们研究问题提供一种新的思路。

> **□学习目标**
> 本章要求掌握方差分析的原理和方法。

## 10.1 方差分析的内容和思想

### 10.1.1 方差分析的内容

方差分析能够解决多个均值是否相等的检验问题。例如,KN 市场调研公司在研究如何评价儿童干谷类食品的潜在新品种时,认为能改善食品味道的四种关键因素为:
(1) 食品中小麦与玉米的比例。
(2) 甜味剂的类型:白糖、蜂蜜或人工制剂。

（3）果味香料的有无。

（4）加工时间的长短。

一个用于确定这四种因素对食品味道的影响的试验被设计出来：一种被检验的食品是在某个特定的小麦与玉米的比例、甜味剂为白糖、加果味香精，以及短加工时间条件下制成；另一种被检验的食品在小麦与玉米比例不同但是其他三种因素相同条件下制成。由几组儿童品尝这些食品并说出他们对两种食品的评价。

用于研究由品尝得来的数据的统计方法是方差分析。分析结果表明：

- 食品成分及甜味剂类型对味道影响很大；
- 果味香精事实上破坏了食品的味道；
- 加工时间对味道没有影响。

这些信息帮助 KN 公司的研究者们识别出了可能产生最佳口味食品的因素。

KN 公司使用的试验设计及随后的方差分析在推荐生产方案中起到了很大作用。

方差分析所进行的检验是对多个样本的均值是否相等问题的检验。节省时间是这种方法明显的优点。它的另一个好处是，由于进行分析时是将所有的样本资料结合在一起，因而增加了稳定性。例如，有 30 个样本，每一个样本包括 10 个观察单位。如果用 $t$ 检验法，一次只能研究两个样本，即 20 个观察单位，而使用方差分析则可以把 300 个观察单位结合在一起进行研究。所以说，方差分析是一种实用、有效的分析方法。

方差分析是对多个总体均值是否相等这一假设进行的检验。下面通过一个例子说明方差分析的内容。

**例 10-1** 某汽车公司设计了四种不同的营销方案。这四种方案的不同点集中表现在电话交易的频数上。为了比较研究这四种方案的营销效果，随机从五家分销商处收集了前一期该种汽车交易的电话记录，如表 10-1 所示。

表 10-1 五家分销商的电话交易频数情况表

| 销售商 | A 方案 | B 方案 | C 方案 | D 方案 |
| --- | --- | --- | --- | --- |
| 1 | 26.5 | 31.2 | 27.9 | 30.8 |
| 2 | 28.7 | 28.3 | 25.1 | 29.6 |
| 3 | 25.1 | 30.8 | 28.5 | 32.4 |
| 4 | 29.1 | 27.9 | 24.2 | 31.7 |
| 5 | 27.2 | 29.6 | 26.5 | 32.8 |

问：不同的方案是否对汽车销售量产生影响？

**解**：这是一个方差分析问题，即对四种方案下的电话交易频数的均值是否相等进行检验。

由于汽车是同一厂家生产的，它们的质量、外形设计、价格、内装修等可能影响销售量的因素全部相同，如果检验结果为 $\mu_1, \mu_2, \mu_3, \mu_4$ 不相等，如图 10-1a 所示，则意味着它们来自于不同的总体，表明某种营销方案对汽车销售量产生影响。反之，如果检验结果为 $\mu_1, \mu_2, \mu_3, \mu_4$ 不存在显著不同，则可以认为任何方案对销售量都没有影响，它们来自于相同的总体,如图 10-1b 所示。

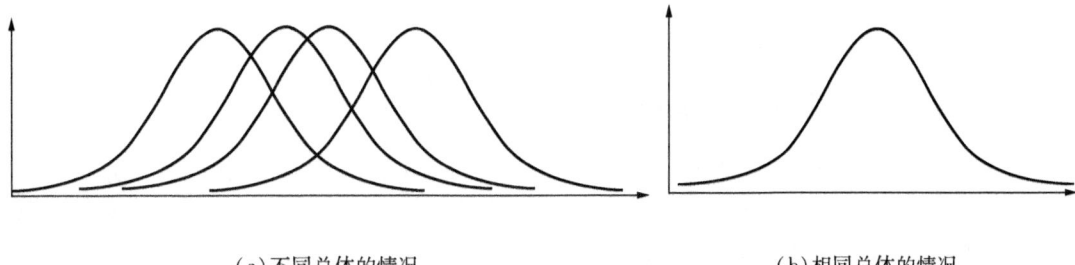

(a) 不同总体的情况　　　　　　　　(b) 相同总体的情况

图 10-1　两种检验结果

在方差分析中,因素是一个独立的变量,也是方差分析研究的对象。在本例中,营销方案就是一个因素。因素中的内容称为水平。本例中的因素包含四个水平,即有 A, B, C, D 等四种不同的方案。如果方差分析只针对一个因素进行,称为单因素方差分析。如果同时针对多个因素进行,称为多因素方差分析。在多因素方差分析中,双因素方差分析是最常见的。

在方差分析中,通常假定各个水平的观察数据是来自于服从正态分布总体中的随机样本,各个总体相互独立,且方差相同。而实际应用中无法严格地满足这些假定,一般只要求近似地符合上述假定。

## 10.1.2　方差分析的原理

从方差分析的目的看,是要检验各个水平的均值 $\mu_1$, $\mu_2$, $\mu_3$, $\mu_4$ 是否相等,而实现这个目的的手段是通过方差的比较。观察值之间存在着差异,差异的产生来自于两个方面:一个方面是由因素中的不同水平造成的,例如,不同方案带来不同的销售量,对此我们可以称为系统性差异。另一个方面是由于抽选样本的随机性而产生的差异,例如,相同的方案在不同的分销市场的销售量也不同,可称为随机性误差。两个方面产生的差异可以用两个方差来计量,一个称为水平之间的方差,一个称为水平内部的方差。前者既包括系统性因素,也包括随机性因素。后者仅包括随机性因素。如果不同的水平(方案 A,B,C,D)对结果(销售量)没有影响,那么在水平之间的方差中,就仅仅有随机因素的差异,而没有系统性差异,它与水平内部方差就应该近似,两个方差的比值就会接近于 1。反之,如果不同的水平对结果产生影响,在水平之间的方差中就不仅包括了随机性差异,也包括了系统性差异。这时,该方差就会大于水平内方差,两个方差的比值就会显著地大于 1。当这个比值大到某个程度,或者说达到某临界点,就可以作出判断,说明不同的水平之间存在着显著性差异。因此,方差分析就是通过对不同方差的比较,作出接受原假设或拒绝原假设的判断。

小概率原理仍然是方差分析的指导思想。方差分析的步骤包括建立假设、计算 $F$ 统计量、给定置信水平、查表确定临界值、比较判断等。

## 10.2 单因素方差分析

### 10.2.1 单因素方差分析的步骤

例 10-1 中，不同水平(方案 A,B,C,D)下销售量 $x$ 的概率分布服从正态分布，并且有相同方差。因此，水平的差异必然体现在水平均值的差异上。于是作为单因素的方差分析，其目标是检验水平均值 $\mu_j$ 是否相等。如果相等，我们说该因素(方案)对 $x$ 不产生影响；反之，就认为该因素对 $x$ 存在影响。

为便于叙述，也便于理解，可以按方差分析的逻辑讲解如下：

(1) 首先对各组的水平状况进行了解，并计算它们的均值。

不妨令 $\bar{x}_j$ 表示第 $j$ 种水平的样本均值，有

$$\bar{x}_j = \sum x_{ij}/n_j \tag{10-1}$$

式中，$x_{ij}$ 为第 $j$ 种水平下的第 $i$ 个观察值，$n_j$ 为第 $j$ 种水平的观察值个数。

数据列表及计算如表 10-2 所示。

表 10-2 四种方案电话交易频数及均值

| 观察值 | 水　平 | | | |
|---|---|---|---|---|
| | A | B | C | D |
| 1 | 26.5 | 31.2 | 27.9 | 30.8 |
| 2 | 28.7 | 28.3 | 25.1 | 29.6 |
| 3 | 25.1 | 30.8 | 28.5 | 32.4 |
| 4 | 29.1 | 27.9 | 24.2 | 31.7 |
| 5 | 27.2 | 29.6 | 26.5 | 32.8 |
| 合计 | 136.6 | 147.8 | 132.2 | 157.3 |
| 水平均值 | $\bar{x}_1 = 27.32$ | $\bar{x}_2 = 29.56$ | $\bar{x}_3 = 26.44$ | $\bar{x}_4 = 31.46$ |
| 观察值个数 | $n_1$ | $n_2$ | $n_3$ | $n_4$ |
| 总均值 | $\bar{x} = \sum\sum x_{ij}/n = 573.9/20 = 28.695$ | | | |
| 组间方差 | SMA = 25.615 2 | | | |
| 组内方差 | SME = 2.442 8 | | | |

(2) 采用 $F$ 检验进行判断。

我们要对四个方案的总体均值 $\mu_1$，$\mu_2$，$\mu_3$，$\mu_4$ 是否相等进行 $F$ 检验。由于检验的内容是营销方案对销售量影响问题，因此对所关心的问题提出如下原假设和替换假设：

$H_0$：$\mu_1$，$\mu_2$，$\mu_3$，$\mu_4$ 相等　　　即方案对销售量没有影响

$H_1$：$\mu_1$，$\mu_2$，$\mu_3$，$\mu_4$ 不全相等　　即方案对销售量有影响

若 $\alpha = 0.05$，查"$F$ 分布表"(附录 2 表 7)知：

$$F_\alpha(r-1, n-r) = F_{0.05}(3, 16) = 3.24$$

其中，$r$ 为水平个数，$n$ 为各水平的观察值个数，$r-1$，$n-r$ 分别为分子项和分母项的自由度。

由前面资料可以计算出 $F$ 值：

$$F = 组间方差/组内方差 = SMA/SME = 25.6152/2.4428 = 10.486$$

由于 $F > F_\alpha$，故拒绝原假设，接受替换假设。即通过检验知，$\mu_1$，$\mu_2$，$\mu_3$，$\mu_4$ 不全相等，说明营销方案对销售量有显著影响，如图 10-2 所示。

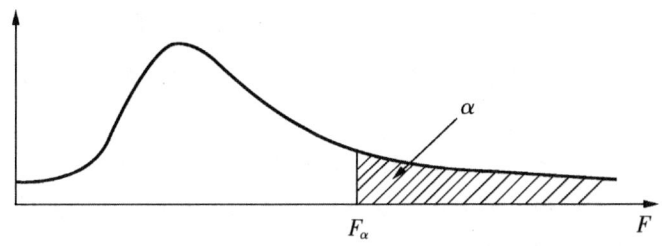

图 10-2　$F$ 检验示意图

## 10.2.2　$F$ 分布与 $F$ 值的计算

水平间(也称组间)方差和水平内(也称组内)方差之比是一个统计量。

数理统计证明，这个统计量服从 $F$ 分布。

$$F = 组间方差/组内方差 \tag{10-2}$$

$F$ 分布有这样几个特征：

(1)统计量 $F$ 是大于零的正数。

(2)$F$ 分布曲线为正偏态，它的尾端以横轴为渐进线趋于无穷。

(3)$F$ 分布是一种连续的概率分布，不同的自由度组合有不同的 $F$ 分布曲线，如图 10-2 所示。

由图 10-2 看出，随着分子和分母自由度的增加，$F$ 分布以对称的正态分布为极限。许多类型的假设检验需要利用 $F$ 分布，方差分析是其中重要的一种。

关于组间方差(SMA)和组内方差(SME)的计算方法说明如下：

在单因素方差分析中，离差平方和有三个，它们分别是总离差平方和(SST)，误差项离差平方和(SSE)以及水平项离差平方和(SSA)。其中：

$$组内方差 = 误差项离差平方和/误差项自由度 = SSE/(n-r)$$

$$组间方差 = 水平项离差平方和/水平项自由度 = SSA/(r-1)$$

总离差平方和(SST)反映了离差平方和的总体情况。如本例有

$$SST = \sum\sum (x_{ij} - \bar{\bar{x}})^2 = \sum\sum (x_{ij} - 28.695)^2$$

$$SST = (26.5 - 28.695)^2 + (28.7 - 28.695)^2 + \cdots + (32.8 - 28.695)^2 = 115.9295$$

误差项离差平方和(SSE)反映的是水平内部，或组内观察值的离散状况。如本例有

$$SSE = \sum(x_{ij} - 27.32)^2 + \sum(x_{ij} - 29.56)^2 + \sum(x_{ij} - 26.44)^2 + \sum(x_{ij} - 31.46)^2$$

$$= 10.688 + 8.572 + 13.192 + 6.632 = 39.084$$

对公式分析不难发现，SSE 实质上反映了随机因素带来的影响。

水平项离差平方和(SSA)反映的是组间差异。如本例有
$$SSA = SST - SSE = 115.9295 - 39.084 = 76.8455$$

因为
$$\sum\sum(x_{ij} - \bar{\bar{x}})^2 = \sum\sum[(x_{ij} - \bar{x}_j) + (\bar{x}_j - \bar{\bar{x}})]^2$$
$$= \sum\sum(x_{ij} - \bar{x}_j)^2 + \sum\sum(\bar{x}_j - \bar{\bar{x}})^2 + 2\sum\sum(x_{ij} - \bar{x}_j)(\bar{x}_j - \bar{\bar{x}})$$
(10-3)

在各组同为正态分布、等方差条件下，等式右边最后一项为零，故有
$$\sum\sum(x_{ij} - \bar{\bar{x}})^2 = \sum\sum(x_{ij} - \bar{x}_j)^2 + \sum\sum(\bar{x}_j - \bar{\bar{x}})^2$$

即
$$SST = SSE + SSA \text{ 或 } SSA = SST - SSE \quad (10-4)$$

用 SST，SSR，SSE 可以构造可决系数。我们常用可决系数 $r^2$ 来判断回归模型拟合程度的优劣，即样本观测值聚集在样本回归线周围的紧密程度。其计算公式表达如下：
$$r^2 = SSR/SST = 1 - SSE/SST \quad (10-5)$$
其中，SSR 是由回归直线可以解释的那一部分离差平方和。

可决系数越大模型拟合程度越好，可决系数越小则模型对样本的拟合程度越差。从数量关系上看，可决系数的取值范围为 $0 \leq r^2 \leq 1$。当所有的观测值都位于回归直线上时，SST = 0，这时 $r^2 = 1$，说明总方差可以完全由所估计的样本回归直线来解释。

接下来的问题是如何确定各离差平方的自由度。对总离差平方和(SST)来说，它是 $n$ 个离差平方 $(x_{ij} - \bar{\bar{x}})^2$ 之和，共同拥有一个平均数，也就失去了一个自由度，其自由度应为 $n-1$。因为它只有一个约束条件，即
$$SST = \sum\sum(x_{ij} - \bar{\bar{x}}) = 0$$

对水平离差平方和(SSA)来说，本例是 4 组水平(即四种不同方案)离差平方 $(\bar{x}_j - \bar{\bar{x}})^2$ 之和，共同拥有一个平均数，也失去 1 个自由度，其自由度为 $4-1$。用 $r$ 表示组数，则有 $r=4$，$4-1=r-1$。它也有一个约束条件，即要求
$$\sum\sum(\bar{x}_j - \bar{\bar{x}}) = 0$$

对误差项平方和(SSE)来说，因为对各组(每一种水平)而言，其组内观察值个数为 $n_j$，它们都失去一个自由度，该组(水平)下的自由度为 $n_j - 1$，总共有 $r$ 个组(水平)，因此拥有的自由度个数为 $r(n_j - 1) = n - r$。

其实，与离差平方和一样，SST = SSA + SSE 之间的自由度也存在如下关系：
总离差自由度 = 误差项自由度 + 水平项自由度

即
$$(n-1) = (r-1) + (n-r)$$

于是，对本例有
组内方差 = SME = SSE/$(n-r)$ = 39.0840/(20-4) = 2.4428
组间方差 = SMA = SSA/$(r-1)$ = 76.8455/(4-1) = 25.6152

为了将方差分析的主要过程表现得更清楚,通常把有关计算结果列成方差分析表,如表 10-3 所示。

表 10-3 方差分析表

| 方差来源 | 离差平方和 | 自由度 | 平均平方 | $F$ 值 |
|---|---|---|---|---|
| 组间 | SSA | $r-1$ | SMA | SMA/SME |
| 组内 | SSE | $n-r$ | SME | |
| 总方差 | SST | $n-1$ | | |

使用 Excel 软件进行方差分析,其输出结果的构造与表 10-3 类似,如表 10-4 所示。

表 10-4 Excel 软件输出的方差分析

| 差异源 | SS | df | MS | F | P-value | Fcrit |
|---|---|---|---|---|---|---|
| 组间 | 76.845 5 | 3 | 25.615 17 | 10.486 2 | 0.000 466 | 3.238 87 |
| 组内 | 39.084 | 16 | 2.442 75 | | | |
| 总计 | 115.929 5 | 19 | | | | |

注:差异源即方差来源,SS 即离差平方和,df 为自由度,MS 即平均平方,F 即 $F$ 值,P-value 即 $P$ 值,Fcrit 即 $F_\alpha$ 临界值。

表 10-4 中,$P$ 值表明 $F$ 值超过临界点 $F_\alpha$ 右侧的面积仅有 0.046 60%。

### 10.2.3 样本容量不等下方差分析

进行方差分析时,各个水平下的样本容量可以相同,也可以不同。

进行方差分析时,可以把方差分析的因素放在列的位置,也可以放在行的位置,但通常放在列的位置。这样与计算机中数据库的结构相一致,便于计算机处理。

**例 10-2** 某课程结束后,学生对该授课教师的教学质量进行评估,评估结果分为优、良、中、差四等。教师对学生考试成绩的评判和学生对教师的评估是分开进行的,他们互相都不知道对方给自己的打分。有一种说法,认为给教师评优秀的这组学生的考试分数,可能会显著地高于那些认为教师工作仅是良、中或差的学生的分数。同时认为,对教师工作评价差的学生,其考试的平均分数可能最低。为对这种说法进行检验,从对评估的每一个等级组中,随机抽取出 26 名学生,其课程分数如表 10-5 所示。

表 10-5 26 名学生考试成绩

| 观察值 $i$ | 学生对教师评估等级 | | | |
|---|---|---|---|---|
| | 优 | 良 | 中 | 差 |
| 1 | 85 | 80 | 73 | 76 |
| 2 | 77 | 78 | 80 | 72 |
| 3 | 79 | 94 | 92 | 70 |
| 4 | 84 | 73 | 76 | 85 |

续表 10-6

| 观察值 $i$ | 学生对教师评估等级 | | | |
|---|---|---|---|---|
| | 优 | 良 | 中 | 差 |
| 5 | 92 | 79 | 6 | |
| 6 | 90 | 86 | | |
| 7 | 73 | 91 | | |
| 8 | 75 | | | |
| 9 | 81 | | | |
| 10 | 64 | | | |

试检验各组学生的分数是否有显著差别($\alpha = 0.05$)。

**解**：若各组学生的平均成绩之间没有显著差别，则表明学生对教师的评估结果与他们的成绩之间没有必然的联系。

$H_0$：各组平均分数相等；

$H_1$：各组平均分数不全相等。

利用 Excel 软件，将计算结果列表，如表 10-6 所示。

表 10-6 学生平均成绩方差分析表

| 差异源 | SS | df | MS | F | P-value | Fcrit |
|---|---|---|---|---|---|---|
| 组间 | 151.808 2 | 3 | 50.602 75 | 0.774 546 14 | 0.506 55 | 3.049 124 |
| 组内 | 1 437.307 | 22 | 65.332 | | | |
| 总计 | 1 589.115 2 | 25 | | | | |

由于 F < Fcrit，故接受原假设，可以认为学生的成绩与他们对教师教学质量的评估意见之间没有关系。

方差分析可以对若干平均值是否相等同时进行检验，这是此种方法的特点和长处。但如果检验结果拒绝原假设，接受替换假设，这仅表明进行检验的这几个均值不全相等。至于是哪一个或哪几个均值与其他均值不等，方差分析并没有给出答案。如果要对此问题进一步分析，可采用其他如书上介绍的多重比较方法。

## 10.3 双因素方差分析

汽车销售量除了受到营销方案的影响之外，我们还想了解汽车的颜色是否影响销售量，如果不同的颜色对销售量存在显著的影响，就需要分析原因，采用不同对策。若把营销方案看作销售量的影响因素 A，汽车颜色则是影响因素 B，对因素 A 和因素 B 同时进行分析，就属于双因素方差分析。双因素方差分析的内容，是对影响因素进行检验，究竟一个因素在起作用，还是两个因素都起作用，或是两个因素的影响都不显著。

双因素方差分析有两种类型：无交互作用的双因素方差分析和有交互作用的双因素方

差分析。这里介绍无交互作用的双因素方差分析。

首先给出双因素方差分析表(见表10－7)。

表10－7　双因素方差分析表

| 误差来源 | 离差平方和 | 自由度 | 均方差 | $F$ 值 |
|---|---|---|---|---|
| A 因素 | SSA | $r-1$ | SMA = SSA$/(r-1)$ | FA = SMA/SME |
| B 因素 | SSB | $k-1$ | SMB = SSB$/(k-1)$ | FB = SMB/SME |
| 误差 | SSE | $(r-1)(k-1)$ | SME = SSE$/(r-1)(k-1)$ | |
| 合计 | SST | $n-1$ | | |

**例 10－3**　某商品有五种不同的包装方式(因素 A)，在五个不同地区销售(因素 B)，现从每个地区随机抽取一个规模相同的超级市场，得到该商品不同包装的销售资料如表10－8所示。

表10－8　某种商品不同地区不同包装的销售资料

| 销售地区 (B) | 包装方式(A) | | | | |
|---|---|---|---|---|---|
| | $A_1$ | $A_2$ | $A_3$ | $A_4$ | $A_5$ |
| $B_1$ | 20 | 12 | 20 | 10 | 14 |
| $B_2$ | 22 | 10 | 20 | 12 | 6 |
| $B_3$ | 24 | 14 | 18 | 18 | 10 |
| $B_4$ | 16 | 4 | 8 | 6 | 18 |
| $B_5$ | 26 | 22 | 16 | 20 | 10 |

现欲检验包装方式和销售地区对该商品销售是否有显著性影响($\alpha=0.05$)。

**解**：若五种包装方式的销售的均值相等，则表明不同的包装方式在销售上没有差别；同理，若五个地区的销售的均值相等，则表明不同地区在销售上没有影响。故方差分析的过程为：

第一步：建立假设。

对因素 A：

　　$H_0$：包装方式之间无差别

　　$H_1$：不全相等　包装方式之间有差别

对因素 B：

　　$H_0$：地区之间无差别

　　$H_1$：不全相等　地区之间有差异

第二步：计算 $F$ 值。

因素 A 的列均值分别为

$$\bar{x}_{A_1}=21.6,\ \bar{x}_{A_2}=12.4,\ \bar{x}_{A_3}=16.4,\ \bar{x}_{A_4}=13.2,\ \bar{x}_{A_5}=11.6$$

因素 B 的行均值分别为

$$\bar{x}_{B_1} = 15.2, \bar{x}_{B_2} = 14, \bar{x}_{B_3} = 16.8, \bar{x}_{B_4} = 10.4, \bar{x}_{B_5} = 18.8$$

总均值 $\bar{\bar{x}} = 15.04$

离差平方和的计算如下:

$$SST = (20 - 15.04)^2 + \cdots + (10 - 15.04)^2 = 880.96$$
$$SSA = 5(21.6 - 15.04)^2 + \cdots + 5(11.6 - 15.04)^2 = 335.36$$
$$SSB = 5(15.2 - 15.04)^2 + \cdots + 5(18.8 - 15.04)^2 = 199.36$$
$$SSE = 880.96 - 335.36 - 199.36 = 346.24$$

接下来计算均方差:

$$SMA = 335.36/(5 - 1) = 83.84$$
$$SMB = 199.36/(5 - 1) = 49.84$$
$$SME = 346.24/[(5 - 1)(5 - 1)] = 21.64$$

因此,两因素统计量 $F$ 值计算如下:

$$F_A = SMA/SME = 83.84/21.64 = 3.874307$$
$$F_B = SMB/SME = 49.84/21.64 = 2.303142$$

若使用计算机,Excel 的输出结果如表 10-9 所示:

表 10-9  双因素方差分析表

| 差异源 | SS | df | MS | F | P - value | Fcrit |
|---|---|---|---|---|---|---|
| 行(因素 B) | 199.36 | 4 | 49.84 | 2.303142 | 0.103195 | 3.006917 |
| 列(因素 A) | 335.36 | 4 | 83.84 | 3.874307 | 0.021886 | 3.006917 |
| 误差 | 346.24 | 16 | 21.64 | | | |
| 总计 | 880.96 | 24 | | | | |

第三步:统计决策。

由表 10-9 知:

对于因素 A,因为

$$F_A = 3.8704307 > Fcrit = 3.006917$$

故拒绝 $H_0$,接受 $H_1$,说明不同的包装方式对该商品的销售产生不同的影响。

对于因素 B,因为

$$F_B = 2.303142 < Fcrit = 3.000917$$

故接受 $H_0$,说明不同地区之间在该商品的销售上没有显著的差异。

□ **本章小结**

本章讲的方差分析是一种可以对多个参数进行检验的方法,因而是比假设检验更加实用和有效的分析方法。

□ 练习

1. 方差分析的基本原理是什么？
2. 进行方差分析的目的是什么？
3. 说明单因素方差分析中 SST，SSE，SSA 的含义及三者之间的关系。
4. 根据方差分析表说明方差分析的步骤。
5. 某商店采用四种不同的方式推销商品。为检验不同方式推销商品的效果是否有显著差异，随机抽取样本，得到如下数据：

| 方式一 | 方式二 | 方式三 | 方式四 |
|---|---|---|---|
| 77 | 95 | 72 | 80 |
| 86 | 92 | 77 | 84 |
| 80 | 82 | 68 | 79 |
| 88 | 91 | 82 | 70 |
| 84 | 89 | 75 | 82 |

计算 $F$ 统计量，并以 $\alpha=0.05$ 的显著性水平作出统计决策。

6. 某商店经理给出了评价职工的业绩指标，按此将商店职工的业绩分为优、良、中等三类，为增加客观性，经理又设计了若干项测验。现从优、良、中等三类职工中各随机抽 5 人，下表列出了他们各项测验的总分。

|   | 优 | 良 | 中等 |
|---|---|---|---|
| 1 | 104 | 68 | 41 |
| 2 | 87 | 69 | 37 |
| 3 | 86 | 71 | 44 |
| 4 | 83 | 65 | 47 |
| 5 | 86 | 66 | 33 |

假定各类人员的成绩分布都服从正态分布，且假定方差相同，试问三类人员的测验平均分有无显著差异（$\alpha=0.05$）？

7. 某食品加工厂试验三种贮藏方法对粮食含水率有无显著影响。现取一批粮食分成若干份，分别用三种不同的方法贮藏，过一段时间后测得的含水率如下表：

| 贮藏方法 | 含水率数据 | | | | |
|---|---|---|---|---|---|
| $A_1$ | 7.3 | 8.3 | 7.6 | 8.4 | 8.4 |
| $A_2$ | 5.4 | 7.4 | 7.0 | | |
| $A_3$ | 7.9 | 9.4 | 10.0 | | |

假定各种方法贮藏的粮食的含水率服从正态分布,且方差相等,试在 $\alpha = 0.05$ 水平上检验这三种方法对含水率有无显著影响。

8. 为测定光和声音对工人生产效率是否有影响,选了四个不种不同的光照强度和三种不同的噪音级别对生产效率进行测量,结果如下表所示($\alpha = 0.05$):

| 光照因素(A) | 噪音级别(B) | | |
|---|---|---|---|
| | $B_1$ | $B_2$ | $B_3$ |
| $A_1$ | 22 | 18 | 17 |
| $A_2$ | 26 | 16 | 18 |
| $A_3$ | 23 | 20 | 23 |
| $A_4$ | 17 | 26 | 14 |

光照因素是否对工人生产效率产生影响?
噪音因素是否对工人生产效率产生影响?

9. 某企业想了解某手机的颜色和轻薄对手机销量的影响,在某季度对三种不同颜色以及轻薄三种厚度的手机进行销售,获得的销售数据如下($\alpha = 0.05$):

| 轻薄(A) | 颜色(B) | | |
|---|---|---|---|
| | $B_1$ | $B_2$ | $B_3$ |
| $A_1$ | 45 | 75 | 30 |
| $A_2$ | 40 | 50 | 60 |
| $A_3$ | 35 | 85 | 60 |

检验不同的颜色和轻薄程度对该手机的销售量是否有显著影响。

10. 为测定一大型化工厂对周围环境的污染,选了四个观测点 $A_1$,$A_2$,$A_3$,$A_4$,在每一观测点上各测定四次空气中二氧化硫的含量。现得各观测点上的平均含量 $\bar{y}_i$ 及样本标准差 $s_i$ 如下:

| 观测点 | $A_1$ | $A_2$ | $A_3$ | $A_4$ |
|---|---|---|---|---|
| $\bar{y}_i$ | 0.031 | 0.1 | 0.079 | 0.058 |
| $s_i$ | 0.009 | 0.014 | 0.01 | 0.011 |

假定每一观测点上二氧化硫的含量服从正态分布,且方差相同,试问在 $\alpha = 0.05$ 水平上各观测点二氧化硫的平均含量有无显著差异?

参考答案

# 第 11 章 回归分析

**引例**

英国著名遗传学家弗朗西斯·高尔顿(Francis Galton,1822—1911)在子女与父母相像程度的遗传学研究方面,取得了重要进展。高尔顿和他的学生卡尔·皮尔逊(Karl Pearson,1857—1936)在继续这一遗传学研究的过程中观测了 928 对夫妇,以每对夫妇的平均身高作为自变量 $x$,而取他们的一个成年儿子的身高作为因变量 $y$。他们发现:虽然高个子的父代会有高个子的子代,但子代的身高并不与其父代身高趋同,而是趋向于比他们的父代更加平均,就是说如果父亲身材高大且明显高于平均值,则子代的身材要比父代矮小一些;如果父亲身材矮小且明显低于平均值,则子代的身材要比父代高大一些。换言之,子代的身高有向平均值靠拢的趋向,他用回归一词来描述子代身高与父代身高的这种关系。

> □**学习目标**
>
> 本章要掌握回归方程的估计方法、回归参数的检验方法和回归预测方法。重点掌握最小平方估计方法和线性回归方程的估计和评价。

## 11.1 回归分析方法

### 11.1.1 回归分析的定义

两现象之间存在相关关系数时,可以建立一个回归方程来研究两者之间的数量依存关系。例如,宝丽来公司在生产胶卷中重视对即时显像技术和成像系统的研究,其中一项研究任务是了解胶卷保存时间长短对感光速率的影响问题。在宝丽来中心感光实验室中,科学家们把即时显像胶片置于一定的温度和湿度下使之近似于消费者购买后的保存条件,然后再对其进行系统地抽样检验和分析。他们选择专业彩色摄影胶卷,抽取了分别已保存 1 个月至 13 个月不等的胶卷,以便研究它们保存时间和感光速率之间的联系。数据显示,感光速率随保存时间的延长而下降。它们之间相应变动的关系可用一条回归直线或线性回归关系近似表示,即

$$Y = -19.8 - 7.6X \tag{11-1}$$

式中,$Y$ 为胶卷感光率的变动,$X$ 为胶卷保存时间(月)。

从这一方程式可以看出,胶卷的感光速率平均每月下降 7.6 个单位。通过此分析得到

的信息，有助于宝丽来公司把消费者的购买和使用结合起来考虑，调整生产，提供顾客需要的胶卷。

### 11.1.2 相关关系、函数关系与回归分析

客观现象的相关关系可以按不同的标志加以区分：

（1）按相关的程度可分为完全相关、不完全相关和不相关。完全相关是函数关系，是相关关系的一个特例。一般的相关现象都是不完全相关。

（2）按相关的方向可分为正相关和负相关。

（3）按相关的形式可分为线性相关和非线性相关。如果两种相关现象之间并不表现为直线的关系，而是近似于某种曲线方程的关系，则这种相关关系称为非线性相关。

（4）按所研究的变量多少可分为单相关、复相关和偏相关。两个现象的相关，即一个变量对另一个变量的相关关系，称为单相关。当所研究的是一个变量对两个或两个以上其他变量的相关关系时，称为复相关。例如，某种商品的需求与其价格水平以及人们收入水平之间的相关关系便是一种复相关。在某一现象与多种现象相关的场合，当假定其他变量不变时，其中两个变量的相关关系称为偏相关。例如，在假定人们的收入水平不变的条件下，某种商品的需求与其价格水平的关系就是一种偏相关。

从现象之间的数量关系的相关程度上看，可以分为函数关系和相关关系。圆的面积与圆的半径之间存在着函数关系，这不是统计学研究的对象，因为函数关系是指当一个或几个变量取一定数值时，另一个变量有确定值与之相对应的数量关系。而统计学所研究的现象之间的关系是一种不确定性关系。当一个或几个相互联系的变量取一定数值时，与之相对应的另一变量的值虽然不确定，但它仍按某种规律在一定的范围内变化，变量间的这种相互关系称为具有不确定性的相关关系。例如，胶卷感光速率和保存时间的关系，生产规模与单位产品成本之间的关系等都属于相关关系。但是，变量之间的函数关系和相关关系在一定条件下是可以互相转化的。相关关系经常可以用一定的函数形式去近似地描述，从而运用回归分析法建立起具有两个变量的方程式，如建立以胶卷感光速率和保存时间为变量的方程式。

相关分析和回归分析是研究客观现象之间数量联系的重要统计方法，既可以从描述统计的角度，也可以从推断统计的角度来说明。所谓相关分析，就是用一个指标来表明现象间相互依存关系的密切程度。所谓回归分析，就是根据相关关系的具体形态，选择一个合适的数学模型，来近似地表达变量间的平均变化关系。它们具有共同的研究对象，在具体应用时，相关分析需要依靠回归分析来表明现象数量相关的具体形式，而回归分析则需要依靠相关分析来表明现象数量变化的相关程度。只有当变量之间存在着高度相关时，进行回归分析寻求其相关的具体形式才有意义。由于相关分析不能指出变量间相互关系的具体形式，所以回归分析要对具有相关关系的变量之间的数量联系进行测定，从而为估算和预测提供了一个重要的方法。在有关管理问题的定量分析中，推断统计具有更加广泛的应用价值。

需要指出的是，相关分析和回归分析只是定量分析的手段。通过相关分析与回归分析，虽然可以从数量上反映现象之间的联系形式及其密切程度，但是，现象内在联系的判

断和因果关系的确定，必须以有关学科的理论为指导，结合专业知识和实际经验进行分析研究，才能正确解决。因此，在应用时要把定性分析和定量分析结合起来，在定性分析的基础上开展定量分析。

### 11.1.3 回归模型的建立

现举一个估计食品支出的恩格尔函数的例子来说明回归模型的建立过程。

恩格尔函数是由德国统计学家恩格尔提出的一种反映食品支出与收入水平之间关系的方程式。最简单的恩格尔函数假定在商品价格不变的条件下，实际的食品支出与实际的收入水平之间的关系可以用一元线性回归模型来反映。表 11-1 中的 $Y$ 和 $X$ 分别是 12 个居民家庭的人均月食品支出与人均月收入水平的样本数数据。

表 11-1　12 个居民家庭的人均月食品支出与人均月收入情况　　（单位：元）

| 编号 | 人均收入 $X$ | 人均食品支出 $Y$ | $XY$ | $X^2$ | $Y^2$ |
| --- | --- | --- | --- | --- | --- |
| 1 | 82 | 75 | 6 150 | 6 724 | 5 625 |
| 2 | 93 | 85 | 7 905 | 8 649 | 7 225 |
| 3 | 105 | 92 | 9 660 | 11 025 | 8 464 |
| 4 | 130 | 105 | 13 650 | 16 900 | 11 025 |
| 5 | 144 | 120 | 17 280 | 20 736 | 14 400 |
| 6 | 150 | 120 | 18 000 | 22 500 | 14 400 |
| 7 | 160 | 130 | 20 800 | 25 600 | 16 900 |
| 8 | 180 | 145 | 26 100 | 32 400 | 21 025 |
| 9 | 200 | 156 | 31 200 | 40 000 | 24 336 |
| 10 | 270 | 200 | 54 000 | 72 900 | 40 000 |
| 11 | 300 | 200 | 60 000 | 90 000 | 40 000 |
| 12 | 400 | 220 | 88 000 | 160 000 | 48 400 |
| 合计 | 2 214 | 1 648 | 352 745 | 507 434 | 251 800 |

首先，设所求回归方程为

$$\hat{Y}_t = a + bX_t \tag{11-2}$$

根据最小平方法的要求，使实际支出 $Y_t$ 与理论支出 $\hat{Y}_t$ 的离差平方和为最小值，则有

$$Q = \sum (Y_t - \hat{Y}_t)^2 = \sum (Y_t - a - bX_t)^2 = 最小值$$

$Q$ 对 $a$ 和 $b$ 的偏导数必须为零，可得标准方程组如下：

$$\begin{cases} \sum Y = an + b\sum X \\ \sum XY = a\sum X + b\sum X^2 \end{cases} \tag{11-3}$$

将根据 $Y$ 和 $X$ 的数据计算的有关统计量(表 11-1 中的合计数)代入上式,可得

$$b = \frac{n\sum XY - \sum X \sum Y}{n\sum X^2 - (\sum X)^2} = \frac{12 \times 352\ 745 - 2\ 214 \times 1\ 648}{12 \times 507\ 434 - (2\ 214)^2} = \frac{584\ 268}{1\ 187\ 412} = 0.492\ 05 \approx 0.492\ 1$$

$$a = \bar{Y} - b\bar{X} = \frac{\sum Y}{n} - b\frac{\sum X}{n} = \frac{1\ 648}{12} - 0.492\ 05 \times \frac{2\ 214}{12} = 137.333 - 90.783 = 46.55$$

样本回归方程为

$$\hat{Y}_t = 46.55 + 0.492\ 1X_t \tag{11-4}$$

上式中,回归系数 $b = 0.492\ 1$ 表示人均月收入每增加 1 元,人均月食品支出会增加 0.492 1 元;截距 $a = 46.55$ 表示即使在人均月收入为 0 的情况下,人均月食品支出也需要 46.55 元。根据该式计算的食品支出在总收入中平均所占的比重为

$$\hat{Y}_t/X_t = 46.55/X_t + 0.492\ 1 \tag{11-5}$$

上式中的 $\hat{Y}/X$ 即所谓的恩格尔系数。显而易见,在本例中,恩格尔系数会随着 $X_t$ 的增加而递减,它与恩格尔定律的结论是一致的。

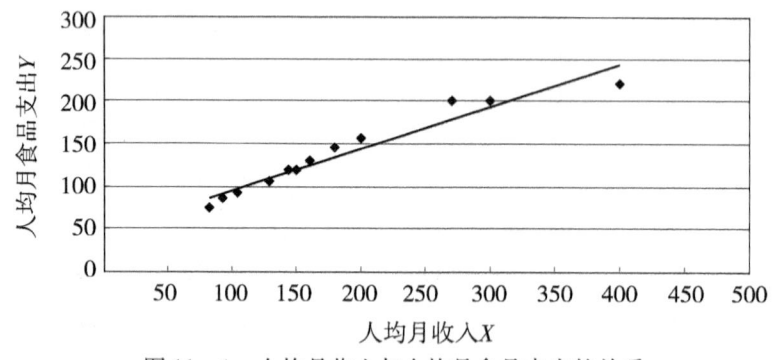

图 11-1  人均月收入与人均月食品支出的关系

## 11.2 总体回归、样本回归和误差项的标准假定

### 11.2.1 总体回归函数

进行回归分析通常要设定一定的数学模型。在回归分析中,最简单的模型是只有一个因变量和一个自变量的线性回归模型。这一类模型就是一元线性回归模型,又称简单线性回归模型。该类模型假定因变量 $Y$ 主要受自变量 $X$ 的影响,它们之间存在着近似的线性函数关系,即有

$$Y_t = \beta_1 + \beta_2 X_t + u_t \tag{11-6}$$

该函数式被称为总体回归函数。式中的 $\beta_1$ 和 $\beta_2$ 是未知的参数,又叫回归系数。$X_t$ 和 $Y_t$ 分别是 $Y$ 和 $X$ 的第 $t$ 次观测值。$u_t$ 是随机误差项,又称随机干扰项,它是一个特殊的随机变量,反映未列入方程式的其他各种因素对 $Y$ 的影响。

如果以 $Y$ 为纵轴，$X$ 为横轴，则上式可以用一条直线来表示。这种确定型的消费函数作为理论分析的一种抽象假设是允许的。但是，在现实经济生活中，这种确定型的消费函数却是很难成立的。也就是说，在给定的 $X$ 值下，$Y$ 是否都会得到相同的结果？显而易见，这是不可能的。因为，除了 $X$ 之外，还有各种影响 $Y$ 的因素。$X$ 相同下，$Y$ 却可能千差万别。所以，我们只能说，平均来看 $Y$ 与 $X$ 的关系能够用直线反映。如果用数学形式来表示，可有

$$E(Y_t) = \beta_1 + \beta_2 X_t \tag{11-7}$$

上式表明，在 $X$ 的值给定的条件下，$Y$ 的期望值 $E(Y_t)$ 是 $X$ 的严密的线性函数。这条直线被称为总体回归直线。$Y$ 的实际观测值并不一定位于该直线上，只是散布在该直线的周围。我们把各实际观测点与总体回归线垂直方向的间隔，称为随机误差项，也就是定义：

$$u_t = Y_t - E(Y_t) \tag{11-8}$$

观察 $u_t = Y_t - E(Y_t)$ 的关系，见图 11-2。

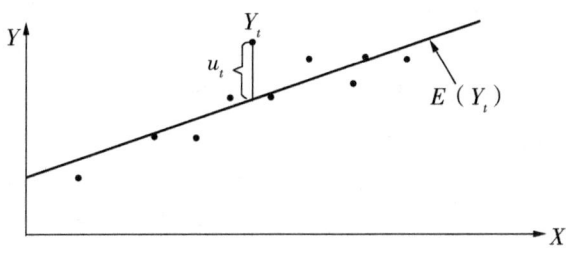

图 11-2　总体回归线与随机误差项

## 11.2.2　样本回归函数

总体回归函数事实上是未知的，需要利用样本的信息对其进行估计。

根据样本数据拟合的直线，称为样本回归直线，如果拟合的是一条曲线，则称为样本回归曲线。显然，样本回归线的函数形式应与总体回归线的函数形式一致。一元线性回归模型的样本回归线可表示为

$$\hat{Y}_t = \hat{\beta}_1 + \hat{\beta}_2 X_t \tag{11-9}$$

式中的 $\hat{Y}_t$ 是样本回归线上与 $X_t$ 相对应的 $Y$ 值，可视为 $E(Y_t)$ 的估计；$\hat{\beta}_1$ 是样本回归函数的截距系数，$\hat{\beta}_2$ 是样本回归函数的斜率，它们是对总体回归系数 $\beta_1$ 和 $\beta_2$ 的估计。实际观测到的因变量 $Y_t$ 值，并不完全等于 $\hat{Y}_t$，如果用 $e_t$ 表示二者之差 $(e_t = Y_t - \hat{Y}_t)$，则有

$$Y_t = \hat{\beta}_1 + \hat{\beta}_2 X_t + e_t \quad t = 1, 2, \cdots, n \tag{11-10}$$

上式称为样本回归函数。式中 $e_t$ 称为残差，在概念上，$e_t$ 与总体误差项 $u_t$ 相互对应；$n$ 是样本的容量。

样本回归函数与总体回归函数之间的联系显而易见。这里需要特别指出的是它们之间的区别：第一，总体回归线是未知的，它只有一条；而样本回归线则是根据样本数据拟合

的，有很多条。第二，总体回归函数中的 $\beta_1$ 和 $\beta_2$ 是未知的参数，表现为常数，而样本回归函数中的 $\hat{\beta}_1$ 和 $\hat{\beta}_2$ 是随机变量，其具体数值随所抽取的样本观测值不同而不同。第三，总体回归函数中的误差项 $u_t$ 是不可直接观测的，而样本回归函数中的残差项 $e_t$ 可以计算出具体数值。

综上所述，样本回归函数是对总体回归函数的近似反映。回归分析的主要任务就是要采用适当的方法，充分利用样本所提供的信息，使得样本回归函数尽可能地接近于真实的总体回归函数。

### 11.2.3 误差项的标准假定

随机误差项 $u_t$ 是无法直接观测的，为了进行回归分析，通常需要对其概率分布提出一些假定。

假定1：误差项的期望值为0，即对所有的 $t$，总有 $E(u_t)=0$。

假定2：误差项的方差为常数，即对所有的 $t$，总有 $V_{ar}(u_t)=E(u_t^2)=\sigma^2$。

假定3：误差项之间不存在序列相关关系，其协方差为零，即当 $t\neq s$ 时，有

$$V_{co}(u_t u_s)=E(u_t u_s)=0$$

假定4：自变量是给定的变量，与随机误差项线性无关。

假定5：随机误差项服从正态分布。

以上这些基本假定是德国数学家高斯最早提出的，也称为高斯假定或标准假定。满足以上标准假定的一元线性回归模型，称为标准的一元线性回归模型。

应当指出，在现实经济生活中，由于各种原因，上述标准假定常常不能得到满足。但以标准假定为基础的回归分析理论与方法，对我们研究相关现象在标准状态下的基本规律有帮助，也是再进一步研究现实存在的非理想状态下可以采用的方法。

如前所述，回归分析的主要任务就是要建立能够近似反映真实总体回归函数的样本回归函数。在根据样本资料确定样本回归方程时，一般总是希望 $Y$ 的估计值从整体来看尽可能地接近其实际观测值。这就是说，残差 $e_t$ 的总量越小越好。可是，由于 $e_t$ 有正有负，简单的代数和会相互抵消，因此，为了数学上便于处理，通常采用残差平方和 $\sum e_t^2$ 作为衡量总偏差的尺度。所谓最小平方法就是根据这一思路，通过使残差平方和为最小来估计回归系数的一种方法。

## 11.3 总体方差的估计和最小平方估计的性质

### 11.3.1 总体方差的估计

除了 $\beta_1$ 和 $\beta_2$ 外，一元线性回归模型还包括了另一个未知参数，那就是总体随机误差项的方差 $\sigma^2$。$\sigma^2$ 可以反映理论模型误差的大小，它是检验模型时必须利用的一个重要参数。由于随机误差项本身是不能直接观测的，因此，需要用最小平方残差代替随机误差项来估计 $\sigma^2$。数学上可以证明，$\sigma^2$ 的无偏估计 $S^2$ 可由下式给出：

$$S^2 = \sum e_t^2/(n-2) \tag{11-1}$$

上式中，分子是残差平方和，分母是自由度，其中 $n$ 是样本观测值的个数，2 是一元线性回归方程中回归系数的个数。在一元线性回归模型中，残差 $e_t$ 必须满足以下两个约束条件：

$$\sum e_t = 0; \quad \sum e_t X_t = 0$$

因而失去了两个自由度，所以其自由度为 $n-2$。

$S^2$ 的正平方根又叫做回归估计的标准误差。$S$ 越小表明实际观测点与所拟合的样本回归线的离差程度越小，即回归线具有较强的代表性。反之，$S$ 越大表明实际观测点与所拟合的样本回归线的离差程度越大，即回归线的代表性较差。

一般采用以下公式计算残差平方和。

由 $e_t = Y_t - \hat{\beta}_1 - \hat{\beta}_2 X_t$，可推导出下式：

$$\sum e_t^2 = \sum Y_t^2 - \hat{\beta}_1 \sum Y_t - \hat{\beta}_2 \sum X_t Y_t \tag{11-12}$$

再进一步计算出 $S^2 = \sum e_t^2/(n-2)$。

根据表 11-1 给出的有关数据计算食品支出恩格尔函数的总体方差 $S^2$ 和回归估计标准差 $S$。

已知 $\sum Y_t^2 = 251\,800$，$\sum Y_t = 1\,648$，$\sum X_t Y_t = 352\,745$，得

$$\begin{aligned}\sum e_t^2 &= \sum Y_t^2 - \hat{\beta}_1 \sum Y_t - \hat{\beta}_2 \sum X_t Y_t \\ &= 251\,800 - 46.55 \times 1\,648 - 0.492\,1 \times 352\,745 = 1\,499.785\,5\end{aligned}$$

进一步可得

$$S^2 = 1\,499.785\,5/(12-2) = 149.978\,6$$

进而有

$$S = \sqrt{149.978\,6} = 12.246\,6$$

## 11.3.2 最小平方估计量的性质

最小平方法是多种估计方法中的一种。按照最小平方法求得的估计总体回归系数的数学公式是样本观测值的函数，通常称之为最小平方估计量。最小平方估计量的形式是不变的，但根据所选取的样本不同，其具体数值即回归系数的估计值却会随之变化，因此，它是一种随机变量。可以证明，在标准假定能够得到满足的条件下，回归系数的最小平方估计量的期望值等于其真值，即有

$$E(\hat{\beta}_1) = \beta_1; \quad E(\hat{\beta}_2) = \beta_2$$

其方差为

$$V_{ar}(\hat{\beta}_1) = \sigma^2 \left[ \frac{1}{n} + \frac{\overline{X}^2}{\sum (X_t - \overline{X})^2} \right] \tag{11-13}$$

$$V_{ar}(\hat{\beta}_2) = \frac{\sigma^2}{\sum (X_t - \overline{X})^2} \tag{11-14}$$

最小平方估计量是总体回归系数的线性无偏估计量。数学上还可以进一步证明，在所

有的线性无偏估计量中，回归系数的最小平方估计量的方差最小；同时随着样本容量的增大，其方差会不断缩小(证明此处省略)。也就是说，回归系数的最小平方估计量是最优线性无偏估计量和一致估计量。标准线性回归模型中，回归系数的最小二乘估计量所具有的上述性质首先是由数学家高斯和马尔可夫提出并证明的，被称为高斯－马尔可夫定理。这一定理表明，在标准的假定条件下，最小二乘估计量是一种最佳的估计方式。但并不意味着根据这一方式计算的每一个具体的估计值都比根据其他方式计算的具体估计值更接近真值，而只是表明如果反复多次进行估计值计算或是扩大样本的容量进行估计值计算，按最佳估计方式计算的估计值接近真值的可能性(概率)最大。

## 11.4　一元线性回归模型的估计、检验和预测

### 11.4.1　一元线性回归模型的估计

根据表 11 – 1 中 12 个居民家庭的人均月食品支出与人均月收入水平的样本数据，建立一条直线趋势回归方程。由前面已计算出的结果可得所求回归方程为

$$\hat{Y}_t = a + bX_t = 46.55 + 0.492\,1$$

上式中：回归系数 $b = 0.492\,1$ 表示人均月收入每增加 1 元，人均月食品支出会增加 0.4921 元；截距 $a = 46.55$ 表示即使在人均月收入为 0 的情况下，人均月食品支出也需要 46.55 元。

### 11.4.2　一元线性回归模型的检验

对回归模型中的参数估计后，还必须对其进行检验。回归模型检验的种类有三种：理论意义检验、一级检验和二级检验。

理论意义检验主要涉及参数估计值的符号和取值区间，如果它们与实质性科学的理论以及人们的实践经验不相符，就说明模型不能很好地解释现实的现象。例如，在前面所举的食品支出的恩格尔函数中，$\beta_2$ 的取值区间应在 0 至 1 之间。如果根据样本数据估计的 $\beta_2$ 大于 1 或小于 0，则不能通过经济意义检验。在对实际的社会经济现象进行回归分析时，常常会遇到经济意义检验不能通过的情况。造成这一结果的主要原因是：社会经济的统计数据无法像自然科学中的统计数据那样通过有控制的实验去取得，因而所观测的样本容量有可能偏小，不具有足够的代表性，或者不能满足标准线性回归分析所要求的假定条件。

一级检验又称统计学检验，它是利用统计学中的抽样理论来检验样本回归方程的可靠性，具体又可分为拟合程度评价和显著性检验。一级检验是对所有现象进行回归分析时都必须通过的检验。

二级检验又称经济计量学检验，它是对标准线性回归模型的假定条件能否得到满足进行检验，具体包括序列相关检验、异方差性检验等。二级检验对于社会经济现象的定量分析具有特别重要的意义。本书只讨论一级检验。

#### 11.4.2.1　拟合程度的评价

所谓拟合程度，是指样本观测值聚集在样本回归线周围的紧密程度。判断回归模型拟

合程度优劣最常用的数量指标是可决系数(又称决定系数),记为 $r^2$,其公式可表达如下:
$$r^2 = SSR/SST = 1 - SSE/SST \tag{11-15}$$
上式中:SST 是总的离差平方和;SSR 是由回归直线可以解释的那一部分离差平方和,称为回归平方和;SSE 是用回归直线无法解释的离差平方和,称为剩余残差平方和,亦即残差平方和。

因变量的实际观测值与其样本均值的离差即总离差$(Y_t - \bar{Y})$可以分解为两部分:一部分是因变量的理论回归值与其样本均值的离差$(\hat{Y}_t - \bar{Y})$,它可以看成是能够由回归直线解释的部分,称为可解释离差;另一部分是实际观测值与理论回归值的离差$(Y_t - \hat{Y}_t)$,它是不能由回归直线加以解释的残差 $e_t$。对任一实际观测值 $Y_t$,总有两边平方并求和,得
$$\sum(Y_t - \bar{Y})^2 = \sum(\hat{Y}_t - \bar{Y})^2 + \sum(Y_t - \hat{Y}_t)^2 + 2(\hat{Y}_t - \bar{Y})(Y_t - \hat{Y}_t) \tag{11-16}$$
可以证明
$$\sum(\hat{Y}_t - \bar{Y})(Y_t - \hat{Y}_t) = 0$$
从而有
$$\sum(Y_t - \bar{Y})^2 = \sum(\hat{Y}_t - \bar{Y})^2 + \sum(Y_t - \hat{Y}_t)^2$$
即
$$SST = SSR + SSE$$
两边同除以 SST,得
$$1 = SSR/SST + SSE/SST \tag{11-17}$$

显而易见,各个样本观测点与样本回归直线靠得越紧,SSR 在 SST 中所占的比例就越大。因此,可定义这一比例为可决系数,即有
$$r^2 = SSR/SST = 1 - SSE/SST$$

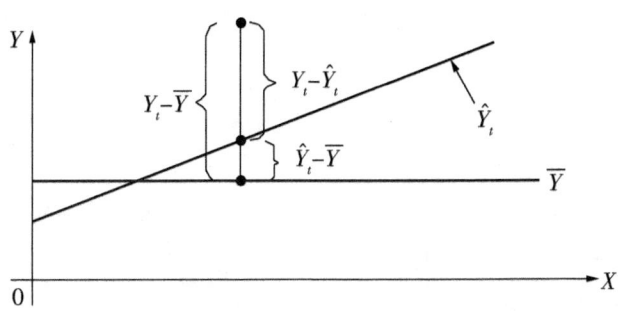

图 11-3 离差示意图

可决系数是对回归模型拟合程度的综合度量,可决系数越大,模型拟合程度越高;可决系数越小,则模型对样本的拟合程度越差。从数量关系看,可决系数的取值范围为 $0 \leq r^2 \leq 1$。当所有的观测值都位于回归直线上时,SST = 0,这时 $r^2 = 1$,说明总离差可以完全由所估计的样本回归直线来解释;当观测值并不是全部位于回归直线上时,SSE > 0,则 SSE/SST > 0,这时 $r^2 < 1$;当回归直线没有解释任何离差,即模型中解释变量 X 与因变量 Y 完全无关时,Y 的总离差全部归于残差平方和,即 SSE = SST,这时 $r^2 = 0$。

根据表 11-1 中 12 个居民家庭的人均月食品支出与人均月收入水平的样本数据，已知 $\sum Y_t^2 = 251\,800$，$\sum Y_t = 1\,648$，$\sum X_t Y_t = 352\,745$，得

$$SSE = \sum e_t^2 = \sum (Y_t - \hat{Y}_t)^2 = \sum Y_t^2 - \hat{\beta}_1 \sum Y_t - \hat{\beta}_2 \sum X_t Y_t$$
$$= 251\,800 - 46.55 \times 1\,648 - 0.492\,1 \times 352\,745 = 1\,499.785\,5$$

$$SST = \sum (Y_t - \overline{Y})^2 = \sum Y_t^2 - (\sum Y_t)^2/n$$
$$= 251\,800 - 1\,648^2/12 = 25\,474.666\,7$$

$$r^2 = 1 - SSE/SST = 1 - 1\,499.785\,5/25\,474.666\,7 = 0.941\,13$$

可决系数 0.9411 表明人均月收入水平对人均月食品支出的可解释程度高达 94.11%，反映出二者存在高度相关关系，该模型拟合程度好。

#### 11.2.4.2 显著性检验

回归分析中的显著性检验包括两方面的内容：一是对各回归系数的显著性检验；二是对整个回归方程的显著性检验。对于前者通常采用 $t$ 检验，而对于后者则是在方差分析的基础上采用 $F$ 检验。在一元线性回归模型中，由于只有一个解释变量 $X$，对 $\beta_2 = 0$ 的 $t$ 检验与对整个方程的 $F$ 检验是等价的。

所谓回归系数的显著性检验，就是根据样本估计的结果对总体回归系数的有关假设进行检验。对 $\hat{\beta}_1$ 与 $\hat{\beta}_2$ 的检验方法是相同的，但 $\hat{\beta}_2$ 的检验更为重要，因为它表明自变量对因变量线性影响的程度。对回归系数 $\hat{\beta}_2$ 进行显著性检验的基本步骤如下：

首先，提出假设。

$$H_0: \beta_2 = 0, \quad H_1: \beta_2 \neq 0$$

其次，计算回归系数的 $t$ 值。计算 $t$ 值的公式：

$$t = \frac{\hat{\beta}_2 - 0}{S_{\hat{\beta}_2}} = \frac{\hat{\beta}_2}{\dfrac{S}{\sqrt{\sum(X_t - \overline{X})^2}}} = \frac{\hat{\beta}_2}{\dfrac{S}{\sqrt{\sum X_t^2 - (\sum X_t)^2/n}}}$$

$$= \frac{0.492\,1}{\dfrac{12.246\,6}{\sqrt{507\,434 - 2\,214^2/12}}} = \frac{0.492\,1}{0.038\,93} = 12.640$$

以上 $t$ 检验的原理来自回归系数的概率分布。因为 $\hat{\beta}_1$ 和 $\hat{\beta}_2$ 均为线性估计量，是因变量 $Y_t$ 的线性组合。根据误差项的标准假定，可知 $Y_t$ 是服从正态分布的变量；所以 $\hat{\beta}_1$ 和 $\hat{\beta}_2$ 也服从正态分布。我们前面已给出了 $\hat{\beta}_1$ 和 $\hat{\beta}_2$ 的期望值与方差。若令

$$\sigma_{\hat{\beta}_1}^2 = \sigma^2 \left[ \frac{1}{n} + \frac{\overline{X}^2}{\sum (X_t - \overline{X})^2} \right]$$

$$\sigma_{\hat{\beta}_2}^2 = \frac{\sigma^2}{\sum (X_t - \overline{X})^2}$$

则有

$$\hat{\beta}_1 \sim N(\beta_1, \sigma_{\hat{\beta}_1}^2); \quad \hat{\beta}_2 \sim N(\beta_2, \sigma_{\hat{\beta}_2}^2)$$

在总体方差已知的情况下，利用上述正态分布可以按照 $Z$ 检验方法去对总体回归系数进行假设检验。可是，一般来说，总体方差 $\sigma^2$ 是未知的，要用其无偏估计量 $S^2$ 去代替。用 $S_{\hat{\beta}_i}$ 代表 $\hat{\beta}_i(i=0,1)$ 的标准差的估计值，当样本为小样本时，回归系数估计值的标准化变换值服从 $t$ 分布：

$$t = \frac{\hat{\beta}_i - \beta_i}{S_{\hat{\beta}_i}} \sim t(n-2) \tag{11-18}$$

式中的 $n$ 为样本容量，$n-2$ 为自由度。

第三，确定显著水平 $\alpha = 5\%$ 和临界值。查"$t$ 分布表"（附录 2 表 5）可得自由度为 $n-2=12-2=10$ 的双侧 $t$ 检验的临界值为 2.228 1。

从理论上看，显著水平的大小根据犯哪一类错误可能带来的损失确定。一般情况下，取 0.05 或 0.01。在双侧检验的场合，查 $t$ 分布表所确定的临界值是 $(-t_{\alpha/2})$ 和 $(t_{\alpha/2})$；而在单侧检验的场合，所确定的临界值是 $(t_\alpha)$。

最后，作出判断。由于计算的 $t$ 值（12.64）大于临界值（2.23），所以拒绝原假设 $H_0$，接受备择假设 $H_1$，即认为收入水平对食品支出的影响是显著的。

### 11.4.3　一元线性回归模型的预测

根据表 11-1 中 12 个居民家庭的人均月食品支出与人均月收入水平的样本数据，所求回归方程为

$$\hat{Y}_t = a + bX_t = 46.55 + 0.4921X_t$$

当人均月收入为 $X_t = 450$ 时，可以得到人均月食品支出的点估计预测值为

$$\hat{Y}_t = a + bX_t = 46.55 + 0.4921X_t = 46.55 + 0.4921 \times 450 = 268.00(元)$$

$\hat{Y}_t$ 是根据样本回归方程计算的，它是样本观测值的函数，因而也是一个随机变量，它与所要预测的 $Y$ 的真值之间必然存在一定的误差。在实际的回归模型预测中，发生预测误差的原因可以概括为以下四个：

（1）模型本身中的误差因素所造成的误差 $(u_i)$。由于总体回归函数并未将所有影响 $Y$ 的因素都纳入模型，同时其具体的函数形式也只是实际变量之间数量联系的近似反映，因此必然存在误差。这一误差可以用总体随机误差项的方差来评价。

（2）由于回归系数的估计值同其真值不一致所造成的误差 $(\beta_0 - \hat{\beta}_0) + (\beta_1 - \hat{\beta}_1)X_i$。样本回归系数是根据样本估计的，它与总体回归系数之间总是有一定的误差。这一误差可以用回归系数的最小平方估计量的方差来评价。

（3）由于自变量 $X$ 的设定值同其实际值的偏离所造成的误差。

（4）由于未来时期总体回归系数发生变化所造成的误差。

在以上造成预测误差的原因中，（3）（4）两项不属于回归方程本身的问题，而且也难以事先予以估计和控制。因此，在下面假定只存在前面两种误差。

如图 11-4 所示，设 $X_f$ 给定时

$Y$ 的真值为　　$Y_f = \beta_0 + \beta_1 X_f + u_f$

总体回归直线为　　$EY_f = \beta_0 + \beta_1 X_f$

样本回归函数为　　$\hat{Y}_f = \hat{\beta}_0 + \hat{\beta}_1 X_f$

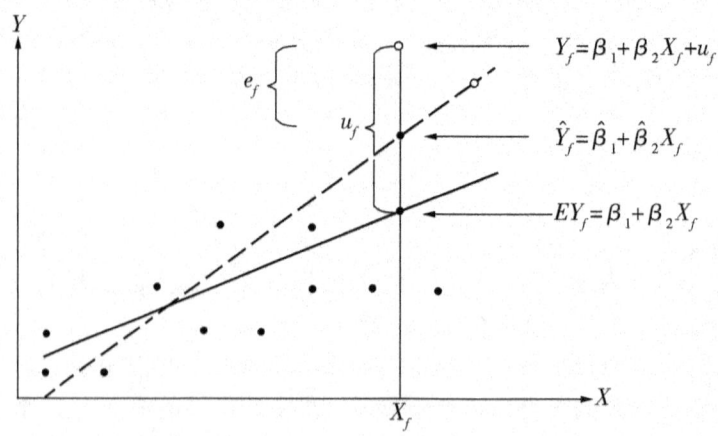

图 11-4 预测误差示意图

则有

$$e_f = Y_f - \hat{Y}_f = (\beta_0 + \beta_1 X_f + u_f) - (\hat{\beta}_0 + \hat{\beta}_1 X_f) = (\beta_0 - \hat{\beta}_0) + (\beta_1 - \hat{\beta}_1) X_f + u_f \quad (11-19)$$

式中，$e_f$ 是预测的残差。

利用期望值与方差的运算规则以及前面给出的回归系数最小平方估计量的期望值和方差，可以证明

$$E(e_f) = 0$$

$$V_{ar}(e_f) = \sigma^2 \left(1 + \frac{1}{n} + \frac{(X_f - \overline{X})^2}{\sum (X_t - \overline{X})^2}\right)$$

在此基础上，还可以进一步证明 $\hat{Y}_f$ 是 $Y_f$ 的最优线性无偏预测。

$\hat{Y}_f = a + bX_f = 46.55 + 0.4921 \times 450 = 268.00$（元）是对 $Y_f$ 的点估计，在许多场合人们更为关心的是对 $Y_f$ 的区间估计

$$Y_f = \hat{Y}_f \pm \Delta$$

在标准假定条件下，$e_f$ 服从于正态分布，即

$$e_f \sim N(0, V_{ar}(e_f))$$

由于 $V_{ar}(e_f)$ 中的是未知的，通常用其无偏估计 $S^2$ 来代替。若用 $S_{e_f}$ 来表示预测标准误差的估计值，则

$$S_{e_f} = S \sqrt{1 + \frac{1}{n} + \frac{(X_f - \overline{X})^2}{\sum (X_t - \overline{X})^2}} \quad (11-20)$$

按照确定置信区间的方法，可以得出 $Y_f$ 的 $(1-\alpha)$ 的预测区间为

$$Y_f = \hat{Y}_f \pm \Delta = \hat{Y}_f \pm t_{\alpha/2}(n-2) S_{e_f} \quad (11-21)$$

式中，$t_{\alpha/2}(n-2)$ 是置信度为 $(1-\alpha)$、自由度为 $(n-2)$ 的 $t$ 分布的临界值。

当人均月收入 $X_f = 450$ 时，可以得到人均月食品支出的点估计预测值为

$$\hat{Y}_f = a + bX_f = 46.55 + 0.4921 X_t = 46.55 + 0.4921 \times 450 = 268.00（元）$$

给定显著水平 $\alpha = 5\%$，查"$t$ 分布表"可得自由度为 $n-2 = 12-2 = 10$ 的双侧 $t$ 检验的临界值 $t_{\alpha/2}$ 为 2.228 1。

$$S_{ef} = S\sqrt{1 + \frac{1}{n} + \frac{(X_f - \overline{X})^2}{\sum(X_t - \overline{X})^2}} = 12.246\,6 \times \sqrt{1 + \frac{1}{12} + \frac{(450 - 2\,214/12)^2}{507\,434 - 2\,214^2/12}}$$

$$= 12.246\,6 \times 1.047\,72 = 12.831$$

$$Y_f = \hat{Y}_f \pm \Delta = \hat{Y}_f \pm t_{\alpha/2}(n-2)S_{ef} = 268 \pm 2.228\,1 \times 12.831 = 268 \pm 28.59$$

因此，当人均月收入为 450 元时，置信度为 95% 的人均月食品支出的预测区间将落入
$$239.41(元) \leq Y_f \leq 296.59(元)$$

对于每一个给定的 $X$ 值，计算相应的 $Y$ 的预测区间，并将连接各点的曲线描绘在平面图上，便可得到图 11-5。

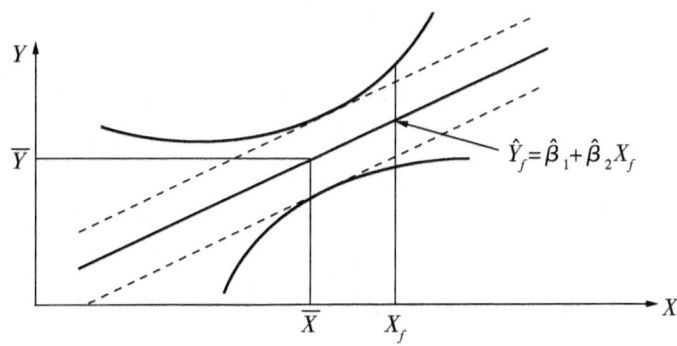

图 11-5 回归预测的置信区间

从置信区间和 $S_{ef}$ 的计算公式以及图 11-5 中，可以得到以下结论：

第一，置信区间的上下限对称地落在样本回归直线两边，呈中间小两头大的喇叭形。当 $X_f = \overline{X}$ 时的置信区间最窄，而 $X_f$ 远离 $\overline{X}$ 时，其置信区间逐渐增大。这就是说，在用回归模型进行预测时，$X_f$ 的取值不宜离开 $\overline{X}$ 过远，否则预测精度将会大大降低，使预测失效。

第二，在样本容量 $n$ 保持不变时，$t_{\alpha/2}(n-2)$ 的值随置信度 $(1-\alpha)$ 的提高而增加，因此，要求预测值的概率保证程度增加，在其他条件不变时，也就意味着预测精度的降低。

第三，当其他条件不变时，$t_{\alpha/2}(n-2)$ 和 $S_{ef}$ 的值均为样本容量 $n$ 的减函数，即随着 $n$ 的增加，这两者将逐渐减少。这说明，随着样本容量的增加，预测精度将会提高，而样本容量过小，预测的精度就较差。

第四，当 $n$ 足够大时，$S_{ef}$ 会趋近于 $S$；$t_{\alpha/2}(n-2)$ 会趋近于 $Z_{\alpha/2}$。这时，可以用 $S$ 和 $Z_{\alpha/2}$ 取代 $S_{ef}$ 和 $t_{\alpha/2}$ 来确定预测区间。即样本容量充分大时，$Y_f$ 的置信区间为

$$Y_f = \hat{Y}_f \pm \Delta = \hat{Y}_f \pm Z_{\alpha/2} \times S \tag{11-22}$$

按上式确定的预测区间的上、下限在平面图上呈两条直线（参见图 11-5 中与样本回归线平行的两条虚线）。

## 11.5 多元线性回归分析

### 11.5.1 标准的多元线性回归模型

人均月食品支出的变动,不仅受到人均月收入的影响,还受到食品价格、消费习惯和消费政策等因素的影响。在许多场合,仅仅考虑单个变量是不够的,需要多个自变量来进行考察,才能获得比较满意的结果。这就产生了测定多因素之间相关关系的问题。

研究在线性相关条件下,两个和两个以上自变量对一个因变量的数量变化关系,称为多元线性回归分析,表现这一数量关系的数学公式,称为多元线性回归模型。多元线性回归模型是一元线性回归模型的扩展,其基本原理与一元线性回归模型相类似,只是在计算上麻烦一些而已。多元线性回归模型总体回归函数的一般形式如下:

$$Y_t = \beta_1 + \beta_2 X_{2t} + \cdots + \beta_k X_{kt} + u_t$$

上式假定因变量与$(k-1)$个自变量之间的回归关系可以用线性函数来近似反映。式中,$Y_t$是变量的第$t$次观测值;$X_{jt}$是第$j$个自变量$X_j$的第$t$次观测值$(j = 2, \cdots, k)$;$u_t$是随机误差项;$\beta_1, \beta_2, \cdots, \beta_k$是总体回归系数。$\beta_j$表示在其他自变量保持不变的情况下,自变量$X_j$变动一个单位所引起的因变量$Y$平均变动的数额,叫做偏回归系数。该式中,总体回归系数是未知的,必须利用有关的样本观测值来进行估计。

假设已给出了$n$次观测值,同时$\hat{\beta}_1, \hat{\beta}_2, \cdots, \hat{\beta}_k$为总体回归系数的估计,则多元线性回归模型的样本回归函数如下:

$$Y_t = \hat{\beta}_1 + \hat{\beta}_2 X_{2t} + \cdots + \hat{\beta}_k X_{kt} + e_t \tag{11-23}$$

式中,$e_t$是$Y_t$与其估计$\hat{Y}_t$之间的离差,即残差。为了进行多元线性回归分析的推断需要提出一些必要的假定,这些假定除了包括前面已经提出的关于随机误差项的假定外,还要追加一条,这就是回归模型所包含的自变量之间不能具有较强的线性关系,作为标准假定6。

### 11.5.2 多元回归模型的估计

我们收集了全国7个农业实验站的小麦产量、施肥量和降雨量的数据,为预测小麦产量提供依据(见表11-2)。

表11-2 小麦产量、施肥量和降雨量的数据

| 编号 | 小麦产量 $Y$(kg/亩) | 施肥量 $X_1$(kg/亩) | 降雨量 $X_2$(cm) |
| --- | --- | --- | --- |
| 1 | 500 | 40 | 25 |
| 2 | 600 | 50 | 50 |
| 3 | 600 | 60 | 25 |
| 4 | 800 | 70 | 75 |
| 5 | 750 | 80 | 50 |
| 6 | 750 | 90 | 50 |
| 7 | 900 | 100 | 75 |

注:1亩 = 1/15公顷。

建立多元回归模型方法如下：

(1) 设所求多元回归模型表现为二元回归方程（二元回归计算表见表11-3）。

$$\hat{Y} = b_0 + b_1 X_1 + b_2 X_2 \qquad (11-24)$$

(2) 运用最小平方法求参数 $b_0$，$b_1$，$b_2$。

$Y$ 为实际观测值，根据最小平方法的要求，使观测值 $Y$ 对拟合值 $\hat{Y}$ 的偏差平方和达到最小，即 $\sum(Y-\hat{Y})^2 = \sum(Y - b_0 - b_1 X_1 - b_2 X_2)^2 =$ 最小值，从而可得到求参数 $b_0$，$b_1$，$b_2$ 的标准方程组为

$$\begin{cases} \sum Y = nb_0 + b_1 \sum X_1 + b_2 \sum X_2 \\ \sum X_1 Y = b_0 \sum X_1 + b_1 \sum X_1^2 + b_2 \sum X_1 X_2 \\ \sum X_2 Y = b_0 \sum X_2 + b_1 \sum X_1 X_2 + b_2 \sum X_2^2 \end{cases}$$

表11-3 二元回归计算表

| 编号 | 小麦产量 $Y$ (kg/亩) | 施肥量 $X_1$ (kg/亩) | 降雨量 $X_2$ (cm) | $X_1^2$ | $X_2^2$ | $X_1 X_2$ | $X_1 Y$ | $X_2 Y$ |
|---|---|---|---|---|---|---|---|---|
| 1 | 500 | 40 | 25 | 1 600 | 625 | 1 000 | 20 000 | 12 500 |
| 2 | 600 | 50 | 50 | 2 500 | 2 500 | 2 500 | 30 000 | 30 000 |
| 3 | 600 | 60 | 25 | 3 600 | 625 | 1 500 | 36 000 | 15 000 |
| 4 | 800 | 70 | 75 | 4 900 | 5 625 | 5 250 | 56 000 | 60 000 |
| 5 | 750 | 80 | 50 | 6 400 | 2 500 | 4 000 | 60 000 | 37 500 |
| 6 | 750 | 90 | 50 | 8 100 | 2 500 | 4 500 | 67 500 | 37 500 |
| 7 | 900 | 100 | 75 | 10 000 | 5 625 | 7 500 | 90 000 | 67 500 |
| 合计 | 4900 | 490 | 350 | 37 100 | 20 000 | 26 250 | 359 500 | 260 000 |

将表中数据代入上列方程组，得

$$\begin{cases} 4\,900 = 7b_0 + 490 b_1 + 350 b_2 \\ 359\,500 = 490 b_0 + 37\,100 b_1 + 26\,250 b_2 \\ 260\,000 = 350 b_0 + 26\,250 b_1 + 20\,000 b_2 \end{cases}$$

解联立方程组，可得到 $b_0$，$b_1$，$b_2$，即

$$b_0 = 266.67，b_1 = 3.81，b_2 = 3.33$$

(3) 由求出的参数可得二元线性回归方程。

$$\hat{Y} = 266.67 + 3.81 X_1 + 3.33 X_2$$

方程的直观意义为

产量 = 267 + 3.81 施肥量 + 3.33 降雨量（kg/亩）

回归系数 $b_1 = 3.81$ 表明降雨量不变时，施肥量每增加 1kg 将引起产量增加 3.81kg。

回归系数 $b_2 = 3.33$ 表明施肥量不变时,降雨量每增加 1cm 将引起产量增加 3.33kg。

### 11.5.3 多元回归模型的检验

#### 11.5.3.1 拟合优度检验

对多元回归模型进行拟合优度检验,计算可决系数或判定系数 $R^2$。

$$R^2 = \frac{\text{回归偏差}}{\text{总偏差}} = \frac{\sum (\hat{Y} - \overline{Y})^2}{\sum (Y - \overline{Y})^2} = 1 - \frac{\sum (Y - \hat{Y})^2}{\sum (Y - \overline{Y})^2} = 1 - \frac{\sum e^2}{\sum (Y - \overline{Y})^2} \quad (11-25)$$

将 $\hat{Y} = b_0 + b_1 X_1 + b_2 X_2$ 代入上式,得如下简捷公式并将以上计算所得数据代入

$$R^2 = \frac{\sum (\hat{Y} - \overline{Y})^2}{\sum (Y - \overline{Y})^2} = \frac{b_0 \sum Y + b_1 \sum X_1 Y + b_2 \sum X_2 Y - (\sum Y)^2 / n}{\sum Y^2 - (\sum Y)^2 / n}$$

$$= \frac{266.67 \times 4\,900 + 3.81 \times 359\,500 + 3.33 \times 260\,000 - 4\,900^2 / 7}{3\,545\,000 - 4\,900^2 / 7}$$

$$= \frac{112\,163.3}{115\,000} = 0.975\,3$$

可决系数 $R^2 = 0.975\,3$ 表明施肥量和降雨量对产量变动的解释程度占 97.53%,控制好施肥量和降雨量是增产的主要途径。

需要说明的是,只有施肥量一个自变量时,一元回归方程为 $\hat{Y} = 287 + 5.89 X_1$,可决系数为 $R^2 = 0.845\,5$,增加降雨量后可决系数提高了。只有降雨量一个自变量时,一元回归方程为 $\hat{Y} = 400 + 6 X_2$,可决系数为 $R^2 = 0.782\,6$。可见,增加自变量总是可以提高可决系数的。为此,一定要消除那些增加了自变量对因变量的变动并无实际意义的可决系数部分,考虑回归系数的个数($k$),计算修正后的可决系数 $\overline{R}^2$。

$$\overline{R}^2 = 1 - (1 - R^2)(n-1)/(n-k)$$
$$= 1 - (1 - 0.975\,3) \times (7-1)/(7-2) = 0.970\,4$$

#### 11.5.3.2 显著性检验

显著性检验的内容主要包括对回归系数进行 $t$ 检验和对回归模型整体进行 $F$ 检验。首先从 $t$ 检验开始。

对总体的偏回归系数 $b_1$,$b_2$ 作如下假设:

$$H_0: b_1 = 0;\ H_1: b_1 \neq 0;\ H_0: b_2 = 0;\ H_1: b_2 \neq 0$$

计算偏回归系数 $b_1$、$b_2$ 的检验统计量

$$t = \frac{b_1}{\hat{\sigma}_{b_1}},\ t = \frac{b_2}{\hat{\sigma}_{b_2}}$$

式中,$\hat{\sigma}_{b_1}$ 和 $\hat{\sigma}_{b_2}$ 分别是偏回归系数 $b_1$ 和 $b_2$ 标准差的估计值,有

$$\hat{\sigma}_{b_1} = S_{y(x_1, x_2)} \cdot \sqrt{\frac{\sum (X_2 - \overline{X}_2)^2}{\sum (X_1 - \overline{X}_1)^2 \sum (X_2 - \overline{X}_2)^2 - [\sum (X_1 - \overline{X}_1)(X_2 - \overline{X}_2)]^2}}$$

$$\hat{\sigma}_{b_2} = S_{y(x_1, x_2)} \cdot \sqrt{\frac{\sum (X_1 - \overline{X}_1)^2}{\sum (X_1 - \overline{X}_1)^2 \sum (X_2 - \overline{X}_2)^2 - [\sum (X_1 - \overline{X}_1)(X_2 - \overline{X}_2)]^2}}$$

式中，$S_{y(x_1,x_2)}$表示二元回归方程的标准误差，即

$$S_{y(x_1,x_2)} = \sqrt{\frac{\sum(Y-\hat{Y})^2}{n-3}} = \sqrt{\frac{\sum Y^2 - b_0\sum Y - b_1\sum X_1 Y - b_2\sum X_2 Y}{n-3}}$$

这里，$n-3$为自由度，因为二元回归模型中有3个参数$b_0$，$b_1$和$b_2$，求解该回归方程时失去3个自由度。

表11-4  $t$检验计算表

| 编号 | 施肥量$X_1$<br>（kg/亩） | 降雨量$X_2$<br>（cm） | $(X_1-\overline{X}_1)^2$ | $(X_2-\overline{X}_2)^2$ | $(X_1-\overline{X}_1)(X_2-\overline{X}_2)$ |
|---|---|---|---|---|---|
| 1 | 40 | 25 | 900 | 625 | 750 |
| 2 | 50 | 50 | 400 | 0 | 0 |
| 3 | 60 | 25 | 100 | 625 | 250 |
| 4 | 70 | 75 | 0 | 625 | 0 |
| 5 | 80 | 50 | 100 | 0 | 0 |
| 6 | 90 | 50 | 400 | 0 | 0 |
| 7 | 100 | 75 | 900 | 625 | 750 |
| 合计 | 490 | 350 | 2 800 | 2 500 | 1 750 |

$$S_{y(x_1,x_2)} = \sqrt{\frac{2\,836.7}{7-3}} = \sqrt{709.175} = 26.630\,3$$

$$\hat{\sigma}_{b_1} = 26.630\,3 \times \sqrt{\frac{2\,500}{2\,800 \times 2\,500 - 1\,750^2}} = 26.630\,3 \times \sqrt{\frac{2\,500}{3\,937\,500}}$$

$$= 26.630\,3 \times 0.025\,2 = 0.671\,02$$

$$\hat{\sigma}_{b_2} = 26.630\,3 \times \sqrt{\frac{2\,800}{3\,937\,500}} = 26.630\,3 \times 0.026\,67 = 0.710\,14$$

$b_1$的检验统计量$t = 3.81/0.671 = 5.678$，$b_2$的检验统计量$t = 3.33/0.710\,1 = 4.689$。

设显著性水平为5%，查自由度为$n-3$的$t$分布表得$t_{0.05/2}(7-3) = 2.776\,4$。因为$b_1$和$b_2$的$t$统计量都大于临界值，所以都拒绝原假设，通过回归系数的统计检验。

下面进行$F$检验：

$F$检验是对回归模型整体的显著性进行检验，因为回归模型整体的显著性不能由任何一个偏回归系数的显著性所能替代。假设总体回归方程不显著，即有

$H_0: b_1 = b_2 = 0$；$H_1: b_1$和$b_2$中至少有一个不等于0

由离差平方和的分解公式可知，回归模型的总离差平方和等于回归平方和与残差平方和的和。回归模型总体函数的线性关系是否显著，其实质就是判断回归平方和与残差平方和之比值的大小问题。由于回归平方和与残差平方和的数值会随观测值的样本容量和自变量个数的不同而变化，因此不宜直接比较，而必须在方差分析的基础上（见表11-5）利用$F$检验进行比较。

表 11-5  方差分析表

| 离差名称 | 离差平方和 | 自由度 | 方差 |
| --- | --- | --- | --- |
| 回归平方和 | $SSR = \sum (\hat{Y} - \overline{Y})^2 = 112\,163.3$ | $k - 1 = 2$ | $SSR/(k-1) = 56\,081.65$ |
| 残差平方和 | $SSE = \sum (Y - \hat{Y})^2 = 2\,836.7$ | $n - k = 4$ | $SSE/(n-k) = 709.175$ |
| 总离差平方和 | $SST = \sum (Y - \overline{Y})^2 = 115\,000$ | | |

求 $F$ 统计量,即

$$F = \frac{SSR/(k-1)}{SSE/(n-k)} = \frac{56\,081.65}{709.175} = 79.08$$

查显著水平为 5%,自由度为 (2, 4) 的 $F$ 分布表(附录 2 表 7),可知 $F_{0.05}(2, 4) = 6.94$,远远低于计算的 $F$ 值。因此,可以认为该回归方程所描述的线性相关关系是比较显著的,已建立的二元线性回归模型有效。

### 11.5.4  多元回归模型的预测

我们已经得到了二元线性回归方程为

$$\hat{Y} = 266.67 + 3.81 X_1 + 3.33 X_2$$

当给定施肥量为 $X_{10} = 110 \text{kg}$ 和降雨量为 $X_{20} = 80 \text{cm}$ 时,可以得到产量的点估计预测值为

$$\hat{Y}_0 = 266.67 + 3.81 \times 110 + 3.33 \times 80 = 952.17 (\text{kg}/亩)$$

当给定置信度为 95% 时,求出产量预测值将落入如下区间:

$$Y_0 = \hat{Y}_0 \pm \Delta = \hat{Y}_0 \pm t_{0.05/2}(n-3) \cdot S_{y(x_1, x_2)} \sqrt{1 + C_0}$$

其中,

$$C_0 = \frac{1}{n} + \frac{(X_{10} - \overline{X}_1)^2 \sum (X_2 - \overline{X}_2)^2}{D} + \frac{(X_{20} - \overline{X}_2)^2 \sum (X_1 - \overline{X}_1)^2}{D} -$$

$$2 \cdot \frac{(X_{10} - \overline{X}_1)(X_{20} - \overline{X}_2) \sum (X_1 - \overline{X}_1)(X_2 - \overline{X}_2)}{D}$$

$$D = \sum (X_1 - \overline{X}_1)^2 \cdot \sum (X_2 - \overline{X}_2)^2 - [\sum (X_1 - \overline{X}_1)(X_2 - \overline{X})]$$

$$= 2\,800 \times 2\,500 - 1\,750 = 6\,998\,250$$

$$C_0 = \frac{1}{7} + \frac{(110-70)^2 \times 2\,500}{6\,998\,250} + \frac{(80-50)^2 \times 2\,800}{6\,998\,250} - 2 \times \frac{(110-70) \times (80-50) \times 1\,750}{6\,998\,250}$$

$$= 0.142\,857 + 0.571\,57 + 0.360\,09 - 0.600\,15 = 0.474\,37$$

$$\Delta = t_{0.05/2}(n-3) \cdot S_{y(x_1, x_2)} \sqrt{1 + C_0}$$

$$= 2.776\,4 \times 26.630\,3 \times \sqrt{1 + 0.474\,37} = 89.776 (\text{kg}/亩)$$

$$Y_0 = \hat{Y}_0 \pm \Delta = 952.17 \pm 89.78 \text{ 即} (862.39 \text{kg}/亩, 1\,041.95 \text{kg}/亩)$$

## 11.5.5 非线性回归的直线化

在统计分析中,经常会遇到变量之间呈现非线性相关关系,可以通过变量转换方法使其成为线性回归问题,其步骤如下:

(1)作散点图,观察图形特征。

(2)根据图形选择近似曲线方程。

①双曲线 $\dfrac{1}{Y} = a + \dfrac{b}{X}$(见图11-6)。

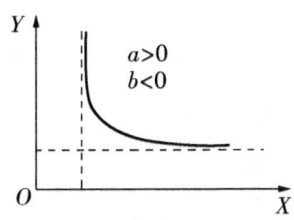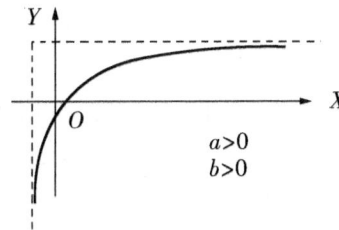

图 11-6 双曲线

②对数曲线 $Y = a + b\log X$(见图11-7)。

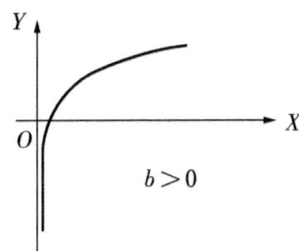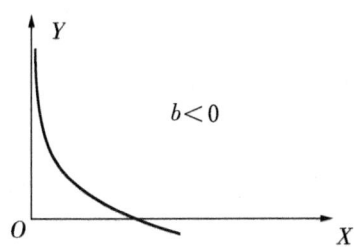

图 11-7 对数曲线

③指数曲线 $Y = ae^{bX}$(见图11-8)。

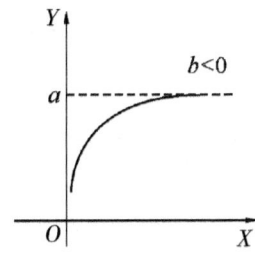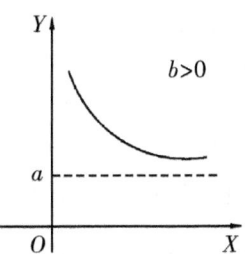

图 11-8 指数曲线

④幂函数 $Y = aX^b$(见图11-9)。

⑤S 型曲线 $Y = \dfrac{1}{a + \dfrac{b}{e^X}}$(见图11-10)。

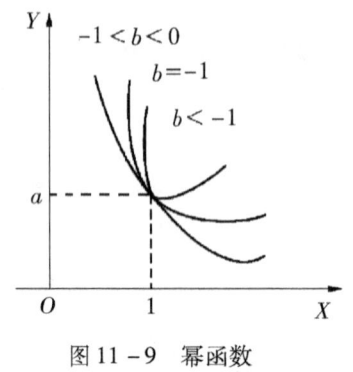
图 11-9 幂函数

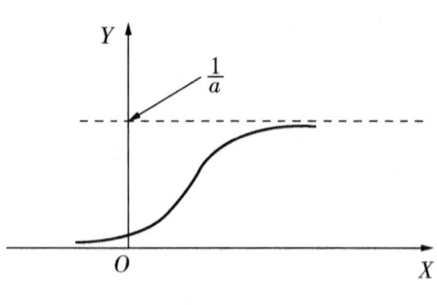
图 11-10 S 型曲线

(3) 对变量进行变换,将曲线方程转化为直线方程(见表11-6)。

表 11-6 曲线方程及其线性变换

| 曲线方程 | 变换公式 | 变换后的线性方程 |
| --- | --- | --- |
| ①双曲线 $\dfrac{1}{Y} = a + \dfrac{b}{X}$ | $x' = 1/X$<br>$y' = 1/Y$ | $y' = a + bx'$ |
| ②对数曲线 $Y = a + b\log X$ | $x' = \ln X$<br>$y' = Y$ | $y' = a + bx'$ |
| ③指数曲线 $Y = ae^{bX}$ | $x' = X$<br>$y' = \ln Y$ | $y' = a' + bx'\ (a' = \ln a)$ |
| ④幂函数 $Y = aX^b$ | $x' = \ln X$<br>$y' = \ln Y$ | $y' = a' + bx'\ (a' = \ln a)$ |
| ⑤S 型曲线 $Y = \dfrac{1}{a + \dfrac{b}{e^X}}$ | $x' = e^{-x}$<br>$y' = 1/Y$ | $y' = a + bx'$ |

(4) 经相关性检验后,再还原到曲线方程。

## 11.5.6 多元回归统计案例:中国民航客运量影响因素分析与预测

### 11.5.6.1 目的

民航客运量的变化会随着国民经济的发展而逐年增长。

影响民航客运量的因素有许多,如国民收入水平、消费规模、铁路客运量、民航航线里程长短、来华旅游人数等(数据表略)。

以上因素中有些可能影响并不显著,有些因素之间的相关性较高,这些都必须剔除掉。

民航客运量趋势：2015年客运量达到4.4亿人次，近年客运量以每年11%以上的速度增长。

**11.5.6.2 寻找影响因素**

(1) 受国民收入($X_1$)的影响；

(2) 与消费额($X_2$)的关系；

(3) 受铁路客运量($X_3$)的影响；

(4) 与民航航线里程($X_4$)的关系；

(5) 受来华旅游入境人数($X_5$)的影响。

**11.5.6.3 建立多元回归方程**

$$\hat{Y}_t = 442.91 + 0.355166X_1 - 0.56331X_2 - 0.00715X_3 + 21.5794X_4 + 0.434021X_5$$

（国民收入）　（消费额）　（铁路客运量）（民航航线里程数）（境外来华人数）

对偏回归系数进行经济关系上的解释：

(1) 消费额($X_2$)与民航客运量($Y$)的偏回归的关系有问题，方向应一致。

(2) 铁路客运量($X_3$)的偏回归系数接近于0，为0.00715，表明二者关系微弱。

**11.5.6.4 拟合优度检验**

复相关系数 $R = 0.999124$

可决系数 $R^2 = 0.998249$

修正后的可决系数 $\overline{R}^2 = 0.99737$

结论：整体上通过检验。

**11.5.6.5 方差分析**

给定 $\alpha = 0.05$，查 $F_{0.05}(k, n-k-1) = F_{0.05}(5, 16-5-1) = F_{0.05}(5, 10) = 3.33$

$F = 1140 > F_{0.05}(5, 10) = 3.33$

方差分析表明，以上回归方程高度显著，说明 $X_1$，$X_2$，$X_3$，$X_4$，$X_5$ 整体上对民航客运量有显著的影响(见表11-7)。

表11-7 方差分析表

|  | df | SS | MS | F |
| --- | --- | --- | --- | --- |
| 回归分析 | 5 | 13 819 133 | 2 763 826 | 1 140 |
| 残　差 | 10 | 24 239 | 2 424 |  |
| 总　计 | 15 | 13 843 372 |  |  |

**11.5.6.6 $t$检验**

偏相关分析：

剔除 $X_3$，重建回归方程，并预测。

剔除 $X_3$ 后，所得回归方程为

$$\hat{Y}_t = -153.89 + 0.50904X_1 - 0.5436X_2 + 15.97773X_4 + 0.34712X_5$$

　　　　(2.41)　　(4.90)　　(4.70)　　(3.03)　　(5.41)

括号内的数据为 $t$ 检验值，大于 2 以上者一般可视为通过 $t$ 检验。

偏相关系数都很高：0.989 468，0.985 49，0.987 092，0.924 221。

预测：给定 $X_1 = 23\,872$，$X_2 = 14\,987$，$X_4 = 92.09$，$X_5 = 3\,856.8$

代入回归方程：

$$\hat{Y}_t = -153.89 + 0.509\,04X_1 - 0.543\,6X_2 + 15.977\,73X_4 + 0.347\,12X_5 = 3\,502.49$$

#### 11.5.6.7 消除多重共线性的影响

在自变量中，消费额（$X_2$）与国民收入（$X_1$）之间存在高度相关性，使得消费额与民航客运量之间的偏回归系数为负值，无法解释经济关系。应消除其中一个自变量。由于国民收入的偏回归系数和 $t$ 检验值都较高，所以决定剔除消费额（$X_2$），重新建立回归方程。

剔除 $X_2$ 后，新建回归方程为

$$\hat{Y}_t = -369.48 + 0.003\,288X_1 + 24.677X_4 + 0.137\,2X_5$$
$$(2.41)\quad\quad (0.88)\quad\quad (3.01)\quad\quad (1.80)$$

可见，$X_1$ 未通过检验，应剔除。

建立 $Y$ 与 $X_4$ 和 $X_5$ 的回归方程，并分析。

$$\hat{Y}_t = -410.074 + 31.471\,3X_4 + 0.186\,8X_5$$
$$(7.17)\quad\quad (11.71)\quad\quad (3.66)$$

复相关系数 $R = 0.993\,66$

可决系数 $R^2 = 0.987\,366$

修正后的可决系数 $\bar{R}^2 = 0.985\,4$

$F = 507.970$

结论：影响民航客运量的因素主要有两种。

(1) 与民航航线里程（$X_4$）有关系（31.5 万人/万公里）；

(2) 受来华旅游入境人数（$X_5$）的影响（0.19 万人/万人）。

将相关变量数据代入预测模型便可得到预测结果。

### 11.5.7 多元回归统计案例：香港股市变动的原因分析

#### 11.5.7.1 寻找变量

$Y$：因变量（股市变化）——股票价格恒生指数；

$X_1$：自变量（市场状况）——成交额（100 万港元）；

$X_2$：自变量（金融环境）——九九黄金价（港元/两①）；

$X_3$：自变量（金融环境）——港汇指数；

$X_4$：自变量（整体经济）——人均生产总值（现价）；

$X_5$：自变量（整体经济）——建筑业总开支（现价 100 万港元）；

$X_6$：自变量（整体经济）——房地产买卖金额（100 万港元）；

$X_7$：自变量（金融环境）——优惠利率（最低%）。

---

① 1 两 = 50 克。

### 11.5.7.2 搜集数据

| 1974—1988年 | Y | $X_1$ | $X_2$ | $X_3$ | $X_4$ | $X_5$ | $X_6$ | $X_7$ |
|---|---|---|---|---|---|---|---|---|
| 1 | 173 | 11 246 | 681 | 106 | 10 183 | 4 110 | 11 243 | 9 |
| 2 | 353 | 10 335 | 791 | 107 | 10 414 | 3 996 | 12 694 | 7 |
| 3 | 448 | 13 156 | 607 | 114 | 13 134 | 4 689 | 16 681 | 6 |
| 4 | 404 | 6 127 | 714 | 111 | 15 033 | 6 876 | 22 132 | 5 |
| 5 | 409 | 27 419 | 911 | 99 | 17 389 | 8 636 | 31 354 | 5 |
| 6 | 620 | 25 633 | 1 231 | 91 | 21 715 | 12 339 | 43 529 | 10 |
| 7 | 1 121 | 95 684 | 2 760 | 91 | 27 075 | 16 623 | 70 753 | 10 |
| 8 | 1 507 | 105 987 | 2 651 | 86 | 31 827 | 19 937 | 125 990 | 16 |
| 9 | 1 106 | 46 230 | 2 105 | 125 | 35 393 | 24 787 | 99 468 | 11 |
| 10 | 933 | 37 165 | 3 030 | 107 | 38 832 | 25 112 | 82 478 | 11 |
| 11 | 1 009 | 48 787 | 2 810 | 107 | 46 079 | 24 414 | 54 936 | 9 |
| 12 | 1 568 | 75 808 | 2 649 | 116 | 47 871 | 22 970 | 87 135 | 6 |
| 13 | 1 960 | 123 128 | 3 031 | 110 | 54 372 | 24 403 | 129 884 | 7 |
| 14 | 2 884 | 371 406 | 3 644 | 106 | 65 602 | 30 531 | 153 044 | 5 |
| 15 | 2 557 | 198 569 | 3 690 | 102 | 74 917 | 37 861 | 215 033 | 5 |

### 11.5.7.3 计算相关矩阵

|  | Y | $X_1$ | $X_2$ | $X_3$ | $X_4$ | $X_5$ | $X_6$ | $X_7$ |
|---|---|---|---|---|---|---|---|---|
| Y | 1 | | | | | | | |
| $X_1$ | 0.917 019 | 1 | | | | | | |
| $X_2$ | 0.884 144 | 0.737 454 | 1 | | | | | |
| $X_3$ | -0.027 67 | -0.115 67 | -0.093 39 | 1 | | | | |
| $X_4$ | 0.938 267 | 0.784 139 | 0.919 476 | 0.089 32 | 1 | | | |
| $X_5$ | 0.878 709 | 0.697 336 | 0.947 69 | 0.060 761 | 0.960 144 | 1 | | |
| $X_6$ | 0.937 225 | 0.781 709 | 0.874 744 | -0.083 52 | 0.913 667 | 0.916 661 | 1 | |
| $X_7$ | -0.125 74 | -0.207 39 | 0.133 723 | -0.400 32 | -0.158 72 | 0.052 849 | 0.030 415 | 1 |

(1) 选择自变量。
①对恒生指数影响最大的是其相关系数最大者。
$X_1$：自变量（市场状况）——成交额（100万港元）
$X_4$：自变量（整体经济）——人均生产总值（现价）
$X_6$：自变量（整体经济）——房地产买卖金额（100万港元）
②恒生指数对以上三个自变量的偏相关系数。

$r_y, X_1 = 0.917\,019$    $r_y, X_4 = 0.938\,267$    $r_y, X_6 = 0.937\,225$

③估计回归方程。

$$\hat{Y}_t = 75.708\,45 + 0.003\,545 X_1 + 0.012\,873 X_4 + 0.004\,42 X_6$$
$$\quad\quad\quad\quad (6.07)\quad\quad\quad (3.04)\quad\quad (3.05)$$

括号内的数据为 $t$ 检验值，大于 2 以上者一般可视为通过 $t$ 检验。

可决系数 $R^2 = 0.998\,140\,8$

修正后的可决系数 $\bar{R}^2 = 0.987\,63$

$F = 193.555$

④回归系数的解释（分析）。

$$\hat{Y}_t = 75.708\,45 + 0.003\,545 X_1 + 0.012\,873 X_4 + 0.004\,42 X_6$$

$Y$：因变量（股市变化）——股票价格恒生指数

$X_1$：自变量（市场状况）——成交额（百万港元）

$\beta_1 = 0.003\,545$ 表明在其他条件不变时，股票交易额（$X_1$）每增加 1 000 万港元，可使恒生股价指数上涨 3.55 个百分点。

$X_4$：自变量（整体经济）——人均生产总值（现价）

$\beta_4 = 0.012\,873$ 表明在其他条件不变时，人均生产总值（$X_4$）每增加 1 000 万港元，可使恒生股价指数上涨 12.87 个百分点。

$X_6$：自变量（整体经济）——房地产买卖金额（100万港元）

$\beta_6 = 0.004\,42$ 表明在其他条件不变时，房地产买卖额（$X_6$）每增加 1 000 万港元，可使恒生股价指数上涨 4.42 个百分点。

在预测时，只要获得成交额、人均生产总值和房地产买卖金额等数据，代入模型便得出股指的预测值。

## 本章小结

回归分析是对现象之间相关关系及数量变动关系的测定方法。两种现象之间的回归关系可以用线性回归模型来测定。用最小平方法估计的总体回归系数估计值是一个随机变量，必须对其估计量进行检验后才能获得较好的预测效果。多元回归分析是一元回归分析的扩展形式。

## 练习

1. 什么是回归分析？什么是相关分析？它们之间有何联系和区别？
2. 什么是总体回归函数？什么是样本回归函数？它们之间有什么联系和区别？
3. 设销售收入 $X$ 为自变量，销售成本 $Y$ 为因变量。现已根据某百货公司 12 个月的有关资料计算出以下数据（单位：万元）：

$$\sum (\hat{X}_t - \overline{X})^2 = 425053.73 \quad \overline{X} = 647.88$$

$$\sum (\hat{Y}_t - \overline{Y})^2 = 262855.25 \quad \overline{Y} = 549.8$$

$$\sum (\hat{Y}_t - \overline{Y})(Y_t - \hat{Y}_t) = 334229.09$$

要求：

(1) 拟合简单线性回归方程，并对方程中回归系数的经济意义作出解释。

(2) 计算回归估计的标准误差和可决系数。

(3) 对回归系数进行显著水平为 5% 的显著性检验。

(4) 假定明年 1 月销售收入为 800 万元，利用拟合的回归方程预测相应的销售成本，并给出置信度为 95% 的预测区间。

4. 试根据下表的资料，要求：

(1) 以消费为因变量，国内生产总值为自变量，拟合线性回归方程。

(2) 计算回归估计的标准误差和可决系数。

(3) 对回归系数进行显著水平为 5% 的显著性检验。

(4) 假定 2016 年某发展中国家的国内生产总值为 105 880 亿元，利用拟合的回归方程预测该年可能达到的消费额，并给出置信度为 95% 的预测区间。

**某发展中国家的国内生产总值与最终消费**

单位：亿元

| 年份 | 国内生产总值 | 消费 | 年份 | 国内生产总值 | 消费 |
| --- | --- | --- | --- | --- | --- |
| 1996 | 3 605.6 | 2 239.1 | 2006 | 14 704.0 | 9 360.1 |
| 1997 | 4 073.9 | 2 619.4 | 2007 | 16 466.0 | 10 556.5 |
| 1998 | 4 551.3 | 2 976.1 | 2008 | 18 319.5 | 11 365.2 |
| 1999 | 4 901.4 | 3 309.1 | 2009 | 21 280.4 | 13 145.9 |
| 2000 | 5 489.2 | 3 637.9 | 2010 | 25 863.6 | 15 952.1 |
| 2001 | 6 076.3 | 4 020.5 | 2011 | 34 500.6 | 20 182.1 |
| 2002 | 7 164.4 | 4 694.5 | 2012 | 47 110.9 | 27 216.2 |
| 2003 | 8 792.0 | 5 773.0 | 2013 | 59 404.9 | 34 529.4 |
| 2004 | 1 0132.8 | 6 542.0 | 2014 | 69 366.0 | 41 039.5 |
| 2005 | 11 784.0 | 7 451.2 | 2015 | 76 077.2 | 44 768.2 |

5. 什么是标准多元线性回归模型？它与标准一元线性回归模型有什么联系和区别？

6. 什么是修正自由度的可决系数？为什么要对可决系数进行修正？

7. 试讨论以下几种场合回归方程 $Y_t = \beta_1 + \beta_2 X_{2t} + \beta_3 X_{3t} + u_t$ 中回归系数的经济意义和应取的符号。

(1) $Y_t$ 为商业利润率，$X_{2t}$ 为人均销售额，$X_{3t}$ 为流通费用率。

(2) $Y_t$ 为粮食销售量，$X_{2t}$ 为人口数，$X_{3t}$ 为人均收入。

(3) $Y_t$ 为工业总产值，$X_{2t}$ 为占用的固定资产，$X_{3t}$ 为职工人数。

(4) $Y_t$ 为国内生产总值，$X_{2t}$ 为工业总产值，$X_{3t}$ 为农业总产值。

8. 什么是单相关、复相关和偏相关？什么是线性相关和非线性相关？请各举一例说明。

9. 在直线回归方程 $y = a + bx$ 中，参数 $a$ 和 $b$ 的几何意义和经济意义是什么？

10. 应用相关与回归分析应注意什么问题？

11. 某工业企业某种产品产量与单位成本资料如下：

| 年份 | 2008 | 2009 | 2010 | 2011 | 2012 | 2013 | 2014 | 2015 |
| --- | --- | --- | --- | --- | --- | --- | --- | --- |
| 产品产量(万件) | 2 | 3 | 4 | 3 | 4 | 5 | 6 | 7 |
| 单位成本(元/件) | 73 | 72 | 71 | 73 | 69 | 68 | 66 | 65 |

要求：

(1) 根据上述资料，绘制相关图，判别该数列相关与回归的种类；

(2) 拟合适当的回归方程；

(3) 根据回归方程，指出每当产量增加 1 万件时，单位成本变动如何？

(4) 计算相关系数，在显著性水平 $\alpha = 0.05$ 时，对回归方程进行显著性检验；

(5) 计算估计标准误差；

(6) 当产量为 8 万件时，在 95.45 的概率保证程度下，对单位成本作区间估计。

12. 假定 6 个工业发达国家在 2015 年的失业率 $y$ 与国民经济增长率 $x$ 的数据如下表所示：

| 国家 | 国民经济增长率 $x$(%) | 失业率 $y$(%) |
| --- | --- | --- |
| 国家 1 | 3.2 | 5.8 |
| 国家 2 | 5.6 | 2.1 |
| 国家 3 | 3.5 | 6.1 |
| 国家 4 | 4.5 | 3.0 |
| 国家 5 | 4.9 | 3.9 |
| 国家 6 | 1.4 | 5.7 |

(1) 研究 $y$ 与 $x$ 之间的关系；

(2) 建立 $y$ 关于 $x$ 的一元线性回归方程；

(3) 对所求得的回归方程作显著性检验，在检验时你作了什么假定（取 $\alpha = 0.05$）？

(4) 若一个工业发达国家的国民经济增长率 $x = 3\%$，求其失业率的预测值。

参考答案

# 第 12 章　统计决策

> **引例**
> 　　1981 年 3 月 30 日，一所大学的退学学生 Hinckley 企图对里根总统行刺。他打伤了里根、里根的新闻秘书以及两个保安人员。Hinckley 在 1982 年接受审判时，以患有精神病为由作无罪辩护。在 18 个医师中作证的医师是 Daniel R. Weinberger，他告诉法院当给被诊断为精神分裂症的人以 CAT 扫描（计算机辅助层析扫描）时，扫描显示 30% 的案例为脑萎缩，而给正常人以 CAT 扫描时，只有 2% 的扫描显示脑萎缩。Hinckley 的辩护律师试图拿 Hinckley 的 CAT 扫描结果为证据，争辩说因为 Hinckley 的扫描显示了脑萎缩，他极有可能患有精神病，应该免于起诉。在美国，精神分裂症的发病率大约为 1.5%。利用以上数据，运用贝叶斯公式，我们可以算出即使 Hinckley 的扫描展示了脑萎缩，他也只有 18.6% 的可能性患有精神分裂症，因此 CAT 扫描无法作为其无罪的证据。

> **□学习目标**
> 　　本章要求掌握统计决策的原理和基本方法，重点掌握期望值决策法和贝叶斯决策方法。

## 12.1　统计决策概述

　　统计决策是为实现业已确定的目标抉择行动方案，也即要回答"做什么"和"怎么做"的问题。这使统计在国民经济宏观调控和企业微观管理中发挥着更大的作用。自 20 世纪 50 年代瓦尔德发表《统计决策函数》以来，统计决策的理论和方法发展很快，应用日益广泛。在竞争激烈、瞬息万变的市场经济中，学习和掌握科学的统计决策方法，对于提高经营管理的决策水平、减少决策失误，无疑有十分重要的意义。

　　统计决策是根据已掌握信息对将要实现目标的未来行动所作出的决定。决策的主体、目标、环境和行动方案构成了决策系统的四个基本因素。在管理中，决策者经常会遇到各种决策问题，如确定型问题、不确定型问题和对抗型问题。在决策中，就有确定型决策、不确定型决策和对抗型决策等决策类型。无论哪种决策类型，都要经过确定决策目标、拟定决策方案、预测方案得失、选择最优方案和实施方案等五个基本决策程序。

　　一般来说，统计决策有广义和狭义之分，凡是运用统计方法进行的决策称为广义的统计决策。狭义的统计决策是指不确定情况下的决策。在不确定情况下进行决策需要具备以下四个条件：

(1) 决策人要求达到的一定目标，如利润最大、损失最小、质量最高等。从不同的目的出发往往有不同的决策标准。

(2) 存在两个或两个以上可供选择的方案，所有的方案构成一个方案的集合。

(3) 存在不以决策人主观意志为转移的客观状态，或称为自然状态。所有可能出现的自然状态构成状态空间。

(4) 在不同情况下采取不同方案所产生的结果是可以计量的。所有的结果构成一个结果空间。

凡符合这四个条件的决策，即称为狭义的统计决策。统计决策面对着的是各种不确定性因素，因此，统计决策的最显著特点是运用概率进行判断和抉择。在这个过程中，常用到决策、收益（损失）和风险三个重要的基本概念。决策是对方案的选择，不同的方案带来的收益或损失不同，最佳方案是能够使平均风险达到最小的方案。

要作出正确的决策，必须遵循可行性、经济性和合理性三条原则。决策的首要原则是提供给决策者选择的每一方案在技术上、资源条件上必须是可行的。经济性原则也即最优化原则，通过多种方案的分析比较，所选定的决策方案应能比采取其他方案获得更好的经济效益或免受更大的亏损风险。选择决策方案时，不一定费力去寻求经济上"最优"的方案，而是选择使人满意的方案。也就是说，在某些情况下，应该以令人满意的合理的准则代替经济上最优的准则。

本章主要介绍狭义的统计决策中风险型决策方法。

## 12.2 风险型决策方法

### 12.2.1 以期望值为准则的决策方法

决策的方法与所选择的决策准则直接相关，期望值准则是风险型决策最常用的准则。以期望值为准则进行决策的基本方法是：根据收益表（或亏损表），计算各行动方案的收益期望值，然后从中选择期望收益最大（或亏损最小）的方案为最优方案。各个方案的期望收益值由以下公式计算得到

$$E(A_i) = \sum_{j=1}^{n} X_{ij} P_j$$

式中，$E(A_i)$ 为第 $i$ 个方案的损益期望值；$X_{ij}$ 表示在第 $i$ 个方案在第 $j$ 种状态下的损益值；$P_j$ 表示第 $j$ 种状态发生的概率；$n$ 为总共可能发生的状态数目。

**例 12-1** 某施工单位对下月是否要开工进行决策。如果开工，天气好时可获利 10 万元，天气不好时将赔 2 万元；如果不开工，无论天气好坏都要赔 0.4 万元。根据预测表明，天气好的概率为 0.8，天气不好的概率为 0.2。按期望值决策准则对以上方案进行决策。

**解：** 根据已知资料，可编制收益表，如表 12-1 所示。

表 12-1　某施工单位的收益表

| 收益 \ 方案 \ 状态 概率 | 天气好 0.8 | 天气坏 0.2 |
|---|---|---|
| $A_1$　开工 | 10 | -2 |
| $A_2$　不开工 | -0.4 | -0.4 |

以上 $A_1$ 代表开工，$A_2$ 代表不开工，计算得到两种方案的期望值如下：

$$E(A_1) = 10 \times 0.8 + (-2) \times 0.2 = 7.6(万元)$$

$$E(A_2) = (-0.4) \times 0.8 + (-0.4) \times 0.2 = -0.4(万元)$$

按期望值准则，应选取期望收益最大者：max{7.6, -0.4} = 7.6，所以，应选择开工的方案。

**例 12-2**　某公司对每件产品进行检验的费用是 0.1 元，而每件产品的退货损失为 1.25 元。根据历史记录，各种不合格率发生的概率资料如表 12-2 所示。每 1 000 件装成一箱出售，试用期望值决策准则对整箱检验还是不检验进行决策。

表 12-2　某公司每箱产品检验费用亏损表

| 费用额 \ 方案 \ 状态 概率 | 不合格品率 | | |
|---|---|---|---|
| | 5% 0.6 | 10% 0.3 | 15% 0.1 |
| $A_1$　整箱检验 | 100 | 100 | 100 |
| $A_2$　整箱不检验 | 62.5 | 125 | 187.5 |

**解**：根据表 12-2 提供的数据，设 $A_1$ 为整箱检验，$A_2$ 为整箱不检验，计算得到两种方案的期望费用支付额为

$$E(A_1) = 100(元)，$$

$$E(A_2) = 62.5 \times 0.6 + 125 \times 0.3 + 187.5 \times 0.1 = 93.75(元)$$

按期望值准则应选取期望支付额最小者：

$$\min\{100, 93.75\} = 93.75.$$

所以，应选择整箱不检验的方案。

## 12.2.2　以最大可能性为准则的决策方法

当各种自然状态出现的概率相差较大，且有一种状态出现的概率明显高于其他自然状态的概率时，则可以只考虑概率最大的那个自然状态下各行动方案的损益值，从中择优选取最佳方案。这就是以最大可能性为准则的决策方法。

**例 12-3**　目前市场上正流行羊绒服装，某服装厂打算在原有的基础上增加羊绒大衣的生产量。现有两种方案：方案一，引进一条新的生产线进行大批量生产；方案二，利用

原有设备挖掘潜力进行小批量试产。通过对市场的调查、分析测算,得到的收益表如表 12-3 所示。

表 12-3  某服装厂生产羊绒大衣的损益表

| 收益 概率 状态 方案 | 羊绒服装热继续 0.25 | 羊绒服装热下降 0.75 | 期望收益（万元） |
|---|---|---|---|
| 引进新生产线 | 240 | -50 | 22.5 |
| 不引进新生产线 | 50 | 10 | 20 |

根据期望值准则,"引进新生产线"是最优方案,但是从一次性损益考虑,"羊绒服装热下降"的概率最大,采用最大可能性为准则进行决策,则应该选择"不引进新生产线"方案,进行小批量试产。

### 12.2.3 决策树

决策树是由决策点、方案枝、状态点、概率枝、终点等构成的一种类似树木的决策图。

**例 12-4**  某公司为生产某种新产品而设计了两种基本建设方案,一个方案是建大厂,另一个方案是建小厂。建大厂需投资 300 万元,建小厂需投资 140 万元,两者的使用期都是 10 年,无残值。估计在寿命期内产品销路好的概率是 0.7,产品销路差的概率是 0.3,两种方案的年度损益值如表 12-4 所示。试用决策树进行决策。

表 12-4  年度损益值

| 收益 概率 状态 方案 | 销路好 0.7 | 销路差 0.3 |
|---|---|---|
| 建大厂 | 100 | -20 |
| 建小厂 | 40 | 30 |

**解：**

(1) 首先根据资料画出决策树,见图 12-1。

(2) 计算各状态点的期望收益值。

点 2：$[100 \times 0.7 + (-20) \times 0.3] \times 10 - 300 = 340$（万元）；

点 3：$(40 \times 0.7 + 30 \times 0.3) \times 10 - 140 = 230$（万元）。

将计算结果填入决策树中相应的状态点。

(3) 作出抉择。点 2 大于点 3,即建大厂方案优于建小厂方案。在建小厂方案上标志"//",表示方案被淘汰。

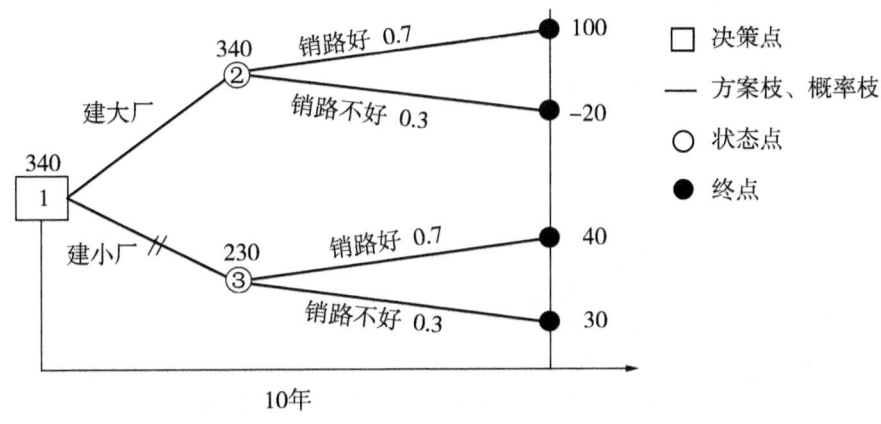

图 12-1 决策树

### 12.2.4 贝叶斯决策方法

风险型决策方法依据概率进行决策，具有一定的风险性。概率分为先验概率和后验概率。先验概率是根据历史资料或主观判断所确定的概率，并未经试验证实，依此进行决策的风险必然很大。为了减少这种风险，就要通过科学试验、调查、统计分析等方法获得较为准确的信息，修正先验概率，并据以确定各个方案的期望损益值，拟订出可供选择的决策方案。贝叶斯决策方法便是这种以获得新的信息修正先验概率，按后验概率进行分析判断的决策方法。

在已具备先验概率的情况下，一个完整的贝叶斯决策过程包括以下几个步骤：

(1) 进行预后验分析，决定是否值得收集补充资料以及从补充资料中可能得到的结果和如何决定最优对策。

(2) 搜集补充资料，取得条件概率，包括历史概率和逻辑概率，对历史概率要加以检验，辨明它是否适合计算后验概率。

(3) 用概率乘法定理计算联合概率，用概率加法定理计算边际概率，用贝叶斯定理计算后验概率。

(4) 用后验概率进行决策分析。

在贝叶斯决策中，先验分析是进行更深入分析的必要条件。决策者常常考虑是否要收集和分析追加的信息，并权衡所需增加的费用及其对决策者的价值，对比这些信息的费用与根据预后验分析作出决策的风险和可能结果。所以，这种预后验分析主要涉及两个问题：一是要不要追加信息，或者说追加信息对决策者有多大的价值；二是如果追加信息应采取什么策略行动。所以，所谓预后验分析，实际上是后验概率决策分析的一种特殊形式，也即用一套概率对多种行动策略组合，从中择优。

**例 12-5** 某工厂计划研制开发一种新型童车，首要的问题是要研究这种新产品的销路及竞争者的情况。他们估计：当新产品销路好时，采用新产品可盈利 $X_{11} = 8$ 万元；生产老产品，则因其他竞争者会开发新产品，而使老产品滞销，工厂可能会亏损 $X_{12} = -4$ 万元；当新产品销路不好时，采用新产品就要亏损 $X_{21} = -3$ 万元；不采用新产品，就有可能用更多的资金来发展老产品，获利 $X_{22} = 10$ 万元。现确定销路好 $(A_1)$ 的概率为 $P(A_1) = 0.6$，销路差 $(A_2)$ 的概率为 $P(A_2) = 0.4$。

采用新产品方案 $(U_1)$ 的期望值

$$E(U_1) = \sum_{j=1}^{n} X_{1j} P(A_j) = X_{11} P(A_1) + X_{12} P(A_2)$$
$$= 8 \times 0.6 + (-3) \times 0.4 = 3.6 (万元)$$

不采用新产品方案 $(U_2)$ 的期望值

$$E(U_2) = \sum_{j=1}^{n} X_{2j} P(A_j) = X_{21} P(A_1) + X_{22} P(A_2)$$
$$= (-4) \times 0.6 + 10 \times 0.4 = 1.6 (万元)$$

以上所示的数据即为先验分析，可根据其中所列出的期望值作为决策标准，选择行动方案 $A_1$。

为了对先验概率进行补充和修正，就要进行实际（自然状态）调查。分别在销路好 $(A_1)$ 和销路差 $(A_2)$ 两种情况下进行调查，结果如下：

第一，在销路好 $(A_1)$ 的情况（自然状态）下进行调查，其结果对原来的先验概率 $P(A_1) = 0.6$ 有三种修改：

①认为销路好的概率为 $P(a_1/A_1) = 0.8$，原概率修改为 $P(A_1) P(a_1/A_1) = 0.6 \times 0.8 = 0.48$；

②认为销路差的概率为 $P(a_2/A_1) = 0.1$，原概率修改为 $P(A_1) P(a_2/A_1) = 0.6 \times 0.1 = 0.06$；

③认为销路不确定的概率为 $P(a_3/A_1) = 0.1$，原概率修改为 $P(A_1) P(a_3/A_1) = 0.6 \times 0.1 = 0.06$。

第二，在销路差 $(A_2)$ 的情况（自然状态）下进行调查，其结果对原来的先验概率 $P(A_2) = 0.4$ 有三种修改：

①认为销路好的概率为 $P(a_1/A_2) = 0.1$，原概率修改为 $P(A_2) P(a_1/A_2) = 0.4 \times 0.1 = 0.04$；

②认为销路差的概率为 $P(a_2/A_2) = 0.75$，原概率修改为 $P(A_2) P(a_2/A_2) = 0.4 \times 0.75 = 0.3$；

③认为销路不确定的概率为 $P(a_3/A_2) = 0.15$，原概率修改为 $P(A_2) P(a_3/A_2) = 0.4 \times 0.15 = 0.06$。

对以上修改后的概率进行整理，得到三类共六种修改先验概率：

$a_1$ 类第一种，认为销路好而实际上就是好的概率：

$$P(A_1/a_1) = \frac{P(A_1) P(a_1/A_1)}{P(a_1)} = \frac{P(A_1) P(a_1/A_1)}{P(A_1) P(a_1/A_1) + P(A_2) P(a_1/A_2)}$$
$$= \frac{0.48}{0.48 + 0.04} = \frac{0.48}{0.52} = 0.923$$

$a_1$ 类第二种，认为销路好而实际上是差的概率：

$$P(A_2/a_1) = \frac{P(A_2) P(a_1/A_2)}{P(a_1)} = \frac{P(A_2) P(a_1/A_2)}{P(A_1) P(a_1/A_1) + P(A_2) P(a_1/A_2)}$$

$$= \frac{0.04}{0.48+0.04} = \frac{0.04}{0.52} = 0.077$$

$a_2$ 类第一种,认为销路差而实际上好的概率:

$$P(A_1/a_2) = \frac{P(A_1)P(a_2/A_1)}{P(a_2)} = \frac{P(A_1)P(a_2/A_1)}{P(A_1)P(a_2/A_1)+P(A_2)P(a_2/A_2)}$$

$$= \frac{0.06}{0.06+0.3} = \frac{0.06}{0.36} = 0.167$$

$a_2$ 类第二种,认为销路差而实际上就是差的概率:

$$P(A_2/a_2) = \frac{P(A_2)P(a_2/A_2)}{P(a_2)} = \frac{P(A_2)P(a_2/A_2)}{P(A_1)P(a_2/A_1)+P(A_2)P(a_2/A_2)}$$

$$= \frac{0.3}{0.06+0.3} = \frac{0.3}{0.36} = 0.833$$

$a_3$ 类第一种,认为销路好坏不确定而实际上好的概率:

$$P(A_1/a_3) = \frac{P(A_1)P(a_3/A_1)}{P(a_3)} = \frac{P(A_1)P(a_3/A_1)}{P(A_1)P(a_3/A_1)+P(A_2)P(a_3/A_2)}$$

$$= \frac{0.06}{0.06+0.06} = \frac{0.06}{0.12} = 0.5$$

$a_3$ 类第二种,认为销路好坏不确定而实际上差的概率:

$$P(A_2/a_3) = \frac{P(A_2)P(a_3/A_2)}{P(a_3)} = \frac{P(A_2)P(a_3/A_2)}{P(A_1)P(a_3/A_1)+P(A_2)P(a_3/A_2)}$$

$$= \frac{0.06}{0.06+0.06} = \frac{0.06}{0.12} = 0.5$$

根据以上调查修改后的概率,针对销路好($a_1$)、销路差($a_2$)和销路不确定($a_3$)分别对行动方案 $U_1$ 和 $U_2$ 计算期望值,并作出决策。

第一套销路好的方案:

(1)销路好($a_1$)时采用新产品方案($U_1$)的期望值:

$$E(U_1/a_1) = X_{11}P(A_1/a_1) + X_{12}P(A_2/a_1)$$
$$= 8 \times 0.923 + (-3) \times 0.077 = 7.153(万元)$$

(2)销路好($a_1$)时不采用新产品方案($U_2$)的期望值:

$$E(U_2/a_1) = X_{21}P(A_1/a_1) + X_{22}P(A_2/a_1)$$
$$= (-4) \times 0.923 + 10 \times 0.077 = -2.92(万元)$$

比较结果,选择期望值最大方案 = 7.153(万元)。

第二套销路差的方案:

(1)销路差($a_2$)时采用新产品方案($U_1$)的期望值:

$$E(U_1/a_2) = X_{11}P(A_1/a_2) + X_{12}P(A_2/a_2)$$
$$= 8 \times 0.167 + (-3) \times 0.833 = -1.16(万元)$$

(2)销路好($a_2$)时不采用新产品方案($U_2$)的期望值:

$$E(U_2/a_2) = X_{21}P(A_1/a_2) + X_{22}P(A_2/a_2)$$
$$= (-4) \times 0.167 + 10 \times 0.833 = 7.66(万元)$$

比较结果，选择期望值最大方案 $E(U_2/a_2) = 7.66$（万元）。

第三套销路不确定的方案：

(1) 销路不确定 $(a_3)$ 时采用新产品方案 $(U_1)$ 的期望值：
$$E(U_1/a_3) = X_{11}P(A_1/a_3) + X_{12}P(A_2/a_3)$$
$$= 8 \times 0.5 + (-3) \times 0.5 = 2.5 （万元）$$

(2) 销路好 $(a_1)$ 时不采用新产品方案 $(U_2)$ 的期望值：
$$E(U_2/a_3) = X_{21}P(A_1/a_3) + X_{22}P(A_2/a_3)$$
$$= (-4) \times 0.5 + 10 \times 0.5 = 3 （万元）$$

比较结果，选择期望值最大方案 $E(U_2/a_3) = 3$（万元）。

把以上所选销路好 $(a_1)$、销路差 $(a_2)$ 和销路不确定 $(a_3)$ 三套方案中期望值最大者与相对应的概率相乘，得出调查修改后的期望利润值：

$$E(U/a) = P(a_1)E(U_1/a_1) + P(a_2)E(U_2/a_2) + P(a_3)E(U_2/a_3)$$
$$= 0.52 \times 7.153 + 0.36 \times 7.66 + 0.12 \times 3 = 6.84 （万元）$$

对比可知，在只作先验分析、不作进一步的调查研究时，最佳方案所得期望利润值为3.6万元，而如果作进一步的调查研究，由于信息量的增加使我们决策更有把握，可能达到的期望利润值为6.84万元。这两个数值之差 $(6.84 - 3.60) = 3.24$ 万元，就是获得信息的价值。

以上决策方案的计算和选择可采用决策树形式来进行。

贝叶斯决策的优点表现在：

(1) 提供了一个进一步研究的科学方法。也就是说，它能对信息的价值或是否需要采集新的信息作出科学的判断。

(2) 它能对调查结果的可靠性加以数量化的评价，而不是像一般的决策方法，对调查结果或者是完全相信，或者是完全不相信。

(3) 贝叶斯决策将主观概率同调查结果这两种信息结合起来进行分析判断，减少了判断的片面性。

(4) 它可以反复地运筹，使决策逐步完善。

贝叶斯决策方法也有其局限性，主要表现在：

(1) 它需要的数据多，计算工作量更大。

(2) 有些数据必须采用主观概率，难以使人信服。

## 本章小结

统计决策是利用信息对可选方案进行选择的行为。选择决策的准则是决策中的关键问题。贝叶斯决策法是考虑了先验信息和补充信息后进行决策的方法，因而是比期望值决策法更具有稳定性的决策方法。

## 练习

1. 什么是统计决策？它包括哪些基本步骤？

2. 设某贸易公司近期有 3 笔生意可做，其收益表如下表所示。

| 状态 | | $A_1$ | $A_2$ | $A_3$ |
|---|---|---|---|---|
| 概率 | | 0.4 | 0.4 | 0.2 |
| 方案 | 方案一 | 300 | 150 | −150 |
| | 方案二 | 200 | 200 | −100 |
| | 方案三 | 100 | 100 | 80 |

(1) 试画出该决策问题的决策树；

(2) 根据期望值准则进行决策。

3. 什么是贝叶斯决策？为什么要进行贝叶斯决策？

4. 常用的风险型决策方法有哪几种？试对它们加以比较。

5. 什么是决策树法？它有何优点？

6. 贝叶斯决策有何优缺点？

7. 某医院对本院医生的服务态度进行评估，以往的评估显示，有 70% 的医生的服务态度为良好，有 30% 的医生的服务态度为一般。这次评估中，以前评为良好的医生中，有 80% 人仍然是良好；而在以前评为一般的医生中，这次有 30% 的人达到了良好。现在有一名医生的评估是良好，问他在以前的评估中是良好的概率是多少？

8. 某杂志零售商店对《大众电影》每月需求量份数根据历史资料估计如下表所示：

| 每月销售量(千本) | 1 | 2 | 3 | 4 | 5 |
|---|---|---|---|---|---|
| 概率 | 0.1 | 0.15 | 0.3 | 0.25 | 0.2 |

这种杂志每本零售价为 0.8 元，每本批进价为 0.6 元。试问该店作出购进杂志数量的最优决策：

(1) 若卖不出去的杂志可以按批进价退回，该店每月应订购多少本《大众电影》？

(2) 若卖不出去的杂志不能退回，但下月可以按零售价对折，即按每本 0.4 元出售，这样，该店每月应订购多少本《大众电影》？

9. 某工程队承担一座桥梁的施工任务。由于施工地区夏季多雨，需停工 3 个月。在停工期间该工程队可将施工机构搬走或留在原处。如搬走，需搬运费 1 800 元。如留原处，一种方案是花 500 元筑一护堤，防止河水上涨发生高水位的侵袭。若不筑护堤，发生高水位侵袭时将损失 10 000 元。如下暴雨发生洪水时，则不管是否筑护堤，施工机械留在原处都将受到 10 000 元的损失。根据历史资料，该地区夏季出现洪水的概率为 2%，出现高水位的概率为 25%，出现正常水位的概率为 73%。试用决策树方法为该施工队作出最优决策。

10. 某厂的甲、乙两车间生产同一种产品，产量分别是每天 300 件和 500 件，已知甲车间产品合格率为 90%，乙车间合格率为 95%，求此工厂的这种产品的合格率。

11. 某工厂有一套自动生产设备，每次生产前该设备需要经过精密调整，以确保质量。依以往经验可知，若该设备调整良好，则生产的产品有 95% 为合格品，若不成功，则仅有30%的产品为合格品。此外由以往的记录，调整成功的次数占75%。该厂做完一次调整工作后，就试生产数件，以判断设备有没有调整好。若试生产一件产品，发现其为不合格品，试据此判断设备是否已调好？

12. 某食品公司考虑是否把一种新食品投放市场。公司决策者估计，这种新食品受消费者欢迎的概率为0.6，不受欢迎的概率为0.4，如果受欢迎，则可获利40 000元；如果不受欢迎，则亏损35 000元。如果在决定是否产销这种新食品之前进行市场调查，调查结果有受欢迎和不受欢迎两种。调查结果与实际情况之间关系如下：

| 实际状态 | 调查结果为受欢迎的概率 | 调查结果为不受欢迎的概率 |
| --- | --- | --- |
| 受欢迎 | 0.8 | 0.2 |
| 不受欢迎 | 0.1 | 0.9 |

市场调查费用为10 000元。那么，该公司若根据经验的知识（即先验概率），不进行市场调查，应如何决定？若进行市场调查，又应如何作决策？是否有必要做市场调查？

参考答案

# 第13章 大数据中的管理统计学

**引例**

某企业总经理每个月都会收到有交易往来的 IT 供应商邮寄的宣传（PR）杂志，杂志收件人姓名后注的头衔不是"总经理"，而是他曾经兼任公司 CIO 时的头衔"常务董事"。虽然头衔弄错了，但杂志还是都能收到，因此企业总经理并没有太在意。但当 IT 供应商的总经理到公司进行礼节性拜访时，企业总经理就提出了希望改一下头衔的想法。

这家 IT 供应商的新卖点是大数据，该公司的总经理当场表示回去之后立马修改。起初企业总经理以为这点事情对于运营大数据业务的 IT 供应商而言不过是举手之劳，一定会很快进行纠正的。但等到下一个月他收到宣传杂志时，发现收件人的头衔仍然是"常务董事"。这位企业总经理通过两本宣传杂志感到仿佛看到了大数据的现状，因此他非常失望地说："归根到底，IT 供应商并没有维护顾客数据库"。

上述例子虽然是顾客数据，是一种非结构化数据，但这些数据更新是否及时，其数据的精确度又如何等影响数据质量的问题非常重要。分析出处不明的数据将毫无意义。如果顾客数据不能随时进行维护，也就不会产生任何价值。

这个大数据例子给我们带来的有益思考：大数据不仅数据量巨大，而且具有非结构化与动态性特征，故需要及时更新，这样的数据才具有更好的信息价值，否则会影响我们的统计决策结果。那么这种非结构化数据有哪些特征？对传统的统计学会产生哪些影响呢？用哪些方法可以进行有效的统计决策呢？这是本章内容要解决的问题。

> **□学习目标**
> 
> 本章要求掌握在大数据时代背景下，大数据的定义、管理统计学的发展变革趋势及其影响，尤其是要了解运用管理统计学在非结构化大数据中如何进行信息挖掘与统计决策。

## 13.1 大数据概述

### 13.1.1 大数据的定义

21 世纪的社会是一个高速发展的社会，随着互联网、物联网、移动互联网和信息技术的飞速发展，人们之间的交流越来越密切，生活也越来越便利，大数据（big data）就是这个信息爆炸时代的产物。2014年年底，贵阳大数据交易所成立，2015年4月14日正式挂牌运营，是我国乃至全球第一家大数据交易所。可见，大数据正逐渐成为重要的经济资产，为企业带来全新的投资机会和商业模式。

2015年是大数据发展的重要一年，我们看到越来越多的企业开始认识到各种形式和大小的数据对于制定企业最优决策至关重要。此外，还将看到，支持非关系型或非结构化数据以及大量数据的系统不断演变并日益成熟，实现了在企业IT系统内良好运作。这些让业务用户以及数据科学家充分意识到并释放大数据的价值。

大数据至今还没有统一的定义，从一般意义上来说，是指无法在合理时间内用传统IT技术和软硬件工具对其进行收集、处理和分析的数据集合。大数据的首要特征是数据规模空前巨大，数据体量已从GB(1GB = 1 024M)升级到TB(1TB = 1 024GB)、PB(1PB = 1 024TB)，甚至EB(1EB = 1 024PB)、ZB(1ZB = 1 024EB)。大数据的定义主要有以下几种：Gartner研究机构认为大数据是指无法在一定时间内用常规软件工具进行捕捉、管理和处理的数据集合，是需要新的处理模式才能具有更强的决策力、洞察发现力和流程优化能力来适应海量、高增长率和多样化的信息资产。维克托·迈尔·舍恩伯格和肯尼斯·库克耶所著的《大数据时代》一书认为，"通过对海量数据进行分析，获得有巨大价值的产品和服务，或深刻的洞见"，这正成为"当今社会所独有的一种新型能力"。麦肯锡全球研究所认为大数据是一种规模大到在获取、存储、管理、分析方面大大超出了传统数据库软件工具能力范围的数据集合。

大数据技术的战略意义不在于掌握庞大的数据信息，而在于对这些含有意义的数据进行信息挖掘，以进行统计决策。在大数据背景下，如何将统计学运用到大数据中进行统计决策已变成统计学变革的一大趋势。换言之，如果把大数据比作一种产业，那么这种产业实现盈利的关键在于提高对数据的"价值挖掘能力"，通过"挖掘"实现数据的"增值"，然后对挖掘的数据进行统计决策。大数据非结构化或结构化数据都代表了"所有用户的行为、服务级别、安全、风险、欺诈行为等更多操作"的绝对记录。这种对海量的非结构化数据进行专业化处理挖掘就形成了大数据中的管理统计学。

本章主要介绍在大数据背景下，对传统的管理统计学产生了哪些影响，主要是非结构化统计学发展，其变革体现在如何在大数据中进行有效的信息挖掘与统计决策。

### 13.1.2 大数据的特征

维克托·迈尔·舍恩伯格与肯尼斯·库克耶认为大数据不是采用随机分析等方法选取部分数据进行分析处理，而是对所有数据进行分析处理。他们认为大数据具有海量的数据规模、快速的数据流转、多样的数据类型和价值密度低等四大特征。IBM指出大数据的5V特点：Volume(大量)、Velocity(高速)、Variety(多样)、Value(价值)、Veracity(真实性)。本教材认为大数据主要具有以下七大特征：

(1) 大量性(Volume)：数据的量巨大。数据量越大意味着数据的价值和潜在的信息越多。

(2) 多样性(Variety)：数据类型具有多样性。

(3) 高速性(Velocity)：指获得数据的速度很快。

（4）真实性（Veracity）：数据的可靠度与质量很高。

（5）价值性（Value）：合理运用大数据进行信息挖掘与决策，以低成本创造更高的价值。

（6）复杂性（Complexity）：数据量巨大，来源渠道多。

（7）动态性（Dynamic）：即可变性，数据更新速度之快妨碍了处理和有效管理数据的过程。

## 13.2 大数据时代对管理统计学的影响

一个新生事物的出现必将导致传统方法的变革。统计学是一种方法，而大数据是一种思维范式。大数据时代是建立在通过互联网、物联网、移动互联网等现代网络渠道大量数据资源收集基础上的数据存储、价值提炼、智能处理和展示的信息时代。大数据时代的到来给统计学带来了机遇与挑战。机遇是指获取数据的成本低、速度快，大数据中含有丰富的信息价值，使得统计学获得了巨大的发展空间；挑战是指大数据中含有丰富价值的同时也含有很多垃圾信息，即存在噪声，给人们决策带来困难——面对如此大量的数据，哪些是有用的数据信息，哪些是垃圾信息或干扰信息。从而引出如何利用大数据进行统计决策的问题，即人们如何对大数据进行科学决策已变得越来越重要。数据按照存储的规律性分为结构化数据与非结构化数据。结构化数据是指一种存储很规律的行数据，存储在数据库里可以用二维表结构来逻辑表达实现的数据；而非结构化数据是指不方便用数据库二维逻辑表来表现的数据，包括所有格式的办公文档、文本、图片、XML、HTML 及各类报表、图像和音频/视频信息等。下面对大数据时代下管理统计学的变革趋势——推断统计与回归分析法的淘汰、大数据挖掘方法的兴起、从注重因果分析到注重相关分析、非结构化数据的统计决策方法等进行简单介绍，起到抛砖引玉的作用。

### 13.2.1 推断统计、回归分析法的淘汰

统计学建立的初衷是用小样本去推断总体，样本越多，推断结果相对越准确。而在大数据时代有个论点：样本＝总体。就是说在互联网时代，由于数据获得的便捷性和获取成本低，应该考虑总体的大样本，而不是传统统计学的小样本。因为大数据时代没有了样本概念，而是对全总体进行分析，故用样本统计量来推断总体参数的推断统计学将被淘汰。

回归分析的目的也是用样本来估计总体，然后进行预测分析。然而大数据时代不存在所谓的样本，比如回归分析中的哈密尔顿问题，用父亲的身高来预测儿子的身高，大数据包含了所有父亲和儿子的身高数据，只要计算给定的父亲身高下所有儿子的平均身高就可预测其儿子的身高了。模型不再重要，当年统计学最得意的回归分析预测方法将被淘汰。

统计学在大数据时代的崛起，使传统的推断统计、回归分析等方法被大数据时代的非结构化数据统计方法——数据挖掘所取代。

### 13.2.2 大数据挖掘方法的兴起

在大数据时代，数据挖掘是最关键的工作。大数据的挖掘是从海量的、不完全的、有

噪声的、模糊的、随机的大型数据库中发现隐含在其中有价值的、潜在有用的信息和知识的过程，也是一种决策支持过程。其主要基于人工智能、机器学习、模式学习、统计学等。通过对大数据进行高度自动化分析，做出归纳推理，从中挖掘出潜在的模式，可以帮助政府、企业、商家、用户调整市场政策等做出正确的决策。目前，在很多领域，尤其是在商业领域，如银行、电信、电商等，数据挖掘可以解决很多问题，包括市场营销策略制定、客户挖掘等。大数据的挖掘方法有很多种，常用的方法包括分类分析、聚类分析、相关分析、关联规则、神经网络、Web 数据挖掘等。这些方法从不同角度对大数据的信息价值进行挖掘。

（1）分类分析。分类分析是找出数据库中的一组数据对象的共同特点，并按照分类模式，将其划分为不同的类别，其目的是通过分类分析，将数据库中的数据项映射到某个给定的类别中。可以运用到涉及应用分类和趋势预测事件中，如京东、淘宝将用户在一段时间内的购买情况划分成不同的类别，根据情况向用户推荐关联类的商品，从而增加销售量。

（2）聚类分析。聚类分析类似于分类分析，但与分类的目的不同，是针对数据的相似性和差异性将一组数据分为几个类别，将同一类别的相似性很大的数据归为一组。

（3）相关分析。相关分析反映了数据库中数据属性值的相关特性，通过相关分析方法来发现属性值之间的相关关系。如通过对历史数据的相关分析，对未来数据的发展趋势进行预测并做出针对性的营销策略。

（4）关联规则。关联规则是隐藏在数据项之间的关联或相互关系，即可以根据一个数据项的出现推导出其他数据项的出现。关联规则挖掘技术已经被广泛应用于金融行业企业中，用以预测客户的需求，各商业银行在自己的 ATM 机上通过捆绑客户可能感兴趣的信息供用户了解，并获取相应信息来改变自己的营销策略。

（5）神经网络。神经网络作为一种先进的人工智能技术，因其自身自行处理、分布存储和高度容错等特性非常适合处理非线性的以及那些以模糊、不完整、不严密的知识或数据为特征的处理问题，十分适合解决数据挖掘问题。虽然神经网络有多种模型及算法，但在特定领域的数据挖掘中，使用何种模型及算法并没有统一的规则，而且人们很难理解网络的学习及决策过程。

（6）Web 数据挖掘。Web 数据挖掘是一项综合性技术，指 Web 从文档结构和使用的集合 C 中发现隐含的模式 P，如果将 C 看做输入，P 看做输出，那么 Web 挖掘过程就可以看做是从输入到输出的一个映射过程。目前 Web 数据挖掘面临着一些问题，包括用户的分类问题、网站内容时效性问题、用户在页面停留时间问题、页面的链入与链出数问题等。在 Web 技术高速发展的今天，这些问题仍然值得深入探讨。

### 13.2.3 从注重因果分析到注重相关分析

随着大数据时代的到来，在经济管理中，对于数据的分析发生了很大变化，从原来的注重因果分析转变到如今看重相关分析。人们不再过多地关注"为什么"，而更多想知道"是什么"，这导致人们的思维方式发生了很大变化。

大数据时代使得相关分析需要达到的要求更高，传统的相关分析存在一大缺陷，其分析结果只与变量之间联动性的紧密程度有关,而不受变量间相关形式的影响。但针对大数据的相关分析不同于传统的相关分析,传统的相关分析基本上都是线性相关分析,而大数据研究的相关关系分析不仅是线性相关,更多的是非线性相关以及不明确函数形式的线性相关等。基于此,国内外学者近年来逐渐意识到大数据时代相关分析方法的重要性,并对相关分析方法做了一些改进。比如,Reshef 等学者(2011)提出了一种关于相关性分析的改进方法——最大信息系数(Maximal Information Coefficient,MIC),可以对变量间的非函数相关关系进行有效的识别。David Lopea - Paz 等学者(2013)运用 Copula 转换提出了随机相关系数(Randomized Dependence Coefficient,RDC),并与 MIC 方法进行了对比,证明前者的时间复杂度更低。Hoang V. Nguyen 等学者(2014)根据 MIC 方法,提出了更一般化的相关分析方法——最大相关分析(Maximal Correlation Analysis,MAC),扩展了 MIC 方法的运用范围,可以对两组变量之间的非函数相关关系进行准确的测量。

新兴相关分析方法不断涌现。一方面,由于国内外学者看到了大数据分析中传统统计相关分析存在的缺陷,运用传统统计方法已经无法满足大数据时代数据分析的需求;另一方面,国内外学者都看到了大数据时代相关分析思维的重要性,看到了相关分析在特征选择、变量依赖关系识别中的实用性。大数据时代,相关分析的运用范围之广、重要性之大是不能忽略的,也是传统相关分析所面临的巨大挑战和机遇。

### 13.2.4 从结构化数据决策到非结构化数据决策

统计决策是利用数据信息对备选方案进行选择的行为。传统的统计决策方法更多的是结构化数据决策,常用的方法有贝叶斯决策、决策树等,这类决策方法具有规律可循与模型可依,决策结果一般根据规律与模型推导出来。而进入大数据时代,大数据往往都是非结构化数据,因此人们已经从结构化数据决策向非结构化数据决策发展了。大数据决策就是一种非结构化数据决策,是指那些面临复杂的大数据,其决策过程、决策方法和大数据结构没有固定的规律可以遵循,没有固定的决策规则和模型可依,仅凭决策者的主观行为(学识、经验、直觉、判断力、洞察力、个人偏好、决策风格和大数据相关关系匹配等)对统计结果进行判断。决策结果往往是决策者根据经验目标和大数据相关分析挖掘情况临时决定的。非结构化数据决策的大体思路如图 13 - 1 所示。

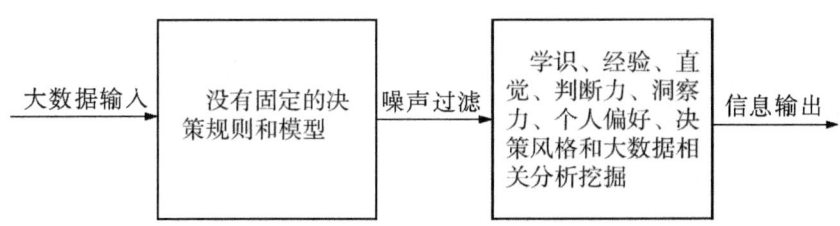

图 13 - 1 非结构化数据决策的大体思路

## 本章小结

统计决策是利用数据信息对备选方案进行选择的行为。选择决策的准则是决策中的关键问题。大数据中的统计决策主要是对非结构化数据进行决策的一种方法,因大数据具有的七大特征,决定了大数据决策没有固定的规律可以遵循或统一的规则和模型可依,故大数据决策是一种比传统统计决策更复杂与不确定的决策方法。

## 练习

1. 大数据时代对管理统计学产生了哪些影响?
2. 什么是大数据?大数据有哪些特征?
3. 什么是结构化数据与非结构化数据?
4. 什么是大数据决策?大数据决策与传统的统计决策有什么不同?
5. 什么是数据挖掘?大数据挖掘常用的方法有哪些?

参考答案

# 附录1 Excel 统计函数一览表

| 函 数 名 称 | 函 数 功 能 |
|---|---|
| AVEDEV | 计算一组数据与其均值的绝对偏差的平均值,用于评测这组数据的离散程度 |
| AVERAGE | 计算指定序列算术平均值 |
| AVERAGEA | 计算参数清单中数值的算数平均值。不仅数字,而且文本和逻辑值(如 TRUE 和 FALSE)也将计算在内 |
| BETADIST | 计算 Beta 分布累积函数的函数值。Beta 分布累积函数通常用于研究样本集合中某些事物的发生和变化情况 |
| BETAINV | 计算 Beta 分布累积函数的逆函数值。即,如果 probability = BETADIST$(x,\cdots)$,则 BETAINV(probability,...) = $x$。Beta 分布累积函数可用于项目设计,在给定期望的完成时间和变化参数后,模拟可能的完成时间 |
| BINOMDIST | 计算一元二项式分布的概率值。函数 BINOMDIST 适用于固定次数的独立实验,实验的结果只包含成功或失败两种情况,且成功的概率在实验期间固定不变。例如,函数 BINOMDIST 可以计算三个婴儿中两个是男孩的概率 |
| CHIDIST | 计算$\chi^2$分布的单尾概率值。$\chi^2$分布与$\chi^2$检验相关。使用$\chi^2$检验可以比较观察值和期望值。例如,某项遗传学实验假设下一代植物将呈现出某一组颜色。使用此函数比较观测结果和期望值,可以确定初始假设是否有效 |
| CHIINV | 计算$\chi^2$分布单尾概率的逆函数。如果 probability = CHIDIST$(x,?)$,则 CHIINV (probability,?) = $x$。使用此函数比较观测结果和期望值,可以确定初始假设是否有效 |
| CHITEST | 计算独立性检验值。函数 CHITEST 计算$\chi^2$分布的统计值及相应的自由度。可以使用$\chi^2$检验确定假设值是否被实验所证实 |
| CONFIDENCE | 计算总体平均值的置信区间。置信区间是样本平均值任意一侧的区域。例如,如果通过邮购的方式订购产品,依照给定的置信度,可以确定最早及最晚到货的时间 |
| CORREL | 计算单元格区域 array1 和 array2 之间的相关系数。使用相关系数可以确定两种属性之间的关系。例如,可以检测某地的平均温度和空调使用情况之间的关系 |
| COUNT | 计算参数的个数。利用函数 COUNT 可以计算数组或单元格区域中数字项的个数 |
| COUNTA | 计算参数组中非空值的数目。利用函数 COUNTA 还可以计算数组或单元格区域中数据项的个数 |
| COVAR | 计算协方差,即每对数据点的偏差乘积的平均数,利用协方差可以决定两个数据集之间的关系。例如,可利用它来检验教育程度与收入档次之间的关系 |
| CRITBINOM | 计算使累积二项式分布大于等于临界值的最小值。此函数可以用于质量检验。例如,使用函数 CRITBINOM 来决定最多允许出现多少个有缺陷的部件,才可以保证当整个产品在离开装配线时检验合格 |
| DEVSQ | 计算数据点与各自样本均值偏差的平方和 |

续表

| 函 数 名 称 | 函 数 功 能 |
|---|---|
| EXPONDIST | 计算指数分布。使用函数 EXPONDIST 可以建立事件之间的时间间隔模型。例如，在计算银行自动提款机支付一次现金所花费的时间时，可通过函数 EXPONDIST 确定这一过程最长持续一分钟的发生概率 |
| FDIST | 计算 F 概率分布。使用此函数可以确定两个数据系列是否存在变化程度上的不同。例如，分析进入高校的男生、女生的考试分数，确定女生分数的变化程度是否与男生不同 |
| FINV | 计算 F 概率分布的逆函数值。如果 $p = \text{FDIST}(x, \cdots)$，则 $\text{FINV}(p, \cdots) = x$。在 F 检验中，可以使用 F 分布比较两个数据集的变化程度。例如，可以分析美国、加拿大的收入分布，判断这两个国家是否有相似的收入变化程度 |
| FISHER | 计算点 $x$ 的 Fisher 变换。该变换生成一个近似正态分布而非偏斜的函数。使用此函数可以完成相关系数的假设检验 |
| FISHERINV | 计算 Fisher 变换的逆函数值。使用此变换可以分析数据区域或数组之间的相关性。如果 $y = \text{FISHER}(x)$，则 $\text{FISHERINV}(y) = x$ |
| FORECAST | 根据给定的数据计算或预测未来值。此预测值为基于一系列已知的 $x$ 值推导出的 $y$ 值。以数组或数据区域的形式给定 $x$ 值和 $y$ 值后，计算基于 $x$ 的线性回归预测值。使用此函数可以对未来销售额、库存需求或消费趋势进行预测 |
| FREQUENCY | 以一列垂直数组计算某个区域中数据的频率分布。例如，使用函数 FREQUENCY 可以计算在给定的值集和接收区间内每个区间内的数据数目。由于函数 FREQUENCY 计算一个数组，必须以数组公式的形式输入 |
| FTEST | 计算 F 检验的结果。F 检验计算的是当数组 1 和数组 2 的方差无明显差异时的单尾概率。可以使用此函数来判断两个样本的方差是否不同。例如，给定公办和私办学校的测试成绩，可以检验各学校间的差别程度 |
| GAMMADIST | 计算 $\gamma$ 分布。可以使用此函数来研究具有偏态分布的变量。$\gamma$ 分布通常用于排队分析 |
| GAMMAINV | 计算 $\gamma$ 分布的累积函数的逆函数。如果 $p = \text{GAMMADIST}(x, \cdots)$，则 $\text{GAMMAINV}(p, \cdots) = x$。使用此函数可以研究出现分布偏斜的变量 |
| GAMMALN | 计算 $\gamma$ 函数的自然对数 $\Gamma(x)$ |
| GEOMEAN | 计算正数数组或数据区域的几何平均值。例如，可以使用函数 GEOMEAN 计算可变复利的平均增长率 |
| GROWTH | 根据给定的数据预测指数增长值。根据已知的 $x$ 值和 $y$ 值，函数 GROWTH 计算一组新的 $x$ 值对应的 $y$ 值。可以使用 GROWTH 工作表函数来拟合满足给定 $x$ 值对应的 $y$ 值。可以使用 GROWTH 工作表函数来拟合满足给定 $x$ 值的指数曲线 |
| HARMEAN | 计算数据集合的调和平均值。调和平均值与倒数的算术平均值互为倒数 |
| HYPGEOMDIST | 计算超几何分布。给定样本容量、样本总体容量和样本总体中成功的次数，函数 HYPGEOMDIST 计算样本取得给定成功次数的概率。使用函数 HYPGEOMDIST 可以解决有限总体的问题，其中每个观察值或成功或失败，且给定样本区间的所有子集有相等的发生概率 |

续表

| 函 数 名 称 | 函 数 功 能 |
|---|---|
| INTERCEPT | 利用已知的 $x$ 值与 $y$ 值计算最小二乘直线的截距。例如，当所有的数据点都是在室温或更高的温度下取得时，可以用函数 INTERCEPT 预测在 0℃ 时金属的电阻 |
| KURT | 计算数据集的峰值。峰值反映与正态分布相比某一分布的尖锐度或平坦度。正峰值表示相对尖锐的分布；负峰值表示相对平坦的分布 |
| LARGE | 计算数据集里第 $k$ 个最大值。使用此函数可以根据相对标准来选择数值。例如，可以使用函数 LARGE 得到第一名、第二名或第三名的得分 |
| LINEST | 使用最小二乘法计算对已知数据进行最佳直线拟合，并计算描述此直线的数组。因为此函数计算数值数组，故必须以数组公式的形式输入 |
| LOGEST | 在回归分析中，计算最符合观测数据组的指数回归拟合曲线，并计算描述该曲线的数组。由于这个函数计算一个数组，故必须以数组公式的形式输入 |
| LOGINV | 计算 $x$ 的对数正态分布累积函数的逆函数，此处的 $\ln(x)$ 是含有 mean(平均数)与 standard-dev(标准差)参数的正态分布。如果 $p$ = LOGNORMDIST $(x,\cdots)$ 那么 LOGINV $(p,\cdots)=x$。使用对数正态分布可以分析经过对数变换的数据 |
| LOGNORMDIST | 计算 $x$ 的对数正态分布的累积函数，其中 $\ln(x)$ 是服从参数为 mean 和 standard-dev 的正态分布。使用此函数可以分析经过对数变换的数据 |
| MAX | 计算数据集中的最大数值 |
| MAXA | 计算参数清单中的最大数值。文本值和逻辑值(如 TRUE 和 FALSE)也作为数字来计算。函数 MAXA 与函数 MINA 相似 |
| MEDIAN | 计算给定数值集合的中位数。中位数是在一组数据中居于中间的数，换句话说，在这组数据中，有一半的数据比它大，有一半的数据比它小 |
| MIN | 计算给定参数表中的最小值 |
| MINA | 计算参数清单中的最小数值。文本值和逻辑值(如 TRUE 和 FALSE)也作为数字来计算 |
| MODE | 计算在某一数组或数据区域中出现频率最多的数值。跟 MEDIAN 一样，MODE 也是一个位置测量函数 |
| NEGBINOMDIST | 计算负二项式分布。当成功概率为常数 probability_s 时，函数 NEGBINOMDIST 计算在到达 number_s 次成功之前，出现 number_f 次失败的概率。此函数与二项式分布相似，只是它的成功次数固定，试验总数为变量。与二项式分布类似的是，试验次数被假设为自变量 |
| NORMDIST | 计算给定平均值和标准偏差的正态分布的累积函数。此函数在统计方面应用范围广泛(包括假设检验) |
| NORMINV | 计算给定平均值和标准偏差的正态分布的累积函数的逆函数 |
| NORMSDIST | 计算标准正态分布的累积函数，该分布的平均值为 0，标准偏差为 1。可以使用该函数代替标准正态曲线面积表 |

续表

| 函 数 名 称 | 函 数 功 能 |
|---|---|
| NORMSINV | 计算标准正态分布累积函数的逆函数。该分布的平均值为0，标准偏差为1 |
| PEARSON | 计算 Pearson(皮尔生)乘积矩相关系数 r，这是一个范围在 -1.0 到 1.0 之间(包括 -1.0和1.0在内)的无量纲指数，反映了两个数据集合之间的线性相关程度 |
| PERCENTILE | 计算数值区域的 K 百分比数值点。可以使用此函数来建立接受阈值。例如，可以确定得分排名在 90 个百分点以上的检测候选人 |
| PERCENTRANK | 计算特定数值在一个数据集中的百分比排位。此函数可用于查看特定数据在数据集中所处的位置。例如，可以使用函数 PERCENTRANK 计算某个特定的能力测试得分在所有的能力测试得分中的位置 |
| PERMUT | 计算从给定数目的对象集合中选取的若干对象的排列数。排列可以为有内部顺序的对象或为事件的任意集合或子集。排列与组合不同，组合的内部顺序无意义。此函数可用于彩票计算中奖的概率 |
| POISSON | 计算泊松分布。泊松分布通常用于预测一段时间内事件发生的次数，比如一分钟内通过收费站的轿车的数量 |
| PROB | 计算一概率事件组中落在指定区域内的事件所对应的概率之和。如果没有给出 upper_limit，则计算 x_range 内值等于 lower_limit 的概率 |
| QUARTILE | 计算数据集的四分位数。四分位数通常用于在销售额和测量值数据集中对总体进行分组。例如，可以使用函数 QUARTILE 求得总体中前 25% 的收入值 |
| RANK | 计算一个数值在一组数值中的排位。数值的排位是与数据清单中其他数值的相对大小(如果数据清单已经排过序了，则数值的排位就是它当前的位置) |
| RSQ | 计算根据 known_y's 和 known_x's 中数据点计算得出的 Pearson 乘积矩相关系数的平方。详细内容参阅函数 PEARSON。R 平方值可以解释为 y 方差与 x 方差的比例 |
| SKEW | 计算分布的偏斜度。偏斜度反映以平均值为中心的分布的不对称程度。正偏斜度表示不对称边的分布更趋向正值；负偏斜度表示不对称边的分布更趋向负值 |
| SLOPE | 计算根据 known_y's 和 known_x's 中的数据点拟合的线性回归直线的斜率。斜率为直线上任意两点的垂直距离与水平距离的比值，也就是回归直线的变化率 |
| SMALL | 计算数据集中第 k 个最小值。使用此函数可以计算数据集中特定位置上的数值 |
| STANDARDIZE | 计算以 mean 为平均值、以 standard-dev 为标准偏差的分布的正态化数值 |
| STDEV | 估算样本的标准偏差。标准偏差反映相对于平均值(mean)的离散程度 |
| STDEVA | 估算基于给定样本的标准偏差。标准偏差反映数值相对于平均值(mean)的离散程度。文本值和逻辑值(如 TRUE 或 FALSE)也将计算在内 |
| STDEVP | 计算以参数形式给出的整个样本总体的标准偏差。标准偏差反映相对于平均值(mean)的离散程度 |

续表

| 函 数 名 称 | 函 数 功 能 |
|---|---|
| STDEVPA | 计算样本总体的标准偏差。标准偏差反映数值相对平均值(mean)的离散程度 |
| STEYX | 计算通过线性回归法计算 $y$ 预测值时所计算的标准误差。标准误差用来度量根据单个 $x$ 变量计算出的 $y$ 预测值的误差量 |
| TDIST | 计算 $t$ 分布。$t$ 分布用于小样本数据集合的假设检验。使用此函数可以代替 $t$ 分布的临界值表 |
| TINV | 计算指定自由度的学生氏 $t$ 分布的逆函数 |
| TREND | 计算一条线性回归拟合线的一组纵坐标值($y$ 值)。即找到适合给定的数组 known_y's 和 known_x's 的直线(用最小二乘法),并计算指定数组 new_x's 值在直线上对应的 $y$ 值 |
| TRIMMEAN | 计算数据集的内部平均值。函数 TRIMMEAN 先从数据集的头部和尾部除去一定百分比的数据点,然后再求平均值。当希望在分析中剔除一部分数据的计算时,可以使用此函数 |
| TTEST | 计算与 $t$ 检验相关的概率。可以使用函数 TTEST 判断两个样本是否可能来自两个具有相同均值的总体 |
| VAR | 估算样本方差 |
| VARA | 估算基于给定样本的方差。不仅数字,文本值和逻辑值(如 TRUE 和 FALSE)也将计算在内 |
| VARP | 计算样本总体的方差 |
| VARPA | 计算样本总体的方差。不仅数字,文本值和逻辑值(如 TRUE 和 FALSE)也将计算在内 |
| WEIBULL | 计算韦伯分布。使用此函数可以进行可靠性分析,比如计算设备的平均故障时间 |
| ZTEST | 计算 $Z$ 检验的双尾 $P$ 值。$Z$ 检验根据数据集或数组生成 $x$ 的标准得分,并计算正态分布的双尾概率。可以使用此函数计算从某总体中抽取特定观测值的似然估计 |

## 附录 2  常用统计表

### 表 1  二项分布表

$$P\{x\} = \frac{n!}{x!(n-x)!} p^x q^{n-x}$$

| n | x | 0.05 | 0.10 | 0.15 | 0.20 | 0.25 | 0.30 | 0.35 | 0.40 | 0.45 | 0.50 | 0.55 | 0.60 | 0.65 | 0.70 | 0.75 | 0.80 | 0.85 | 0.90 | 0.95 |
|---|---|------|------|------|------|------|------|------|------|------|------|------|------|------|------|------|------|------|------|------|
| 1 | 0 | 0.9500 | 0.9000 | 0.8500 | 0.8000 | 0.7500 | 0.7000 | 0.6500 | 0.6000 | 0.5500 | 0.5000 | 0.4500 | 0.4000 | 0.3500 | 0.3000 | 0.2500 | 0.2000 | 0.1500 | 0.1000 | 0.0500 |
|   | 1 | 1.0000 | 1.0000 | 1.0000 | 1.0000 | 1.0000 | 1.0000 | 1.0000 | 1.0000 | 1.0000 | 1.0000 | 1.0000 | 1.0000 | 1.0000 | 1.0000 | 1.0000 | 1.0000 | 1.0000 | 1.0000 | 1.0000 |
| 2 | 0 | 0.9025 | 0.8100 | 0.7225 | 0.6400 | 0.5625 | 0.4900 | 0.4225 | 0.3600 | 0.3025 | 0.2500 | 0.2025 | 0.1600 | 0.1225 | 0.0900 | 0.0625 | 0.0400 | 0.0225 | 0.0100 | 0.0025 |
|   | 1 | 0.9975 | 0.9900 | 0.9775 | 0.9600 | 0.9375 | 0.9100 | 0.8775 | 0.8400 | 0.7975 | 0.7500 | 0.6975 | 0.6400 | 0.5775 | 0.5100 | 0.4375 | 0.3600 | 0.2775 | 0.1900 | 0.0975 |
|   | 2 | 1.0000 | 1.0000 | 1.0000 | 1.0000 | 1.0000 | 1.0000 | 1.0000 | 1.0000 | 1.0000 | 1.0000 | 1.0000 | 1.0000 | 1.0000 | 1.0000 | 1.0000 | 1.0000 | 1.0000 | 1.0000 | 1.0000 |
| 3 | 0 | 0.8574 | 0.7290 | 0.6140 | 0.5120 | 0.4219 | 0.3430 | 0.2746 | 0.2160 | 0.1664 | 0.1250 | 0.0911 | 0.0640 | 0.0420 | 0.0270 | 0.0156 | 0.0080 | 0.0034 | 0.0010 | 0.0001 |
|   | 1 | 0.9928 | 0.9720 | 0.9392 | 0.8960 | 0.8438 | 0.7840 | 0.7183 | 0.6480 | 0.5748 | 0.5000 | 0.4252 | 0.3520 | 0.2818 | 0.2160 | 0.1562 | 0.1040 | 0.0608 | 0.0280 | 0.0072 |
|   | 2 | 0.9999 | 0.9990 | 0.9966 | 0.9920 | 0.9844 | 0.9730 | 0.9571 | 0.9360 | 0.9089 | 0.8750 | 0.8336 | 0.7840 | 0.7254 | 0.6570 | 0.5781 | 0.4880 | 0.3859 | 0.2710 | 0.1426 |
|   | 3 | 1.0000 | 1.0000 | 1.0000 | 1.0000 | 1.0000 | 1.0000 | 1.0000 | 1.0000 | 1.0000 | 1.0000 | 1.0000 | 1.0000 | 1.0000 | 1.0000 | 1.0000 | 1.0000 | 1.0000 | 1.0000 | 1.0000 |
| 4 | 0 | 0.8145 | 0.6561 | 0.5220 | 0.4096 | 0.3164 | 0.2401 | 0.1785 | 0.1296 | 0.0915 | 0.0625 | 0.0410 | 0.0256 | 0.0150 | 0.0081 | 0.0039 | 0.0016 | 0.0005 | 0.0001 | 0.0000 |
|   | 1 | 0.9860 | 0.9477 | 0.8905 | 0.8192 | 0.7383 | 0.6517 | 0.5630 | 0.4752 | 0.3910 | 0.3125 | 0.2415 | 0.1792 | 0.1265 | 0.0837 | 0.0508 | 0.0272 | 0.0120 | 0.0037 | 0.0005 |
|   | 2 | 0.9995 | 0.9963 | 0.9880 | 0.9728 | 0.9492 | 0.9163 | 0.8735 | 0.8208 | 0.7585 | 0.6875 | 0.6090 | 0.5248 | 0.4370 | 0.3483 | 0.2617 | 0.1808 | 0.1095 | 0.0523 | 0.0140 |
|   | 3 | 1.0000 | 0.9999 | 0.9995 | 0.9984 | 0.9961 | 0.9919 | 0.9850 | 0.9744 | 0.9590 | 0.9375 | 0.9085 | 0.8704 | 0.8215 | 0.7599 | 0.6836 | 0.5904 | 0.4780 | 0.3439 | 0.1855 |
|   | 4 | 1.0000 | 1.0000 | 1.0000 | 1.0000 | 1.0000 | 1.0000 | 1.0000 | 1.0000 | 1.0000 | 1.0000 | 1.0000 | 1.0000 | 1.0000 | 1.0000 | 1.0000 | 1.0000 | 1.0000 | 1.0000 | 1.0000 |
| 5 | 0 | 0.7738 | 0.5905 | 0.4437 | 0.3277 | 0.2373 | 0.1681 | 0.1160 | 0.0778 | 0.0503 | 0.0312 | 0.0185 | 0.0102 | 0.0053 | 0.0024 | 0.0010 | 0.0003 | 0.0001 | 0.0000 | 0.0000 |
|   | 1 | 0.9774 | 0.9185 | 0.8352 | 0.7373 | 0.6328 | 0.5282 | 0.4284 | 0.3370 | 0.2562 | 0.1857 | 0.1312 | 0.0870 | 0.0540 | 0.0308 | 0.0156 | 0.0067 | 0.0022 | 0.0005 | 0.0000 |
|   | 2 | 0.9988 | 0.9914 | 0.9734 | 0.9421 | 0.8965 | 0.8369 | 0.7648 | 0.6826 | 0.5931 | 0.5000 | 0.4069 | 0.3174 | 0.2352 | 0.1631 | 0.1035 | 0.0579 | 0.0266 | 0.0086 | 0.0012 |
|   | 3 | 1.0000 | 0.9995 | 0.9978 | 0.9933 | 0.9844 | 0.9692 | 0.9460 | 0.9130 | 0.8688 | 0.8125 | 0.7438 | 0.6630 | 0.5716 | 0.4718 | 0.3672 | 0.2627 | 0.1648 | 0.0815 | 0.0226 |

续表 1

| n | x | p | | | | | | | | | | | | | | | | | | |
|---|---|---|---|---|---|---|---|---|---|---|---|---|---|---|---|---|---|---|---|---|
| | | 0.05 | 0.10 | 0.15 | 0.20 | 0.25 | 0.30 | 0.35 | 0.40 | 0.45 | 0.50 | 0.55 | 0.60 | 0.65 | 0.70 | 0.75 | 0.80 | 0.85 | 0.90 | 0.95 |
| | 4 | 1.0000 | 1.0000 | 0.9991 | 0.9997 | 0.9990 | 0.9976 | 0.9947 | 0.9898 | 0.9815 | 0.9688 | 0.9497 | 1.9222 | 0.8844 | 0.8319 | 0.7627 | 0.6723 | 0.5563 | 0.4095 | 0.2262 |
| | 5 | 1.0000 | 1.0000 | 1.0000 | 1.0000 | 1.0000 | 1.0000 | 1.0000 | 1.0000 | 1.0000 | 1.0000 | 1.0000 | 1.0000 | 1.0000 | 1.0000 | 1.0000 | 1.0000 | 1.0000 | 1.0000 | 1.0000 |
| 6 | 0 | 0.7351 | 0.5314 | 0.3771 | 0.2621 | 0.1780 | 0.1176 | 0.0754 | 0.0467 | 0.0277 | 0.0156 | 0.0083 | 0.0041 | 0.0018 | 0.0007 | 0.0002 | 0.0001 | 0.0000 | 0.0000 | 0.0000 |
| | 1 | 0.9672 | 0.8857 | 0.7765 | 0.6554 | 0.5339 | 0.4202 | 0.3191 | 0.2333 | 0.1636 | 0.1094 | 0.0692 | 0.0410 | 0.0223 | 0.0109 | 0.0046 | 0.0016 | 0.0004 | 0.0001 | 0.0000 |
| | 2 | 0.9978 | 0.9842 | 0.9527 | 0.9011 | 0.8306 | 0.7443 | 0.6471 | 0.5443 | 0.4415 | 0.3438 | 0.2553 | 0.1792 | 0.1174 | 0.0705 | 0.0376 | 0.0170 | 0.0059 | 0.0013 | 0.0001 |
| | 3 | 0.9999 | 0.9987 | 0.9941 | 0.9830 | 0.9624 | 0.9295 | 0.8826 | 0.8208 | 0.7447 | 0.6563 | 0.5585 | 0.4557 | 0.3529 | 0.2557 | 0.1694 | 0.0989 | 0.0473 | 0.0158 | 0.0022 |
| | 4 | 1.0000 | 0.9999 | 0.9996 | 0.9984 | 0.9954 | 0.9891 | 0.9777 | 0.9590 | 0.9308 | 0.8906 | 0.8364 | 0.7667 | 0.6809 | 0.5798 | 0.4661 | 0.3446 | 0.2235 | 0.1143 | 0.0328 |
| | 5 | 1.0000 | 1.0000 | 1.0000 | 0.9999 | 0.9998 | 0.9993 | 0.9982 | 0.9959 | 0.9917 | 0.9844 | 0.9723 | 0.9533 | 0.9246 | 0.8824 | 0.8220 | 0.7379 | 0.6229 | 0.4686 | 0.2649 |
| | 6 | 1.0000 | 1.0000 | 1.0000 | 1.0000 | 1.0000 | 1.0000 | 1.0000 | 1.0000 | 1.0000 | 1.0000 | 1.0000 | 1.0000 | 1.0000 | 1.0000 | 1.0000 | 1.0000 | 1.0000 | 1.0000 | 1.0000 |
| 7 | 0 | 0.6983 | 0.4783 | 0.3206 | 0.2097 | 0.1335 | 0.0824 | 0.0490 | 0.0280 | 0.0152 | 0.0078 | 0.0037 | 0.0016 | 0.0006 | 0.0002 | 0.0001 | 0.0000 | 0.0000 | 0.0000 | 0.0000 |
| | 1 | 0.9556 | 0.8503 | 0.7166 | 0.5767 | 0.4449 | 0.3294 | 0.2338 | 0.1586 | 0.1024 | 0.0625 | 0.0357 | 0.0188 | 0.0090 | 0.0038 | 0.0013 | 0.0004 | 0.0001 | 0.0000 | 0.0000 |
| | 2 | 0.9962 | 0.9743 | 0.9262 | 0.8520 | 0.7564 | 0.6471 | 0.5323 | 0.4199 | 0.3164 | 0.2266 | 0.1529 | 0.0963 | 0.0556 | 0.0288 | 0.0129 | 0.0047 | 0.0012 | 0.0002 | 0.0000 |
| | 3 | 0.9998 | 0.9973 | 0.9879 | 0.9667 | 0.9294 | 0.8740 | 0.8002 | 0.7102 | 0.6083 | 0.5000 | 0.3917 | 0.2898 | 0.1998 | 0.1260 | 0.0706 | 0.0333 | 0.0121 | 0.0027 | 0.0002 |
| | 4 | 1.0000 | 0.9998 | 0.9988 | 0.9953 | 0.9871 | 0.9712 | 0.9444 | 0.9037 | 0.8471 | 0.7734 | 0.6836 | 0.5801 | 0.4677 | 0.3529 | 0.2436 | 0.1480 | 0.0738 | 0.0257 | 0.0038 |
| | 5 | 1.0000 | 1.0000 | 0.9999 | 0.9996 | 0.9987 | 0.9962 | 0.9910 | 0.9812 | 0.9643 | 0.9375 | 0.8976 | 0.8414 | 0.7662 | 0.6706 | 0.5551 | 0.4233 | 0.2834 | 0.1497 | 0.0444 |
| | 6 | 1.0000 | 1.0000 | 1.0000 | 1.0000 | 0.9999 | 0.9998 | 0.9994 | 0.9984 | 0.9963 | 0.9922 | 0.9848 | 0.9720 | 0.9510 | 0.9176 | 0.8665 | 0.7903 | 0.6794 | 0.5217 | 0.3017 |
| | 7 | 1.0000 | 1.0000 | 1.0000 | 1.0000 | 1.0000 | 1.0000 | 1.0000 | 1.0000 | 1.0000 | 1.0000 | 1.0000 | 1.0000 | 1.0000 | 1.0000 | 1.0000 | 1.0000 | 1.0000 | 1.0000 | 1.0000 |
| 8 | 0 | 0.6634 | 0.4305 | 0.2725 | 0.1678 | 0.1001 | 0.0576 | 0.0319 | 0.0168 | 0.0084 | 0.0039 | 0.0017 | 0.0007 | 0.0002 | 0.0001 | 0.0000 | 0.0000 | 0.0000 | 0.0000 | 0.0000 |
| | 1 | 0.9428 | 0.8131 | 0.6572 | 0.5033 | 0.3671 | 0.2553 | 0.1691 | 0.1064 | 0.0632 | 0.0352 | 0.0181 | 0.0085 | 0.0036 | 0.0013 | 0.0004 | 0.0001 | 0.0000 | 0.0000 | 0.0000 |
| | 2 | 0.9942 | 0.9619 | 0.8948 | 0.7969 | 0.6785 | 0.5518 | 0.4278 | 0.3154 | 0.2201 | 0.1445 | 0.0885 | 0.0498 | 0.0253 | 0.0113 | 0.0042 | 0.0012 | 0.0002 | 0.0000 | 0.0000 |
| | 3 | 0.9996 | 0.9950 | 0.9786 | 0.9437 | 0.8862 | 0.8059 | 0.7064 | 0.5941 | 0.4770 | 0.3633 | 0.2604 | 0.1737 | 0.1061 | 0.0580 | 0.0273 | 0.0104 | 0.0029 | 0.0004 | 0.0000 |
| | 4 | 1.0000 | 0.9996 | 0.9971 | 0.9896 | 0.9727 | 0.9420 | 0.8939 | 0.8263 | 0.7396 | 0.6367 | 0.5230 | 0.4059 | 0.2936 | 0.1941 | 0.1138 | 0.0563 | 0.0214 | 0.0050 | 0.0004 |
| | 5 | 1.0000 | 1.0000 | 0.9998 | 0.9988 | 0.9958 | 0.9887 | 0.9747 | 0.9502 | 0.9115 | 0.8555 | 0.7799 | 0.6846 | 0.5722 | 0.4482 | 0.3215 | 0.2031 | 0.1052 | 0.0381 | 0.0058 |
| | 6 | 1.0000 | 1.0000 | 1.0000 | 0.9999 | 0.9996 | 0.9987 | 0.9964 | 0.9915 | 0.9819 | 0.9648 | 0.9368 | 0.8936 | 0.8309 | 0.7447 | 0.6329 | 0.4967 | 0.3428 | 0.1869 | 0.0572 |
| | 7 | 1.0000 | 1.0000 | 1.0000 | 1.0000 | 1.0000 | 0.9999 | 0.9998 | 0.9993 | 0.9983 | 0.9961 | 0.9916 | 0.9832 | 0.9681 | 0.9424 | 0.8999 | 0.8322 | 0.7275 | 0.5695 | 0.3366 |
| | 8 | 1.0000 | 1.0000 | 1.0000 | 1.0000 | 1.0000 | 1.0000 | 1.0000 | 1.0000 | 1.0000 | 1.0000 | 1.0000 | 1.0000 | 1.0000 | 1.0000 | 1.0000 | 1.0000 | 1.0000 | 1.0000 | 1.0000 |
| 9 | 0 | 0.6302 | 0.3874 | 0.2316 | 0.1342 | 0.0751 | 0.0404 | 0.0207 | 0.0101 | 0.0046 | 0.0020 | 0.0008 | 0.0003 | 0.0001 | 0.0000 | 0.0000 | 0.0000 | 0.0000 | 0.0000 | 0.0000 |
| | 1 | 0.9288 | 0.7748 | 0.5995 | 0.4362 | 0.3003 | 0.1960 | 0.1211 | 0.0705 | 0.0385 | 0.0195 | 0.0091 | 0.0038 | 0.0014 | 0.0004 | 0.0001 | 0.0000 | 0.0000 | 0.0000 | 0.0000 |
| | 2 | 0.9916 | 0.9470 | 0.8591 | 0.7382 | 0.6007 | 0.4628 | 0.3373 | 0.2318 | 0.1495 | 0.0898 | 0.0498 | 0.0250 | 0.0112 | 0.0043 | 0.0013 | 0.0003 | 0.0000 | 0.0000 | 0.0000 |

续表 1

| n | x | 0.05 | 0.10 | 0.15 | 0.20 | 0.25 | 0.30 | 0.35 | 0.40 | 0.45 | 0.50 | 0.55 | 0.60 | 0.65 | 0.70 | 0.75 | 0.80 | 0.85 | 0.90 | 0.95 |
|---|---|---|---|---|---|---|---|---|---|---|---|---|---|---|---|---|---|---|---|---|
|   | 3 | 0.9994 | 0.9917 | 0.9661 | 0.9144 | 0.8343 | 0.7297 | 0.6089 | 0.4826 | 0.3614 | 0.2539 | 0.1658 | 0.0994 | 0.0536 | 0.0253 | 0.0100 | 0.0031 | 0.0006 | 0.0001 | 0.0000 |
|   | 4 | 1.0000 | 0.9991 | 0.9944 | 0.9804 | 0.9511 | 0.9012 | 0.8283 | 0.7334 | 0.6214 | 0.5000 | 0.3786 | 0.2666 | 0.1717 | 0.0988 | 0.0489 | 0.0196 | 0.0059 | 0.0009 | 0.0000 |
|   | 5 | 1.0000 | 0.9999 | 0.9994 | 0.9969 | 0.9900 | 0.9747 | 0.9464 | 0.9006 | 0.8342 | 0.7461 | 0.6386 | 0.5174 | 0.3911 | 0.2703 | 0.1657 | 0.0856 | 0.0338 | 0.0083 | 0.0006 |
|   | 6 | 1.0000 | 1.0000 | 0.9999 | 0.9997 | 0.9987 | 0.9957 | 0.9888 | 0.9750 | 0.9502 | 0.9102 | 0.8505 | 0.7682 | 0.6627 | 0.5372 | 0.3993 | 0.2618 | 0.1409 | 0.0530 | 0.0084 |
|   | 7 | 1.0000 | 1.0000 | 1.0000 | 1.0000 | 0.9999 | 0.9996 | 0.9986 | 0.9962 | 0.9909 | 0.9805 | 0.9615 | 0.9295 | 0.8789 | 0.8040 | 0.6997 | 0.5638 | 0.4005 | 0.2252 | 0.0712 |
|   | 8 | 1.0000 | 1.0000 | 1.0000 | 1.0000 | 1.0000 | 1.0000 | 0.9999 | 0.9997 | 0.9992 | 0.9980 | 0.9954 | 0.9899 | 0.9793 | 0.9596 | 0.9249 | 0.8658 | 0.7684 | 0.6126 | 0.3698 |
| 10 | 9 | 1.0000 | 1.0000 | 1.0000 | 1.0000 | 1.0000 | 1.0000 | 1.0000 | 1.0000 | 1.0000 | 1.0000 | 1.0000 | 1.0000 | 1.0000 | 1.0000 | 1.0000 | 1.0000 | 1.0000 | 1.0000 | 1.0000 |
|   | 0 | 0.5688 | 0.3138 | 0.1673 | 0.0859 | 0.0422 | 0.0198 | 0.0088 | 0.0036 | 0.0014 | 0.0005 | 0.0002 | 0.0000 | 0.0000 | 0.0000 | 0.0000 | 0.0000 | 0.0000 | 0.0000 | 0.0000 |
|   | 1 | 0.8981 | 0.6974 | 0.4922 | 0.3221 | 0.1971 | 0.1130 | 0.0606 | 0.0302 | 0.0139 | 0.0059 | 0.0022 | 0.0007 | 0.0002 | 0.0000 | 0.0000 | 0.0000 | 0.0000 | 0.0000 | 0.0000 |
|   | 2 | 0.9848 | 0.9104 | 0.7788 | 0.6174 | 0.4552 | 0.3127 | 0.2001 | 0.1189 | 0.0652 | 0.0327 | 0.0148 | 0.0059 | 0.0020 | 0.0006 | 0.0001 | 0.0000 | 0.0000 | 0.0000 | 0.0000 |
|   | 3 | 0.9984 | 0.9815 | 0.9306 | 0.8389 | 0.7133 | 0.5696 | 0.4256 | 0.2963 | 0.1911 | 0.1133 | 0.0610 | 0.0293 | 0.0122 | 0.0043 | 0.0012 | 0.0002 | 0.0000 | 0.0000 | 0.0000 |
|   | 4 | 0.9999 | 0.9972 | 0.9841 | 0.9496 | 0.8854 | 0.7897 | 0.6683 | 0.5328 | 0.3971 | 0.2744 | 0.1738 | 0.0994 | 0.0501 | 0.0216 | 0.0076 | 0.0020 | 0.0003 | 0.0000 | 0.0000 |
|   | 5 | 1.0000 | 0.9997 | 0.9973 | 0.9883 | 0.9657 | 0.9218 | 0.8513 | 0.7535 | 0.6331 | 0.5000 | 0.3669 | 0.2465 | 0.1487 | 0.0782 | 0.0343 | 0.0117 | 0.0027 | 0.0003 | 0.0000 |
|   | 6 | 1.0000 | 1.0000 | 0.9997 | 0.9980 | 0.9924 | 0.9784 | 0.9499 | 0.9006 | 0.8262 | 0.7256 | 0.6029 | 0.4672 | 0.3317 | 0.2103 | 0.1146 | 0.0504 | 0.0159 | 0.0028 | 0.0001 |
|   | 7 | 1.0000 | 1.0000 | 1.0000 | 0.9998 | 0.9988 | 0.9957 | 0.9878 | 0.9707 | 0.9390 | 0.8867 | 0.8089 | 0.7037 | 0.5744 | 0.4304 | 0.2867 | 0.1611 | 0.0694 | 0.0185 | 0.0016 |
|   | 8 | 1.0000 | 1.0000 | 1.0000 | 1.0000 | 0.9999 | 0.9994 | 0.9980 | 0.9941 | 0.9852 | 0.9673 | 0.9348 | 0.8811 | 0.7993 | 0.6873 | 0.5448 | 0.3826 | 0.2212 | 0.0896 | 0.0152 |
|   | 9 | 1.0000 | 1.0000 | 1.0000 | 1.0000 | 1.0000 | 0.9999 | 0.9998 | 0.9993 | 0.9978 | 0.9941 | 0.9861 | 0.9698 | 0.9394 | 0.8870 | 0.8029 | 0.6779 | 0.5078 | 0.3026 | 0.1019 |
|   | 10 | 1.0000 | 1.0000 | 1.0000 | 1.0000 | 1.0000 | 1.0000 | 1.0000 | 0.9999 | 0.9998 | 0.9995 | 0.9986 | 0.9964 | 0.9912 | 0.9802 | 0.9578 | 0.9141 | 0.8327 | 0.6862 | 0.4312 |
| 11 | 11 | 1.0000 | 1.0000 | 1.0000 | 1.0000 | 1.0000 | 1.0000 | 1.0000 | 1.0000 | 1.0000 | 1.0000 | 1.0000 | 1.0000 | 1.0000 | 1.0000 | 1.0000 | 1.0000 | 1.0000 | 1.0000 | 1.0000 |

续表 1

| n | x | \p 0.05 | 0.10 | 0.15 | 0.20 | 0.25 | 0.30 | 0.35 | 0.40 | 0.45 | 0.50 | 0.55 | 0.60 | 0.65 | 0.70 | 0.75 | 0.80 | 0.85 | 0.90 | 0.95 |
|---|---|---|---|---|---|---|---|---|---|---|---|---|---|---|---|---|---|---|---|---|
| 12 | 0 | 0.540 4 | 0.282 4 | 0.142 2 | 0.068 7 | 0.031 7 | 0.013 8 | 0.005 7 | 0.002 2 | 0.000 8 | 0.000 2 | 0.000 1 | 0.000 0 | 0.000 0 | 0.000 0 | 0.000 0 | 0.000 0 | 0.000 0 | 0.000 0 | 0.000 0 |
|  | 1 | 0.881 6 | 0.659 0 | 0.443 5 | 0.274 9 | 0.158 4 | 0.085 0 | 0.042 4 | 0.019 6 | 0.008 3 | 0.003 2 | 0.001 1 | 0.000 3 | 0.000 1 | 0.000 0 | 0.000 0 | 0.000 0 | 0.000 0 | 0.000 0 | 0.000 0 |
|  | 2 | 0.980 4 | 0.889 1 | 0.735 8 | 0.558 3 | 0.390 7 | 0.252 8 | 0.151 3 | 0.083 4 | 0.042 1 | 0.019 3 | 0.007 9 | 0.002 8 | 0.000 8 | 0.000 2 | 0.000 0 | 0.000 0 | 0.000 0 | 0.000 0 | 0.000 0 |
|  | 3 | 0.997 8 | 0.974 4 | 0.907 8 | 0.794 6 | 0.648 8 | 0.492 5 | 0.346 7 | 0.225 3 | 0.134 5 | 0.073 0 | 0.035 6 | 0.015 3 | 0.005 6 | 0.001 7 | 0.000 4 | 0.000 1 | 0.000 0 | 0.000 0 | 0.000 0 |
|  | 4 | 0.999 8 | 0.995 7 | 0.976 1 | 0.927 4 | 0.842 4 | 0.723 7 | 0.583 3 | 0.438 2 | 0.304 4 | 0.193 8 | 0.111 7 | 0.057 3 | 0.025 5 | 0.009 5 | 0.002 8 | 0.000 6 | 0.000 1 | 0.000 0 | 0.000 0 |
|  | 5 | 1.000 0 | 0.999 5 | 0.995 4 | 0.980 6 | 0.945 6 | 0.882 2 | 0.787 3 | 0.665 2 | 0.526 9 | 0.387 2 | 0.260 7 | 0.158 2 | 0.084 6 | 0.038 6 | 0.014 3 | 0.003 9 | 0.000 7 | 0.000 1 | 0.000 0 |
|  | 6 | 1.000 0 | 0.999 9 | 0.999 3 | 0.996 1 | 0.985 7 | 0.961 4 | 0.915 4 | 0.841 8 | 0.739 3 | 0.612 8 | 0.473 1 | 0.334 8 | 0.212 7 | 0.117 8 | 0.054 4 | 0.019 4 | 0.004 6 | 0.000 5 | 0.000 0 |
|  | 7 | 1.000 0 | 1.000 0 | 0.999 9 | 0.999 4 | 0.997 2 | 0.990 5 | 0.974 5 | 0.942 7 | 0.888 3 | 0.806 2 | 0.695 6 | 0.561 8 | 0.416 7 | 0.276 3 | 0.157 6 | 0.072 6 | 0.023 9 | 0.004 3 | 0.000 2 |
|  | 8 | 1.000 0 | 1.000 0 | 1.000 0 | 0.999 9 | 0.999 6 | 0.998 3 | 0.994 4 | 0.984 7 | 0.964 4 | 0.927 0 | 0.865 5 | 0.774 7 | 0.653 3 | 0.507 5 | 0.351 2 | 0.205 4 | 0.092 2 | 0.025 6 | 0.002 2 |
|  | 9 | 1.000 0 | 1.000 0 | 1.000 0 | 1.000 0 | 1.000 0 | 0.999 8 | 0.999 2 | 0.997 2 | 0.992 1 | 0.980 7 | 0.957 9 | 0.916 6 | 0.848 7 | 0.747 2 | 0.609 3 | 0.441 7 | 0.264 2 | 0.110 9 | 0.019 6 |
|  | 10 | 1.000 0 | 1.000 0 | 1.000 0 | 1.000 0 | 1.000 0 | 1.000 0 | 0.999 9 | 0.999 7 | 0.998 9 | 0.996 8 | 0.991 7 | 0.980 4 | 0.957 2 | 0.915 0 | 0.841 6 | 0.725 1 | 0.556 5 | 0.341 0 | 0.118 4 |
|  | 11 | 1.000 0 | 1.000 0 | 1.000 0 | 1.000 0 | 1.000 0 | 1.000 0 | 1.000 0 | 1.000 0 | 0.999 9 | 0.999 8 | 0.999 2 | 0.997 8 | 0.994 3 | 0.986 2 | 0.968 3 | 0.931 3 | 0.857 8 | 0.717 6 | 0.459 6 |
|  | 12 | 1.000 0 | 1.000 0 | 1.000 0 | 1.000 0 | 1.000 0 | 1.000 0 | 1.000 0 | 1.000 0 | 1.000 0 | 1.000 0 | 1.000 0 | 1.000 0 | 1.000 0 | 1.000 0 | 1.000 0 | 1.000 0 | 1.000 0 | 1.000 0 | 1.000 0 |
| 13 | 0 | 0.513 3 | 0.254 2 | 0.120 9 | 0.055 0 | 0.023 8 | 0.009 7 | 0.003 7 | 0.001 3 | 0.000 4 | 0.000 1 | 0.000 0 | 0.000 0 | 0.000 0 | 0.000 0 | 0.000 0 | 0.000 0 | 0.000 0 | 0.000 0 | 0.000 0 |
|  | 1 | 0.864 6 | 0.621 3 | 0.398 3 | 0.233 6 | 0.126 7 | 0.063 7 | 0.029 6 | 0.012 6 | 0.004 9 | 0.001 7 | 0.000 5 | 0.000 1 | 0.000 0 | 0.000 0 | 0.000 0 | 0.000 0 | 0.000 0 | 0.000 0 | 0.000 0 |
|  | 2 | 0.975 5 | 0.866 1 | 0.729 6 | 0.501 7 | 0.332 6 | 0.202 5 | 0.098 8 | 0.057 9 | 0.026 9 | 0.011 2 | 0.004 1 | 0.001 3 | 0.000 3 | 0.000 1 | 0.000 0 | 0.000 0 | 0.000 0 | 0.000 0 | 0.000 0 |
|  | 3 | 0.996 9 | 0.965 8 | 0.903 3 | 0.747 3 | 0.584 3 | 0.420 6 | 0.278 3 | 0.168 6 | 0.092 9 | 0.046 1 | 0.020 3 | 0.007 8 | 0.002 5 | 0.000 7 | 0.000 1 | 0.000 0 | 0.000 0 | 0.000 0 | 0.000 0 |
|  | 4 | 0.999 7 | 0.993 5 | 0.974 0 | 0.900 9 | 0.794 0 | 0.654 3 | 0.500 5 | 0.353 0 | 0.227 9 | 0.133 4 | 0.069 8 | 0.032 1 | 0.012 6 | 0.004 0 | 0.001 0 | 0.000 2 | 0.000 0 | 0.000 0 | 0.000 0 |
|  | 5 | 1.000 0 | 0.999 1 | 0.994 7 | 0.970 0 | 0.919 8 | 0.834 6 | 0.715 9 | 0.574 4 | 0.426 8 | 0.290 5 | 0.178 8 | 0.097 7 | 0.046 2 | 0.018 2 | 0.005 6 | 0.001 2 | 0.000 2 | 0.000 0 | 0.000 0 |
|  | 6 | 1.000 0 | 0.999 9 | 0.998 7 | 0.993 0 | 0.975 7 | 0.929 6 | 0.873 5 | 0.771 2 | 0.643 7 | 0.500 0 | 0.356 3 | 0.228 8 | 0.129 5 | 0.062 4 | 0.024 3 | 0.007 0 | 0.001 3 | 0.000 1 | 0.000 0 |
|  | 7 | 1.000 0 | 1.000 0 | 0.999 8 | 0.998 8 | 0.994 4 | 0.981 8 | 0.953 8 | 0.902 3 | 0.821 2 | 0.709 5 | 0.573 2 | 0.425 6 | 0.284 1 | 0.165 4 | 0.030 2 | 0.030 0 | 0.005 3 | 0.000 9 | 0.000 0 |
|  | 8 | 1.000 0 | 1.000 0 | 1.000 0 | 0.999 8 | 0.999 0 | 0.996 0 | 0.987 4 | 0.967 9 | 0.930 2 | 0.866 6 | 0.772 1 | 0.647 0 | 0.499 5 | 0.345 7 | 0.206 0 | 0.099 1 | 0.026 0 | 0.006 5 | 0.000 3 |
|  | 9 | 1.000 0 | 1.000 0 | 1.000 0 | 1.000 0 | 0.999 9 | 0.999 3 | 0.997 5 | 0.992 2 | 0.979 7 | 0.953 9 | 0.907 1 | 0.831 4 | 0.721 7 | 0.579 4 | 0.415 7 | 0.257 5 | 0.096 7 | 0.034 2 | 0.003 1 |
|  | 10 | 1.000 0 | 1.000 0 | 1.000 0 | 1.000 0 | 1.000 0 | 0.999 9 | 0.999 7 | 0.998 7 | 0.995 9 | 0.988 8 | 0.973 1 | 0.942 1 | 0.886 8 | 0.797 5 | 0.667 4 | 0.498 3 | 0.270 4 | 0.133 9 | 0.024 5 |
|  | 11 | 1.000 0 | 1.000 0 | 1.000 0 | 1.000 0 | 1.000 0 | 1.000 0 | 1.000 0 | 0.999 9 | 0.999 5 | 0.998 3 | 0.995 1 | 0.987 4 | 0.970 4 | 0.936 3 | 0.873 3 | 0.766 4 | 0.601 7 | 0.378 7 | 0.135 4 |
|  | 12 | 1.000 0 | 1.000 0 | 1.000 0 | 1.000 0 | 1.000 0 | 1.000 0 | 1.000 0 | 1.000 0 | 0.999 9 | 0.999 9 | 0.999 6 | 0.998 7 | 0.996 3 | 0.990 3 | 0.976 2 | 0.945 0 | 0.879 1 | 0.745 8 | 0.486 7 |
|  | 13 | 1.000 0 | 1.000 0 | 1.000 0 | 1.000 0 | 1.000 0 | 1.000 0 | 1.000 0 | 1.000 0 | 1.000 0 | 1.000 0 | 1.000 0 | 1.000 0 | 1.000 0 | 1.000 0 | 1.000 0 | 1.000 0 | 1.000 0 | 1.000 0 | 1.000 0 |
| 14 | 0 | 0.487 7 | 0.228 8 | 0.102 8 | 0.044 0 | 0.017 8 | 0.006 8 | 0.002 4 | 0.000 8 | 0.000 2 | 0.000 1 | 0.000 0 | 0.000 0 | 0.000 0 | 0.000 0 | 0.000 0 | 0.000 0 | 0.000 0 | 0.000 0 | 0.000 0 |
|  | 1 | 0.847 0 | 0.548 6 | 0.356 7 | 0.197 9 | 0.101 0 | 0.047 5 | 0.020 5 | 0.008 1 | 0.002 9 | 0.000 9 | 0.000 3 | 0.000 1 | 0.000 0 | 0.000 0 | 0.000 0 | 0.000 0 | 0.000 0 | 0.000 0 | 0.000 0 |
|  | 2 | 0.969 9 | 0.841 6 | 0.647 9 | 0.448 1 | 0.281 1 | 0.160 8 | 0.083 9 | 0.039 8 | 0.017 0 | 0.006 5 | 0.002 2 | 0.000 6 | 0.000 1 | 0.000 0 | 0.000 0 | 0.000 0 | 0.000 0 | 0.000 0 | 0.000 0 |

续表 1

| n | x | 0.05 | 0.10 | 0.15 | 0.20 | 0.25 | 0.30 | 0.35 | 0.40 | 0.45 | 0.50 | 0.55 | 0.60 | 0.65 | 0.70 | 0.75 | 0.80 | 0.85 | 0.90 | 0.95 |
|---|---|---|---|---|---|---|---|---|---|---|---|---|---|---|---|---|---|---|---|---|
| | 3 | 0.995 8 | 0.955 9 | 0.853 8 | 0.698 2 | 0.521 3 | 0.355 2 | 0.220 5 | 0.124 3 | 0.063 2 | 0.028 7 | 0.011 4 | 0.003 9 | 0.001 1 | 0.000 2 | 0.000 0 | 0.000 0 | 0.000 0 | 0.000 0 | 0.000 0 |
| | 4 | 0.999 6 | 0.990 8 | 0.953 3 | 0.870 2 | 0.741 5 | 0.584 2 | 0.422 7 | 0.279 3 | 0.167 2 | 0.089 8 | 0.046 2 | 0.017 5 | 0.006 0 | 0.001 7 | 0.000 3 | 0.000 0 | 0.000 0 | 0.000 0 | 0.000 0 |
| | 5 | 1.000 0 | 0.998 5 | 0.988 5 | 0.956 1 | 0.888 3 | 0.780 5 | 0.640 5 | 0.485 9 | 0.337 3 | 0.212 0 | 0.118 9 | 0.058 3 | 0.024 3 | 0.008 3 | 0.002 2 | 0.000 4 | 0.000 0 | 0.000 0 | 0.000 0 |
| | 6 | 1.000 0 | 0.999 8 | 0.997 8 | 0.988 4 | 0.961 7 | 0.906 7 | 0.816 4 | 0.692 5 | 0.546 1 | 0.395 3 | 0.258 6 | 0.150 1 | 0.075 3 | 0.031 5 | 0.010 3 | 0.002 4 | 0.000 3 | 0.000 0 | 0.000 0 |
| | 7 | 1.000 0 | 0.999 8 | 0.997 2 | 0.997 6 | 0.989 7 | 0.968 5 | 0.924 7 | 0.849 9 | 0.741 4 | 0.604 7 | 0.453 9 | 0.307 5 | 0.183 6 | 0.093 3 | 0.038 3 | 0.011 6 | 0.002 2 | 0.000 2 | 0.000 0 |
| | 8 | 1.000 0 | 1.000 0 | 0.999 7 | 0.999 6 | 0.997 8 | 0.991 7 | 0.975 3 | 0.941 7 | 0.881 1 | 0.788 0 | 0.662 7 | 0.514 1 | 0.359 3 | 0.219 5 | 0.117 3 | 0.043 9 | 0.011 5 | 0.001 5 | 0.000 0 |
| | 9 | 1.000 0 | 1.000 0 | 1.000 0 | 0.999 9 | 0.999 7 | 0.998 3 | 0.994 3 | 0.982 5 | 0.957 4 | 0.910 2 | 0.832 8 | 0.720 7 | 0.577 2 | 0.415 8 | 0.258 5 | 0.129 8 | 0.046 7 | 0.009 2 | 0.000 4 |
| | 10 | 1.000 0 | 1.000 0 | 1.000 0 | 1.000 0 | 1.000 0 | 0.999 8 | 0.998 9 | 0.996 1 | 0.988 6 | 0.971 3 | 0.936 8 | 0.875 5 | 0.779 5 | 0.644 8 | 0.478 7 | 0.301 8 | 0.146 5 | 0.044 1 | 0.004 2 |
| | 11 | 1.000 0 | 1.000 0 | 1.000 0 | 1.000 0 | 1.000 0 | 0.999 9 | 0.999 9 | 0.999 4 | 0.997 8 | 0.993 5 | 0.983 0 | 0.960 2 | 0.916 1 | 0.839 2 | 0.718 9 | 0.551 9 | 0.352 1 | 0.158 4 | 0.030 1 |
| | 12 | 1.000 0 | 1.000 0 | 1.000 0 | 1.000 0 | 1.000 0 | 1.000 0 | 0.999 9 | 0.999 9 | 0.999 7 | 0.999 1 | 0.997 1 | 0.991 9 | 0.979 5 | 0.952 5 | 0.899 2 | 0.802 5 | 0.643 5 | 0.415 4 | 0.153 5 |
| | 13 | 1.000 0 | 1.000 0 | 1.000 0 | 1.000 0 | 1.000 0 | 1.000 0 | 1.000 0 | 1.000 0 | 0.999 9 | 0.999 8 | 0.999 7 | 0.999 2 | 0.979 2 | 0.993 2 | 0.982 2 | 0.956 0 | 0.897 6 | 0.771 2 | 0.512 3 |
| | 14 | 1.000 0 | 1.000 0 | 1.000 0 | 1.000 0 | 1.000 0 | 1.000 0 | 1.000 0 | 1.000 0 | 1.000 0 | 1.000 0 | 1.000 0 | 1.000 0 | 1.000 0 | 1.000 0 | 1.000 0 | 1.000 0 | 1.000 0 | 1.000 0 | 1.000 0 |
| 15 | 0 | 0.463 3 | 0.205 9 | 0.087 4 | 0.035 2 | 0.013 4 | 0.004 7 | 0.001 6 | 0.000 5 | 0.000 1 | 0.000 0 | 0.000 0 | 0.000 0 | 0.000 0 | 0.000 0 | 0.000 0 | 0.000 0 | 0.000 0 | 0.000 0 | 0.000 0 |
| | 1 | 0.829 0 | 0.549 0 | 0.318 6 | 0.167 1 | 0.080 2 | 0.035 3 | 0.014 2 | 0.005 2 | 0.001 7 | 0.000 5 | 0.000 1 | 0.000 0 | 0.000 0 | 0.000 0 | 0.000 0 | 0.000 0 | 0.000 0 | 0.000 0 | 0.000 0 |
| | 2 | 0.963 8 | 0.815 9 | 0.604 2 | 0.398 0 | 0.236 1 | 0.126 8 | 0.061 7 | 0.027 1 | 0.010 7 | 0.003 7 | 0.001 1 | 0.000 3 | 0.000 1 | 0.000 0 | 0.000 0 | 0.000 0 | 0.000 0 | 0.000 0 | 0.000 0 |
| | 3 | 0.994 5 | 0.944 4 | 0.822 7 | 0.648 2 | 0.461 3 | 0.296 9 | 0.172 7 | 0.090 5 | 0.042 4 | 0.017 6 | 0.006 3 | 0.001 9 | 0.000 5 | 0.000 1 | 0.000 0 | 0.000 0 | 0.000 0 | 0.000 0 | 0.000 0 |
| | 4 | 0.999 4 | 0.987 3 | 0.938 3 | 0.835 8 | 0.686 5 | 0.515 5 | 0.351 9 | 0.217 3 | 0.120 4 | 0.059 2 | 0.025 5 | 0.009 3 | 0.002 8 | 0.000 7 | 0.000 1 | 0.000 0 | 0.000 0 | 0.000 0 | 0.000 0 |
| | 5 | 0.999 9 | 0.997 8 | 0.983 2 | 0.938 9 | 0.851 6 | 0.721 6 | 0.564 3 | 0.403 2 | 0.260 8 | 0.150 9 | 0.076 9 | 0.033 8 | 0.012 4 | 0.003 7 | 0.000 8 | 0.000 1 | 0.000 0 | 0.000 0 | 0.000 0 |
| | 6 | 1.000 0 | 0.999 7 | 0.996 4 | 0.981 9 | 0.943 4 | 0.868 9 | 0.754 8 | 0.609 8 | 0.452 2 | 0.303 6 | 0.181 8 | 0.095 0 | 0.042 2 | 0.015 2 | 0.004 2 | 0.000 8 | 0.000 1 | 0.000 0 | 0.000 0 |
| | 7 | 1.000 0 | 1.000 0 | 0.999 4 | 0.995 8 | 0.982 7 | 0.950 0 | 0.886 8 | 0.786 9 | 0.653 5 | 0.500 0 | 0.346 5 | 0.213 1 | 0.113 2 | 0.050 0 | 0.017 3 | 0.004 2 | 0.000 6 | 0.000 0 | 0.000 0 |
| | 8 | 1.000 0 | 1.000 0 | 0.999 9 | 0.999 2 | 0.995 8 | 0.984 8 | 0.957 8 | 0.905 0 | 0.818 2 | 0.696 4 | 0.547 8 | 0.390 2 | 0.245 2 | 0.131 1 | 0.056 6 | 0.018 1 | 0.003 6 | 0.000 3 | 0.000 0 |
| | 9 | 1.000 0 | 1.000 0 | 1.000 0 | 0.999 9 | 0.999 2 | 0.996 3 | 0.987 6 | 0.966 2 | 0.923 1 | 0.849 1 | 0.739 2 | 0.596 8 | 0.435 7 | 0.278 4 | 0.148 4 | 0.061 1 | 0.016 8 | 0.002 2 | 0.000 1 |
| | 10 | 1.000 0 | 1.000 0 | 1.000 0 | 1.000 0 | 0.999 9 | 0.999 3 | 0.997 2 | 0.990 7 | 0.974 5 | 0.940 8 | 0.879 6 | 0.782 7 | 0.648 1 | 0.484 5 | 0.313 5 | 0.164 2 | 0.061 7 | 0.012 7 | 0.000 6 |
| | 11 | 1.000 0 | 1.000 0 | 1.000 0 | 1.000 0 | 1.000 0 | 0.999 9 | 0.999 5 | 0.998 1 | 0.993 7 | 0.982 4 | 0.957 6 | 0.909 5 | 0.827 3 | 0.703 1 | 0.538 7 | 0.351 8 | 0.177 3 | 0.055 6 | 0.005 5 |
| | 12 | 1.000 0 | 1.000 0 | 1.000 0 | 1.000 0 | 1.000 0 | 1.000 0 | 0.999 9 | 0.999 7 | 0.998 9 | 0.996 3 | 0.989 3 | 0.972 9 | 0.938 3 | 0.873 2 | 0.763 9 | 0.602 0 | 0.395 8 | 0.184 1 | 0.036 2 |
| | 13 | 1.000 0 | 1.000 0 | 1.000 0 | 1.000 0 | 1.000 0 | 1.000 0 | 1.000 0 | 1.000 0 | 0.999 9 | 0.999 5 | 0.998 3 | 0.994 8 | 0.985 8 | 0.964 7 | 0.919 8 | 0.832 9 | 0.681 4 | 0.451 0 | 0.171 0 |
| | 14 | 1.000 0 | 1.000 0 | 1.000 0 | 1.000 0 | 1.000 0 | 1.000 0 | 1.000 0 | 1.000 0 | 1.000 0 | 0.999 9 | 0.999 9 | 0.999 5 | 0.998 4 | 0.995 3 | 0.986 6 | 0.964 8 | 0.912 6 | 0.794 1 | 0.536 7 |
| | 15 | 1.000 0 | 1.000 0 | 1.000 0 | 1.000 0 | 1.000 0 | 1.000 0 | 1.000 0 | 1.000 0 | 1.000 0 | 1.000 0 | 1.000 0 | 1.000 0 | 1.000 0 | 1.000 0 | 1.000 0 | 1.000 0 | 1.000 0 | 1.000 0 | 1.000 0 |
| 16 | 0 | 0.440 1 | 0.185 3 | 0.074 3 | 0.028 1 | 0.010 0 | 0.003 3 | 0.001 0 | 0.000 3 | 0.000 1 | 0.000 0 | 0.000 0 | 0.000 0 | 0.000 0 | 0.000 0 | 0.000 0 | 0.000 0 | 0.000 0 | 0.000 0 | 0.000 0 |
| | 1 | 0.810 8 | 0.514 7 | 0.283 9 | 0.140 7 | 0.063 5 | 0.026 1 | 0.009 8 | 0.003 3 | 0.001 0 | 0.000 3 | 0.000 1 | 0.000 0 | 0.000 0 | 0.000 0 | 0.000 0 | 0.000 0 | 0.000 0 | 0.000 0 | 0.000 0 |
| | 2 | 0.957 1 | 0.789 2 | 0.561 4 | 0.351 8 | 0.197 1 | 0.099 4 | 0.045 1 | 0.018 3 | 0.006 6 | 0.002 1 | 0.000 6 | 0.000 1 | 0.000 0 | 0.000 0 | 0.000 0 | 0.000 0 | 0.000 0 | 0.000 0 | 0.000 0 |

续表1

| $n$ | $x$ | 0.05 | 0.10 | 0.15 | 0.20 | 0.25 | 0.30 | 0.35 | 0.40 | 0.45 | 0.50 | 0.55 | 0.60 | 0.65 | 0.70 | 0.75 | 0.80 | 0.85 | 0.90 | 0.95 |
|---|---|---|---|---|---|---|---|---|---|---|---|---|---|---|---|---|---|---|---|---|
| | 3 | 0.9930 | 0.9316 | 0.7896 | 0.5981 | 0.4050 | 0.2459 | 0.1339 | 0.0651 | 0.0281 | 0.0106 | 0.0035 | 0.0009 | 0.0002 | 0.0000 | 0.0000 | 0.0000 | 0.0000 | 0.0000 | 0.0000 |
| | 4 | 0.9991 | 0.9830 | 0.9209 | 0.7982 | 0.6302 | 0.4499 | 0.2892 | 0.1666 | 0.0853 | 0.0384 | 0.0149 | 0.0049 | 0.0013 | 0.0003 | 0.0000 | 0.0000 | 0.0000 | 0.0000 | 0.0000 |
| | 5 | 0.9999 | 0.9967 | 0.9765 | 0.9183 | 0.8103 | 0.6598 | 0.4900 | 0.3288 | 0.1976 | 0.1051 | 0.0486 | 0.0191 | 0.0062 | 0.0016 | 0.0003 | 0.0000 | 0.0000 | 0.0000 | 0.0000 |
| | 6 | 1.0000 | 0.9995 | 0.9944 | 0.9733 | 0.9204 | 0.8247 | 0.6881 | 0.5272 | 0.3660 | 0.2272 | 0.1241 | 0.0583 | 0.0229 | 0.0071 | 0.0016 | 0.0002 | 0.0000 | 0.0000 | 0.0000 |
| | 7 | 1.0000 | 0.9999 | 0.9989 | 0.9930 | 0.9729 | 0.9256 | 0.8406 | 0.7161 | 0.5629 | 0.4018 | 0.2559 | 0.1423 | 0.0671 | 0.0257 | 0.0075 | 0.0015 | 0.0002 | 0.0000 | 0.0000 |
| | 8 | 1.0000 | 1.0000 | 0.9998 | 0.9985 | 0.9925 | 0.9743 | 0.9329 | 0.8577 | 0.7441 | 0.5982 | 0.4371 | 0.2839 | 0.1594 | 0.0744 | 0.0271 | 0.0070 | 0.0011 | 0.0001 | 0.0000 |
| | 9 | 1.0000 | 1.0000 | 1.0000 | 0.9998 | 0.9984 | 0.9929 | 0.9771 | 0.9417 | 0.8759 | 0.7728 | 0.6340 | 0.4728 | 0.3119 | 0.1753 | 0.0796 | 0.0267 | 0.0056 | 0.0005 | 0.0000 |
| | 10 | 1.0000 | 1.0000 | 1.0000 | 1.0000 | 0.9997 | 0.9984 | 0.9938 | 0.9809 | 0.9514 | 0.8949 | 0.8024 | 0.6712 | 0.5100 | 0.3402 | 0.1897 | 0.0817 | 0.0235 | 0.0033 | 0.0001 |
| | 11 | 1.0000 | 1.0000 | 1.0000 | 1.0000 | 1.0000 | 0.9997 | 0.9987 | 0.9951 | 0.9851 | 0.9616 | 0.9147 | 0.8334 | 0.7108 | 0.5501 | 0.3698 | 0.2018 | 0.0791 | 0.0170 | 0.0009 |
| | 12 | 1.0000 | 1.0000 | 1.0000 | 1.0000 | 1.0000 | 1.0000 | 0.9998 | 0.9991 | 0.9965 | 0.9894 | 0.9719 | 0.9349 | 0.8661 | 0.7541 | 0.5950 | 0.4019 | 0.2101 | 0.0684 | 0.0070 |
| | 13 | 1.0000 | 1.0000 | 1.0000 | 1.0000 | 1.0000 | 1.0000 | 1.0000 | 0.9999 | 0.9994 | 0.9979 | 0.9934 | 0.9817 | 0.9549 | 0.9006 | 0.8029 | 0.6482 | 0.4386 | 0.2108 | 0.0428 |
| | 14 | 1.0000 | 1.0000 | 1.0000 | 1.0000 | 1.0000 | 1.0000 | 1.0000 | 1.0000 | 0.9999 | 0.9997 | 0.9990 | 0.9967 | 0.9902 | 0.9739 | 0.9365 | 0.8593 | 0.7161 | 0.4853 | 0.1892 |
| | 15 | 1.0000 | 1.0000 | 1.0000 | 1.0000 | 1.0000 | 1.0000 | 1.0000 | 1.0000 | 1.0000 | 1.0000 | 0.9999 | 0.9997 | 0.9990 | 0.9967 | 0.9900 | 0.9719 | 0.9257 | 0.8147 | 0.5599 |
| | 16 | 1.0000 | 1.0000 | 1.0000 | 1.0000 | 1.0000 | 1.0000 | 1.0000 | 1.0000 | 1.0000 | 1.0000 | 1.0000 | 1.0000 | 1.0000 | 1.0000 | 1.0000 | 1.0000 | 1.0000 | 1.0000 | 1.0000 |
| 17 | 0 | 0.4181 | 0.1668 | 0.0631 | 0.0225 | 0.0075 | 0.0023 | 0.0007 | 0.0002 | 0.0000 | 0.0000 | 0.0000 | 0.0000 | 0.0000 | 0.0000 | 0.0000 | 0.0000 | 0.0000 | 0.0000 | 0.0000 |
| | 1 | 0.7922 | 0.4818 | 0.2525 | 0.1182 | 0.0501 | 0.0193 | 0.0067 | 0.0021 | 0.0006 | 0.0001 | 0.0000 | 0.0000 | 0.0000 | 0.0000 | 0.0000 | 0.0000 | 0.0000 | 0.0000 | 0.0000 |
| | 2 | 0.9497 | 0.7618 | 0.5198 | 0.3096 | 0.1637 | 0.0774 | 0.0327 | 0.0123 | 0.0041 | 0.0012 | 0.0003 | 0.0001 | 0.0000 | 0.0000 | 0.0000 | 0.0000 | 0.0000 | 0.0000 | 0.0000 |
| | 3 | 0.9912 | 0.9174 | 0.7556 | 0.5489 | 0.3530 | 0.2019 | 0.1028 | 0.0464 | 0.0184 | 0.0064 | 0.0019 | 0.0005 | 0.0001 | 0.0000 | 0.0000 | 0.0000 | 0.0000 | 0.0000 | 0.0000 |
| | 4 | 0.9988 | 0.9779 | 0.9013 | 0.7582 | 0.5739 | 0.3887 | 0.2348 | 0.1260 | 0.0596 | 0.0245 | 0.0086 | 0.0025 | 0.0006 | 0.0001 | 0.0000 | 0.0000 | 0.0000 | 0.0000 | 0.0000 |
| | 5 | 0.9999 | 0.9953 | 0.9681 | 0.8943 | 0.7653 | 0.5968 | 0.4197 | 0.2639 | 0.1471 | 0.0717 | 0.0301 | 0.0106 | 0.0030 | 0.0007 | 0.0001 | 0.0000 | 0.0000 | 0.0000 | 0.0000 |
| | 6 | 1.0000 | 0.9992 | 0.9917 | 0.9623 | 0.8929 | 0.7752 | 0.6188 | 0.4478 | 0.2902 | 0.1662 | 0.0826 | 0.0348 | 0.0120 | 0.0032 | 0.0006 | 0.0001 | 0.0000 | 0.0000 | 0.0000 |
| | 7 | 1.0000 | 0.9999 | 0.9983 | 0.9891 | 0.9598 | 0.8954 | 0.7872 | 0.6405 | 0.4743 | 0.3145 | 0.1834 | 0.0919 | 0.0383 | 0.0127 | 0.0031 | 0.0005 | 0.0000 | 0.0000 | 0.0000 |
| | 8 | 1.0000 | 1.0000 | 0.9997 | 0.9974 | 0.9876 | 0.9597 | 0.9006 | 0.8011 | 0.6626 | 0.5000 | 0.3374 | 0.1989 | 0.0994 | 0.0403 | 0.0124 | 0.0026 | 0.0003 | 0.0000 | 0.0000 |
| | 9 | 1.0000 | 1.0000 | 1.0000 | 0.9995 | 0.9969 | 0.9873 | 0.9617 | 0.9081 | 0.8166 | 0.6855 | 0.5257 | 0.3595 | 0.2128 | 0.1046 | 0.0402 | 0.0109 | 0.0017 | 0.0001 | 0.0000 |
| | 10 | 1.0000 | 1.0000 | 1.0000 | 0.9999 | 0.9994 | 0.9968 | 0.9880 | 0.9652 | 0.9174 | 0.8338 | 0.7098 | 0.5522 | 0.3812 | 0.2248 | 0.1071 | 0.0377 | 0.0083 | 0.0008 | 0.0000 |
| | 11 | 1.0000 | 1.0000 | 1.0000 | 1.0000 | 0.9999 | 0.9993 | 0.9970 | 0.9894 | 0.9699 | 0.9283 | 0.8529 | 0.7361 | 0.5803 | 0.4032 | 0.2347 | 0.1057 | 0.0319 | 0.0047 | 0.0001 |
| | 12 | 1.0000 | 1.0000 | 1.0000 | 1.0000 | 1.0000 | 0.9999 | 0.9994 | 0.9975 | 0.9914 | 0.9755 | 0.9404 | 0.8740 | 0.7652 | 0.6113 | 0.4261 | 0.2418 | 0.0987 | 0.0221 | 0.0012 |
| | 13 | 1.0000 | 1.0000 | 1.0000 | 1.0000 | 1.0000 | 1.0000 | 0.9999 | 0.9995 | 0.9981 | 0.9936 | 0.9816 | 0.9536 | 0.8972 | 0.7981 | 0.6470 | 0.4511 | 0.2444 | 0.0826 | 0.0088 |
| | 14 | 1.0000 | 1.0000 | 1.0000 | 1.0000 | 1.0000 | 1.0000 | 1.0000 | 0.9999 | 0.9997 | 0.9988 | 0.9959 | 0.9877 | 0.9673 | 0.9226 | 0.8363 | 0.6904 | 0.4802 | 0.2382 | 0.0503 |
| | 15 | 1.0000 | 1.0000 | 1.0000 | 1.0000 | 1.0000 | 1.0000 | 1.0000 | 1.0000 | 1.0000 | 0.9999 | 0.9994 | 0.9979 | 0.9933 | 0.9807 | 0.9499 | 0.8818 | 0.7475 | 0.5182 | 0.2078 |
| | 16 | 1.0000 | 1.0000 | 1.0000 | 1.0000 | 1.0000 | 1.0000 | 1.0000 | 1.0000 | 1.0000 | 1.0000 | 1.0000 | 0.9998 | 0.9993 | 0.9977 | 0.9925 | 0.9775 | 0.9369 | 0.8332 | 0.5819 |

续表 1

| n | x | 0.05 | 0.10 | 0.15 | 0.20 | 0.25 | 0.30 | 0.35 | 0.40 | 0.45 | $p$ 0.50 | 0.55 | 0.60 | 0.65 | 0.70 | 0.75 | 0.80 | 0.85 | 0.90 | 0.95 |
|---|---|---|---|---|---|---|---|---|---|---|---|---|---|---|---|---|---|---|---|---|
| | 17 | 1.0000 | 1.0000 | 1.0000 | 1.0000 | 1.0000 | 1.0000 | 1.0000 | 1.0000 | 1.0000 | 1.0000 | 1.0000 | 1.0000 | 1.0000 | 1.0000 | 1.0000 | 1.0000 | 1.0000 | 1.0000 | 1.0000 |
| 18 | 0 | 0.3972 | 0.1501 | 0.0536 | 0.0180 | 0.0056 | 0.0016 | 0.0004 | 0.0001 | 0.0000 | 0.0000 | 0.0000 | 0.0000 | 0.0000 | 0.0000 | 0.0000 | 0.0000 | 0.0000 | 0.0000 | 0.0000 |
| | 1 | 0.7735 | 0.4203 | 0.2241 | 0.0991 | 0.0395 | 0.0142 | 0.0046 | 0.0013 | 0.0003 | 0.0001 | 0.0000 | 0.0000 | 0.0000 | 0.0000 | 0.0000 | 0.0000 | 0.0000 | 0.0000 | 0.0000 |
| | 2 | 0.9419 | 0.7054 | 0.4797 | 0.2713 | 0.1353 | 0.0600 | 0.0236 | 0.0082 | 0.0025 | 0.0007 | 0.0001 | 0.0000 | 0.0000 | 0.0000 | 0.0000 | 0.0000 | 0.0000 | 0.0000 | 0.0000 |
| | 3 | 0.9891 | 0.8850 | 0.7202 | 0.5010 | 0.3057 | 0.1646 | 0.0783 | 0.0328 | 0.0120 | 0.0038 | 0.0010 | 0.0002 | 0.0000 | 0.0000 | 0.0000 | 0.0000 | 0.0000 | 0.0000 | 0.0000 |
| | 4 | 0.9985 | 0.9648 | 0.8794 | 0.7164 | 0.5187 | 0.3327 | 0.1886 | 0.0942 | 0.0411 | 0.0154 | 0.0049 | 0.0013 | 0.0003 | 0.0000 | 0.0000 | 0.0000 | 0.0000 | 0.0000 | 0.0000 |
| | 5 | 0.9998 | 0.9914 | 0.9581 | 0.8671 | 0.7175 | 0.5344 | 0.3550 | 0.2088 | 0.1077 | 0.0481 | 0.0183 | 0.0058 | 0.0014 | 0.0003 | 0.0000 | 0.0000 | 0.0000 | 0.0000 | 0.0000 |
| | 6 | 1.0000 | 0.9983 | 0.9882 | 0.9487 | 0.8610 | 0.7217 | 0.5491 | 0.3743 | 0.2258 | 0.1189 | 0.0537 | 0.0203 | 0.0062 | 0.0014 | 0.0002 | 0.0000 | 0.0000 | 0.0000 | 0.0000 |
| | 7 | 1.0000 | 0.9998 | 0.9973 | 0.9837 | 0.9431 | 0.8593 | 0.7283 | 0.5634 | 0.3915 | 0.2403 | 0.1280 | 0.0576 | 0.0212 | 0.0061 | 0.0012 | 0.0002 | 0.0000 | 0.0000 | 0.0000 |
| | 8 | 1.0000 | 0.9998 | 0.9995 | 0.9957 | 0.9807 | 0.9404 | 0.8609 | 0.7368 | 0.5778 | 0.4073 | 0.2527 | 0.1347 | 0.0597 | 0.0210 | 0.0054 | 0.0009 | 0.0001 | 0.0000 | 0.0000 |
| | 9 | 1.0000 | 1.0000 | 0.9999 | 0.9991 | 0.9946 | 0.9790 | 0.9403 | 0.8653 | 0.7473 | 0.5927 | 0.4222 | 0.2632 | 0.1391 | 0.0596 | 0.0193 | 0.0043 | 0.0005 | 0.0000 | 0.0000 |
| | 10 | 1.0000 | 1.0000 | 1.0000 | 0.9998 | 0.9988 | 0.9939 | 0.9788 | 0.9424 | 0.8720 | 0.7597 | 0.6085 | 0.4366 | 0.2717 | 0.1407 | 0.0569 | 0.0163 | 0.0027 | 0.0002 | 0.0000 |
| | 11 | 1.0000 | 1.0000 | 1.0000 | 1.0000 | 0.9998 | 0.9986 | 0.9938 | 0.9797 | 0.9463 | 0.8811 | 0.7742 | 0.6257 | 0.4509 | 0.2783 | 0.1390 | 0.0513 | 0.0118 | 0.0012 | 0.0000 |
| | 12 | 1.0000 | 1.0000 | 1.0000 | 1.0000 | 1.0000 | 0.9997 | 0.9986 | 0.9942 | 0.9817 | 0.9519 | 0.8923 | 0.7912 | 0.6450 | 0.4656 | 0.2825 | 0.1329 | 0.0419 | 0.0064 | 0.0002 |
| | 13 | 1.0000 | 1.0000 | 1.0000 | 1.0000 | 1.0000 | 1.0000 | 0.9997 | 0.9987 | 0.9951 | 0.9846 | 0.9589 | 0.9058 | 0.8114 | 0.6673 | 0.4813 | 0.2836 | 0.1206 | 0.0282 | 0.0015 |
| | 14 | 1.0000 | 1.0000 | 1.0000 | 1.0000 | 1.0000 | 1.0000 | 1.0000 | 0.9998 | 0.9990 | 0.9962 | 0.9880 | 0.9672 | 0.9217 | 0.8354 | 0.6943 | 0.4990 | 0.2798 | 0.0982 | 0.0109 |
| | 15 | 1.0000 | 1.0000 | 1.0000 | 1.0000 | 1.0000 | 1.0000 | 1.0000 | 1.0000 | 0.9999 | 0.9993 | 0.9975 | 0.9918 | 0.9764 | 0.9400 | 0.8647 | 0.7287 | 0.5203 | 0.2662 | 0.0581 |
| | 16 | 1.0000 | 1.0000 | 1.0000 | 1.0000 | 1.0000 | 1.0000 | 1.0000 | 1.0000 | 1.0000 | 0.9999 | 0.9997 | 0.9987 | 0.9954 | 0.9858 | 0.9605 | 0.9009 | 0.7759 | 0.5497 | 0.2265 |
| | 17 | 1.0000 | 1.0000 | 1.0000 | 1.0000 | 1.0000 | 1.0000 | 1.0000 | 1.0000 | 1.0000 | 1.0000 | 0.9999 | 0.9999 | 0.9996 | 0.9984 | 0.9944 | 0.9820 | 0.9464 | 0.8499 | 0.6028 |
| | 18 | 1.0000 | 1.0000 | 1.0000 | 1.0000 | 1.0000 | 1.0000 | 1.0000 | 1.0000 | 1.0000 | 1.0000 | 1.0000 | 1.0000 | 1.0000 | 1.0000 | 1.0000 | 1.0000 | 1.0000 | 1.0000 | 1.0000 |
| 19 | 0 | 0.3774 | 0.1351 | 0.0456 | 0.0144 | 0.0042 | 0.0011 | 0.0003 | 0.0001 | 0.0000 | 0.0000 | 0.0000 | 0.0000 | 0.0000 | 0.0000 | 0.0000 | 0.0000 | 0.0000 | 0.0000 | 0.0000 |
| | 1 | 0.7547 | 0.4203 | 0.1985 | 0.0829 | 0.0310 | 0.0104 | 0.0031 | 0.0008 | 0.0002 | 0.0000 | 0.0000 | 0.0000 | 0.0000 | 0.0000 | 0.0000 | 0.0000 | 0.0000 | 0.0000 | 0.0000 |
| | 2 | 0.9335 | 0.7054 | 0.4413 | 0.2369 | 0.1113 | 0.0462 | 0.0170 | 0.0055 | 0.0015 | 0.0004 | 0.0001 | 0.0000 | 0.0000 | 0.0000 | 0.0000 | 0.0000 | 0.0000 | 0.0000 | 0.0000 |
| | 3 | 0.9868 | 0.8850 | 0.6481 | 0.4551 | 0.2631 | 0.1332 | 0.0591 | 0.0230 | 0.0077 | 0.0022 | 0.0005 | 0.0001 | 0.0000 | 0.0000 | 0.0000 | 0.0000 | 0.0000 | 0.0000 | 0.0000 |
| | 4 | 0.9980 | 0.9648 | 0.8555 | 0.6733 | 0.4654 | 0.2822 | 0.1500 | 0.0696 | 0.0280 | 0.0096 | 0.0028 | 0.0006 | 0.0001 | 0.0000 | 0.0000 | 0.0000 | 0.0000 | 0.0000 | 0.0000 |
| | 5 | 0.9998 | 0.9914 | 0.9463 | 0.8369 | 0.6678 | 0.4739 | 0.2968 | 0.1629 | 0.0777 | 0.0318 | 0.0109 | 0.0031 | 0.0007 | 0.0001 | 0.0000 | 0.0000 | 0.0000 | 0.0000 | 0.0000 |
| | 6 | 1.0000 | 0.9983 | 0.9837 | 0.9324 | 0.8251 | 0.6655 | 0.4812 | 0.3081 | 0.1727 | 0.0835 | 0.0342 | 0.0116 | 0.0031 | 0.0006 | 0.0001 | 0.0000 | 0.0000 | 0.0000 | 0.0000 |
| | 7 | 1.0000 | 0.9997 | 0.9959 | 0.9767 | 0.9225 | 0.8180 | 0.6656 | 0.4878 | 0.3169 | 0.1796 | 0.0871 | 0.0352 | 0.0114 | 0.0028 | 0.0005 | 0.0000 | 0.0000 | 0.0000 | 0.0000 |
| | 8 | 1.0000 | 1.0000 | 0.9992 | 0.9933 | 0.9713 | 0.9161 | 0.8145 | 0.6675 | 0.4940 | 0.3238 | 0.1841 | 0.0885 | 0.0347 | 0.0105 | 0.0023 | 0.0003 | 0.0000 | 0.0000 | 0.0000 |
| | 9 | 1.0000 | 1.0000 | 0.9999 | 0.9984 | 0.9911 | 0.9674 | 0.9125 | 0.8139 | 0.6710 | 0.5000 | 0.3290 | 0.1861 | 0.0875 | 0.0326 | 0.0089 | 0.0016 | 0.0001 | 0.0000 | 0.0000 |
| | 10 | 1.0000 | 1.0000 | 1.0000 | 0.9997 | 0.9977 | 0.9895 | 0.9653 | 0.9115 | 0.8159 | 0.6762 | 0.5060 | 0.3325 | 0.1855 | 0.0839 | 0.0287 | 0.0067 | 0.0008 | 0.0000 | 0.0000 |

续表 1

| n | x | 0.05 | 0.10 | 0.15 | 0.20 | 0.25 | 0.30 | 0.35 | 0.40 | 0.45 | 0.50 | 0.55 | 0.60 | 0.65 | 0.70 | 0.75 | 0.80 | 0.85 | 0.90 | 0.95 |
|---|---|------|------|------|------|------|------|------|------|------|------|------|------|------|------|------|------|------|------|------|
|  | 11 | 1.0000 | 1.0000 | 1.0000 | 1.0000 | 0.9995 | 0.9972 | 0.9886 | 0.9648 | 0.9129 | 0.8204 | 0.6831 | 0.5122 | 0.3344 | 0.1820 | 0.0775 | 0.0233 | 0.0041 | 0.0003 | 0.0000 |
|  | 12 | 1.0000 | 1.0000 | 1.0000 | 1.0000 | 0.9999 | 0.9994 | 0.9969 | 0.9884 | 0.9658 | 0.9165 | 0.8273 | 0.6919 | 0.5188 | 0.3345 | 0.1749 | 0.0676 | 0.0163 | 0.0017 | 0.0000 |
|  | 13 | 1.0000 | 1.0000 | 1.0000 | 1.0000 | 1.0000 | 0.9999 | 0.9993 | 0.9969 | 0.9891 | 0.9682 | 0.9223 | 0.8371 | 0.7031 | 0.5261 | 0.3322 | 0.1631 | 0.0537 | 0.0086 | 0.0002 |
|  | 14 | 1.0000 | 1.0000 | 1.0000 | 1.0000 | 1.0000 | 1.0000 | 0.9999 | 0.9994 | 0.9972 | 0.9904 | 0.9720 | 0.9304 | 0.8500 | 0.7178 | 0.5346 | 0.3267 | 0.1444 | 0.0352 | 0.0002 |
|  | 15 | 1.0000 | 1.0000 | 1.0000 | 1.0000 | 1.0000 | 1.0000 | 1.0000 | 0.9999 | 0.9995 | 0.9975 | 0.9925 | 0.9770 | 0.9409 | 0.8668 | 0.7369 | 0.5449 | 0.3159 | 0.1150 | 0.0132 |
|  | 16 | 1.0000 | 1.0000 | 1.0000 | 1.0000 | 1.0000 | 1.0000 | 1.0000 | 1.0000 | 0.9999 | 0.9996 | 0.9985 | 0.9945 | 0.9832 | 0.9538 | 0.8887 | 0.7631 | 0.5587 | 0.2946 | 0.0665 |
|  | 17 | 1.0000 | 1.0000 | 1.0000 | 1.0000 | 1.0000 | 1.0000 | 1.0000 | 1.0000 | 1.0000 | 1.0000 | 0.9998 | 0.9992 | 0.9962 | 0.9896 | 0.9690 | 0.9171 | 0.8015 | 0.5797 | 0.2453 |
|  | 18 | 1.0000 | 1.0000 | 1.0000 | 1.0000 | 1.0000 | 1.0000 | 1.0000 | 1.0000 | 1.0000 | 1.0000 | 1.0000 | 0.9999 | 0.9997 | 0.9989 | 0.9958 | 0.9856 | 0.9544 | 0.8469 | 0.6226 |
|  | 19 | 1.0000 | 1.0000 | 1.0000 | 1.0000 | 1.0000 | 1.0000 | 1.0000 | 1.0000 | 1.0000 | 1.0000 | 1.0000 | 1.0000 | 1.0000 | 1.0000 | 1.0000 | 1.0000 | 1.0000 | 1.0000 | 1.0000 |
| 20 | 0 | 0.3585 | 0.1216 | 0.0388 | 0.0115 | 0.0032 | 0.0008 | 0.0002 | 0.0000 | 0.0000 | 0.0000 | 0.0000 | 0.0000 | 0.0000 | 0.0000 | 0.0000 | 0.0000 | 0.0000 | 0.0000 | 0.0000 |
|  | 1 | 0.7358 | 0.3917 | 0.1756 | 0.0692 | 0.0243 | 0.0076 | 0.0021 | 0.0005 | 0.0001 | 0.0000 | 0.0000 | 0.0000 | 0.0000 | 0.0000 | 0.0000 | 0.0000 | 0.0000 | 0.0000 | 0.0000 |
|  | 2 | 0.9245 | 0.6769 | 0.4049 | 0.2061 | 0.0913 | 0.0355 | 0.0121 | 0.0036 | 0.0009 | 0.0002 | 0.0000 | 0.0000 | 0.0000 | 0.0000 | 0.0000 | 0.0000 | 0.0000 | 0.0000 | 0.0000 |
|  | 3 | 0.9841 | 0.8670 | 0.6477 | 0.4114 | 0.2252 | 0.1071 | 0.0444 | 0.0160 | 0.0049 | 0.0013 | 0.0003 | 0.0000 | 0.0000 | 0.0000 | 0.0000 | 0.0000 | 0.0000 | 0.0000 | 0.0000 |
|  | 4 | 0.9974 | 0.9568 | 0.8298 | 0.6296 | 0.4148 | 0.2375 | 0.1182 | 0.0510 | 0.0189 | 0.0059 | 0.0015 | 0.0003 | 0.0000 | 0.0000 | 0.0000 | 0.0000 | 0.0000 | 0.0000 | 0.0000 |
|  | 5 | 0.9997 | 0.9887 | 0.9327 | 0.8042 | 0.6172 | 0.4164 | 0.2454 | 0.1256 | 0.0553 | 0.0207 | 0.0064 | 0.0016 | 0.0003 | 0.0000 | 0.0000 | 0.0000 | 0.0000 | 0.0000 | 0.0000 |
|  | 6 | 1.0000 | 0.9976 | 0.9781 | 0.9133 | 0.7858 | 0.6080 | 0.4166 | 0.2500 | 0.1299 | 0.0577 | 0.0214 | 0.0065 | 0.0015 | 0.0003 | 0.0000 | 0.0000 | 0.0000 | 0.0000 | 0.0000 |
|  | 7 | 1.0000 | 0.9996 | 0.9941 | 0.9679 | 0.8982 | 0.7723 | 0.6010 | 0.4159 | 0.2520 | 0.1316 | 0.0580 | 0.0210 | 0.0060 | 0.0013 | 0.0002 | 0.0000 | 0.0000 | 0.0000 | 0.0000 |
|  | 8 | 1.0000 | 0.9999 | 0.9987 | 0.9900 | 0.9591 | 0.8867 | 0.7624 | 0.5956 | 0.4143 | 0.2517 | 0.1308 | 0.0565 | 0.0196 | 0.0051 | 0.0009 | 0.0001 | 0.0000 | 0.0000 | 0.0000 |
|  | 9 | 1.0000 | 1.0000 | 0.9998 | 0.9974 | 0.9861 | 0.9520 | 0.8782 | 0.7553 | 0.5914 | 0.4119 | 0.2493 | 0.1275 | 0.0532 | 0.0171 | 0.0039 | 0.0006 | 0.0000 | 0.0000 | 0.0000 |
|  | 10 | 1.0000 | 1.0000 | 1.0000 | 0.9994 | 0.9961 | 0.9829 | 0.9468 | 0.8725 | 0.7507 | 0.5881 | 0.4086 | 0.2447 | 0.1218 | 0.0480 | 0.0139 | 0.0026 | 0.0002 | 0.0000 | 0.0000 |
|  | 11 | 1.0000 | 1.0000 | 1.0000 | 0.9999 | 0.9991 | 0.9949 | 0.9804 | 0.9435 | 0.8692 | 0.7483 | 0.5857 | 0.4044 | 0.2376 | 0.1133 | 0.0409 | 0.0100 | 0.0013 | 0.0001 | 0.0000 |
|  | 12 | 1.0000 | 1.0000 | 1.0000 | 1.0000 | 0.9998 | 0.9987 | 0.9940 | 0.9790 | 0.9420 | 0.8684 | 0.7480 | 0.5841 | 0.3990 | 0.2277 | 0.1018 | 0.0321 | 0.0059 | 0.0004 | 0.0000 |
|  | 13 | 1.0000 | 1.0000 | 1.0000 | 1.0000 | 1.0000 | 0.9997 | 0.9985 | 0.9935 | 0.9786 | 0.9423 | 0.8701 | 0.7500 | 0.5834 | 0.3920 | 0.2142 | 0.0867 | 0.0219 | 0.0024 | 0.0000 |
|  | 14 | 1.0000 | 1.0000 | 1.0000 | 1.0000 | 1.0000 | 1.0000 | 0.9997 | 0.9984 | 0.9936 | 0.9793 | 0.9447 | 0.8744 | 0.7546 | 0.5836 | 0.3828 | 0.1958 | 0.0673 | 0.0113 | 0.0003 |
|  | 15 | 1.0000 | 1.0000 | 1.0000 | 1.0000 | 1.0000 | 1.0000 | 1.0000 | 0.9997 | 0.9985 | 0.9941 | 0.9811 | 0.9490 | 0.8818 | 0.7625 | 0.5852 | 0.3704 | 0.1702 | 0.0432 | 0.0026 |
|  | 16 | 1.0000 | 1.0000 | 1.0000 | 1.0000 | 1.0000 | 1.0000 | 1.0000 | 1.0000 | 0.9997 | 0.9987 | 0.9951 | 0.9840 | 0.9556 | 0.8929 | 0.7748 | 0.5886 | 0.3523 | 0.1330 | 0.0159 |
|  | 17 | 1.0000 | 1.0000 | 1.0000 | 1.0000 | 1.0000 | 1.0000 | 1.0000 | 1.0000 | 1.0000 | 0.9998 | 0.9991 | 0.9964 | 0.9879 | 0.9645 | 0.9087 | 0.7939 | 0.5951 | 0.3231 | 0.0755 |
|  | 18 | 1.0000 | 1.0000 | 1.0000 | 1.0000 | 1.0000 | 1.0000 | 1.0000 | 1.0000 | 1.0000 | 1.0000 | 0.9999 | 0.9995 | 0.9979 | 0.9924 | 0.9757 | 0.9308 | 0.8244 | 0.6083 | 0.2642 |
|  | 19 | 1.0000 | 1.0000 | 1.0000 | 1.0000 | 1.0000 | 1.0000 | 1.0000 | 1.0000 | 1.0000 | 1.0000 | 1.0000 | 0.9999 | 0.9998 | 0.9992 | 0.9968 | 0.9885 | 0.9612 | 0.8784 | 0.6415 |
|  | 20 | 1.0000 | 1.0000 | 1.0000 | 1.0000 | 1.0000 | 1.0000 | 1.0000 | 1.0000 | 1.0000 | 1.0000 | 1.0000 | 1.0000 | 1.0000 | 1.0000 | 1.0000 | 1.0000 | 1.0000 | 1.0000 | 1.0000 |

表 2 泊松分布表

$$P(X=x) = \frac{\lambda^x}{x!}e^{-\lambda}$$

| x \ λ | 0.1 | 0.2 | 0.3 | 0.4 | 0.5 | 0.6 | 0.7 | 0.8 | 0.9 | 1.0 | 1.5 | 2.0 | 2.5 | 3.0 | 3.5 | 4.0 | 4.5 | 5.0 | 6.0 | 7.0 | 8.0 | 9.0 | 10.1 |
|---|---|---|---|---|---|---|---|---|---|---|---|---|---|---|---|---|---|---|---|---|---|---|---|
| 0 | 0.904 837 | 0.818 731 | 0.740 818 | 0.670 320 | 0.606 531 | 0.548 812 | 0.496 587 | 0.449 329 | 0.406 570 | 0.367 879 | 0.223 130 | 0.135 335 | 0.082 085 | 0.049 787 | 0.030 197 | 0.018 316 | 0.011 109 | 0.006 738 | 0.002 479 | 0.000 912 | 0.000 335 | 0.000 123 | 0.000 045 |
| 1 | 0.09 484 | 0.163 746 | 0.222 245 | 0.268 128 | 0.303 265 | 0.329 287 | 0.347 610 | 0.359 463 | 0.365 913 | 0.367 879 | 0.334 695 | 0.270 671 | 0.205 212 | 0.149 361 | 0.105 691 | 0.073 263 | 0.049 990 | 0.033 690 | 0.014 873 | 0.006 383 | 0.002 684 | 0.001 111 | 0.000 454 |
| 2 | 0.004 524 | 0.016 375 | 0.033 337 | 0.053 626 | 0.075 816 | 0.098 786 | 0.121 663 | 0.143 785 | 0.146 661 | 0.183 940 | 0.251 021 | 0.270 671 | 0.256 516 | 0.224 042 | 0.184 959 | 0.146 525 | 0.112 479 | 0.084 224 | 0.044 618 | 0.022 341 | 0.010 735 | 0.004 998 | 0.002 270 |
| 3 | 0.000 151 | 0.001 092 | 0.003 334 | 0.007 150 | 0.012 636 | 0.019 757 | 0.028 388 | 0.038 343 | 0.049 398 | 0.061 313 | 0.125 510 | 0.180 447 | 0.213 763 | 0.224 042 | 0.215 785 | 0.195 367 | 0.168 718 | 0.140 374 | 0.089 235 | 0.052 129 | 0.028 626 | 0.014 994 | 0.007 567 |
| 4 | 0.000 004 | 0.000 055 | 0.000 250 | 0.000 715 | 0.001 580 | 0.002 964 | 0.004 968 | 0.007 669 | 0.011 115 | 0.015 328 | 0.047 067 | 0.090 224 | 0.133 602 | 0.168 031 | 0.188 812 | 0.195 367 | 0.189 808 | 0.175 467 | 0.133 853 | 0.091 226 | 0.057 252 | 0.033 737 | 0.018 917 |
| 5 |  | 0.000 002 | 0.000 015 | 0.000 057 | 0.000 158 | 0.000 356 | 0.000 696 | 0.001 227 | 0.002 001 | 0.003 066 | 0.014 120 | 0.036 089 | 0.066 801 | 0.100 819 | 0.132 169 | 0.156 293 | 0.170 827 | 0.175 467 | 0.160 623 | 0.127 717 | 0.091 604 | 0.060 727 | 0.037 833 |
| 6 |  |  | 0.000 001 | 0.000 004 | 0.000 013 | 0.000 036 | 0.000 081 | 0.000 164 | 0.000 300 | 0.000 511 | 0.003 530 | 0.012 030 | 0.027 834 | 0.050 409 | 0.077 098 | 0.104 196 | 0.128 120 | 0.146 223 | 0.160 623 | 0.149 003 | 0.122 138 | 0.091 090 | 0.063 055 |
| 7 |  |  |  |  | 0.000 001 | 0.000 003 | 0.000 008 | 0.000 019 | 0.000 039 | 0.000 073 | 0.000 756 | 0.003 437 | 0.009 041 | 0.021 604 | 0.038 549 | 0.059 540 | 0.082 363 | 0.104 445 | 0.137 677 | 0.149 003 | 0.139 587 | 0.117 116 | 0.090 079 |
| 8 |  |  |  |  |  |  | 0.000 001 | 0.000 002 | 0.000 004 | 0.000 009 | 0.000 142 | 0.000 859 | 0.003 106 | 0.008 102 | 0.016 865 | 0.029 770 | 0.046 329 | 0.065 278 | 0.103 258 | 0.130 377 | 0.139 587 | 0.131 756 | 0.112 599 |
| 9 |  |  |  |  |  |  |  |  |  | 0.000 001 | 0.000 024 | 0.000 191 | 0.000 863 | 0.002 701 | 0.006 559 | 0.013 231 | 0.023 165 | 0.036 266 | 0.068 838 | 0.101 405 | 0.124 077 | 0.131 756 | 0.125 110 |
| 10 |  |  |  |  |  |  |  |  |  |  | 0.000 004 | 0.000 038 | 0.000 216 | 0.000 810 | 0.002 296 | 0.005 292 | 0.010 424 | 0.018 133 | 0.041 303 | 0.070 983 | 0.099 262 | 0.118 580 | 0.125 110 |
| 11 |  |  |  |  |  |  |  |  |  |  |  | 0.000 007 | 0.000 049 | 0.000 221 | 0.000 730 | 0.001 925 | 0.004 264 | 0.008 242 | 0.022 529 | 0.045 171 | 0.072 190 | 0.097 020 | 0.110 736 |
| 12 |  |  |  |  |  |  |  |  |  |  |  | 0.000 001 | 0.000 010 | 0.000 055 | 0.000 213 | 0.000 642 | 0.001 599 | 0.003 434 | 0.011 264 | 0.026 350 | 0.048 127 | 0.072 765 | 0.094 780 |
| 13 |  |  |  |  |  |  |  |  |  |  |  |  | 0.000 002 | 0.000 013 | 0.000 057 | 0.000 197 | 0.000 554 | 0.001 321 | 0.005 199 | 0.014 188 | 0.029 616 | 0.050 376 | 0.072 908 |
| 14 |  |  |  |  |  |  |  |  |  |  |  |  |  | 0.000 003 | 0.000 014 | 0.000 056 | 0.000 178 | 0.000 472 | 0.002 228 | 0.007 094 | 0.016 924 | 0.032 384 | 0.052 077 |
| 15 |  |  |  |  |  |  |  |  |  |  |  |  |  | 0.000 001 | 0.000 003 | 0.000 015 | 0.000 053 | 0.000 157 | 0.000 891 | 0.003 311 | 0.009 026 | 0.019 431 | 0.034 718 |
| 16 |  |  |  |  |  |  |  |  |  |  |  |  |  |  | 0.000 001 | 0.000 004 | 0.0001 015 | 0.000 049 | 0.000 334 | 0.001 448 | 0.004 513 | 0.010 930 | 0.021 699 |
| 17 |  |  |  |  |  |  |  |  |  |  |  |  |  |  |  | 0.000 001 | 0.000 004 | 0.000 014 | 0.000 118 | 0.000 596 | 0.002 124 | 0.005 786 | 0.012 746 |
| 18 |  |  |  |  |  |  |  |  |  |  |  |  |  |  |  |  | 0.000 001 | 0.000 004 | 0.000 039 | 0.000 232 | 0.000 944 | 0.002 893 | 0.007 091 |
| 19 |  |  |  |  |  |  |  |  |  |  |  |  |  |  |  |  |  | 0.000 001 | 0.000 012 | 0.000 085 | 0.000 379 | 0.001 370 | 0.003 732 |
| 20 |  |  |  |  |  |  |  |  |  |  |  |  |  |  |  |  |  |  | 0.000 004 | 0.000 030 | 0.000 159 | 0.000 617 | 0.001 866 |
| 21 |  |  |  |  |  |  |  |  |  |  |  |  |  |  |  |  |  |  | 0.000 001 | 0.000 010 | 0.000 061 | 0.000 264 | 0.000 889 |
| 22 |  |  |  |  |  |  |  |  |  |  |  |  |  |  |  |  |  |  | 0.000 001 | 0.000 004 | 0.000 022 | 0.000 108 | 0.000 404 |
| 23 |  |  |  |  |  |  |  |  |  |  |  |  |  |  |  |  |  |  |  | 0.000 001 | 0.000 008 | 0.000 016 | 0.000 073 |
| 24 |  |  |  |  |  |  |  |  |  |  |  |  |  |  |  |  |  |  |  |  | 0.000 003 | 0.000 006 | 0.000 029 |
| 25 |  |  |  |  |  |  |  |  |  |  |  |  |  |  |  |  |  |  |  |  | 0.000 001 | 0.000 002 | 0.000 011 |
| 26 |  |  |  |  |  |  |  |  |  |  |  |  |  |  |  |  |  |  |  |  |  | 0.000 001 | 0.000 004 |
| 27 |  |  |  |  |  |  |  |  |  |  |  |  |  |  |  |  |  |  |  |  |  |  | 0.000 001 |
| 28 |  |  |  |  |  |  |  |  |  |  |  |  |  |  |  |  |  |  |  |  |  |  | 0.000 001 |
| 29 |  |  |  |  |  |  |  |  |  |  |  |  |  |  |  |  |  |  |  |  |  |  |  |

## 表3 标准正态分布表

$$\Phi(z) \int_{-\infty}^{z} \frac{1}{\sqrt{2\pi}} e^{-\frac{z^2}{2}} dz$$

| z | 0.00 | 0.01 | 0.02 | 0.03 | 0.04 | 0.05 | 0.06 | 0.07 | 0.08 | 0.09 |
|---|---|---|---|---|---|---|---|---|---|---|
| 0.0 | 0.500 000 | 0.503 989 | 0.507 978 | 0.511 966 | 0.515 953 | 0.519 939 | 0.523 922 | 0.527 903 | 0.531 881 | 0.535 856 |
| 0.1 | 0.539 828 | 0.543 795 | 0.547 758 | 0.551 717 | 0.555 670 | 0.559 618 | 0.563 559 | 0.567 495 | 0.571 424 | 0.575 345 |
| 0.2 | 0.579 260 | 0.583 166 | 0.587 064 | 0.590 954 | 0.594 835 | 0.598 706 | 0.602 568 | 0.606 420 | 0.610 261 | 0.614 092 |
| 0.3 | 0.617 911 | 0.621 720 | 0.625 516 | 0.629 300 | 0.633 072 | 0.636 831 | 0.640 576 | 0.644 309 | 0.648 027 | 0.651 732 |
| 0.4 | 0.655 422 | 0.659 097 | 0.662 757 | 0.666 402 | 0.670 310 | 0.673 645 | 0.677 242 | 0.680 822 | 0.684 386 | 0.687 933 |
| 0.5 | 0.691 462 | 0.694 974 | 0.689 468 | 0.701 944 | 0.705 401 | 0.708 840 | 0.712 260 | 0.715 661 | 0.719 043 | 0.722 405 |
| 0.6 | 0.725 747 | 0.729 069 | 0.723 371 | 0.735 371 | 0.735 653 | 0.738 914 | 0.742 154 | 0.745 373 | 0.748 571 | 0.751 748 |
| 0.7 | 0.758 036 | 0.761 148 | 0.764 238 | 0.767 305 | 0.770 350 | 0.773 373 | 0.776 373 | 0.779 350 | 0.782 305 | 0.785 236 |
| 0.8 | 0.788 145 | 0.791 030 | 0.793 892 | 0.796 731 | 0.799 546 | 0.802 337 | 0.805 105 | 0.807 850 | 0.810 570 | 0.813 267 |
| 0.9 | 0.815 940 | 0.818 589 | 0.821 214 | 0.823 814 | 0.826 391 | 0.828 944 | 0.831 472 | 0.833 977 | 0.836 457 | 0.838 913 |
| 1.0 | 0.841 345 | 0.843 752 | 0.846 136 | 0.848 495 | 0.850 830 | 0.853 141 | 0.855 428 | 0.857 690 | 0.859 929 | 0.862 143 |
| 1.1 | 0.864 334 | 0.866 500 | 0.868 643 | 0.870 762 | 0.872 857 | 0.874 908 | 0.876 976 | 0.879 000 | 0.881 000 | 0.882 977 |
| 1.2 | 0.884 930 | 0.886 861 | 0.888 768 | 0.890 651 | 0.892 512 | 0.894 350 | 0.896 165 | 0.897 958 | 0.899 727 | 0.901 475 |
| 1.3 | 0.903 200 | 0.904 902 | 0.906 582 | 0.908 241 | 0.909 877 | 0.911 492 | 0.913 085 | 0.914 657 | 0.916 207 | 0.917 736 |
| 1.4 | 0.191 243 | 0.920 730 | 0.922 196 | 0.923 641 | 0.925 066 | 0.926 471 | 0.927 855 | 0.929 219 | 0.930 563 | 0.931 888 |
| 1.5 | 0.933 193 | 0.934 478 | 0.935 745 | 0.936 992 | 0.938 220 | 0.939 429 | 0.940 620 | 0.941 792 | 0.942 947 | 0.944 083 |
| 1.6 | 0.945 201 | 0.946 301 | 0.947 384 | 0.948 449 | 0.949 497 | 0.950 529 | 0.951 543 | 0.952 540 | 0.953 521 | 0.954 486 |
| 1.7 | 0.955 435 | 0.956 367 | 0.957 284 | 0.958 185 | 0.959 070 | 0.959 941 | 0.960 796 | 0.961 636 | 0.962 462 | 0.963 273 |
| 1.8 | 0.964 070 | 0.964 852 | 0.965 620 | 0.966 375 | 0.967 116 | 0.967 843 | 0.968 557 | 0.969 258 | 0.969 946 | 0.970 621 |
| 1.9 | 0.971 283 | 0.971 933 | 0.972 571 | 0.973 197 | 0.973 810 | 0.974 412 | 0.975 002 | 0.975 581 | 0.976 148 | 0.976 705 |
| 2.0 | 0.977 250 | 0.977 784 | 0.978 308 | 0.978 822 | 0.979 325 | 0.979 818 | 0.980 301 | 0.980 774 | 0.981 237 | 0.981 691 |
| 2.1 | 0.982 136 | 0.982 571 | 0.982 997 | 0.983 414 | 0.983 823 | 0.984 222 | 0.984 614 | 0.984 997 | 0.985 371 | 0.985 738 |
| 2.2 | 0.986 097 | 0.986 447 | 0.986 791 | 0.987 126 | 0.987 455 | 0.987 776 | 0.988 089 | 0.988 396 | 0.988 696 | 0.988 989 |

续表3

| z | 0.00 | 0.01 | 0.02 | 0.03 | 0.04 | 0.05 | 0.06 | 0.07 | 0.08 | 0.09 |
|---|---|---|---|---|---|---|---|---|---|---|
| 2.3 | 0.989 276 | 0.989 556 | 0.989 830 | 0.990 097 | 0.990 358 | 0.990 613 | 0.990 863 | 0.991 106 | 0.991 344 | 0.991 576 |
| 2.4 | 0.991 802 | 0.992 024 | 0.992 240 | 0.992 451 | 0.992 656 | 0.992 857 | 0.993 053 | 0.993 244 | 0.993 431 | 0.993 613 |
| 2.5 | 0.993 790 | 0.993 963 | 0.994 132 | 0.994 297 | 0.994 457 | 0.994 614 | 0.994 766 | 0.994 915 | 0.995 060 | 0.995 201 |
| 2.6 | 0.995 339 | 0.995 473 | 0.995 604 | 0.995 731 | 0.995 855 | 0.995 975 | 0.996 093 | 0.996 207 | 0.996 319 | 0.996 427 |
| 2.7 | 0.996 533 | 0.996 636 | 0.996 736 | 0.996 833 | 0.996 928 | 0.997 020 | 0.997 110 | 0.997 197 | 0.997 282 | 0.997 365 |
| 2.8 | 0.997 445 | 0.997 523 | 0.997 599 | 0.997 673 | 0.997 744 | 0.997 814 | 0.997 882 | 0.997 948 | 0.998 012 | 0.998 074 |
| 2.9 | 0.998 134 | 0.998 193 | 0.998 250 | 0.998 305 | 0.998 359 | 0.998 411 | 0.998 462 | 0.998 511 | 0.998 559 | 0.998 605 |
| 3.0 | 0.998 650 | 0.998 694 | 0.998 736 | 0.998 777 | 0.998 817 | 0.998 856 | 0.998 893 | 0.998 930 | 0.998 965 | 0.998 999 |
| 3.1 | 0.999 032 | 0.999 065 | 0.999 096 | 0.999 126 | 0.999 155 | 0.999 184 | 0.999 211 | 0.999 238 | 0.999 264 | 0.999 289 |
| 3.2 | 0.999 313 | 0.999 336 | 0.999 359 | 0.999 381 | 0.999 402 | 0.999 423 | 0.999 443 | 0.999 462 | 0.999 481 | 0.999 499 |
| 3.3 | 0.999 517 | 0.999 534 | 0.999 550 | 0.999 566 | 0.999 581 | 0.999 596 | 0.999 610 | 0.999 624 | 0.999 638 | 0.999 651 |
| 3.4 | 0.999 663 | 0.999 675 | 0.999 687 | 0.999 698 | 0.999 709 | 0.999 720 | 0.999 730 | 0.999 740 | 0.999 749 | 0.999 758 |
| 3.5 | 0.999 767 | 0.999 776 | 0.999 784 | 0.999 792 | 0.999 800 | 0.999 807 | 0.999 815 | 0.999 822 | 0.999 828 | 0.999 836 |
| 3.6 | 0.999 841 | 0.999 847 | 0.999 853 | 0.999 858 | 0.999 864 | 0.999 869 | 0.999 874 | 0.999 879 | 0.999 883 | 0.999 888 |
| 3.7 | 0.999 892 | 0.999 896 | 0.999 900 | 0.999 904 | 0.999 908 | 0.999 912 | 0.999 915 | 0.999 918 | 0.999 922 | 0.999 925 |
| 3.8 | 0.999 928 | 0.999 931 | 0.999 933 | 0.999 936 | 0.999 938 | 0.999 941 | 0.999 943 | 0.999 946 | 0.999 948 | 0.999 950 |
| 3.9 | 0.999 952 | 0.999 954 | 0.999 956 | 0.999 958 | 0.999 959 | 0.999 961 | 0.999 963 | 0.999 964 | 0.999 966 | 0.999 967 |
| 4.0 | 0.999 968 | 0.999 970 | 0.999 971 | 0.999 972 | 0.999 973 | 0.999 974 | 0.999 975 | 0.999 976 | 0.999 977 | 0.999 978 |
| 4.1 | 0.999 979 | 0.999 980 | 0.999 981 | 0.999 982 | 0.999 983 | 0.999 983 | 0.999 984 | 0.999 985 | 0.999 985 | 0.999 986 |
| 4.2 | 0.999 987 | 0.999 987 | 0.999 988 | 0.999 988 | 0.999 989 | 0.999 989 | 0.999 990 | 0.999 990 | 0.999 991 | 0.999 991 |
| 4.3 | 0.999 991 | 0.999 992 | 0.999 992 | 0.999 993 | 0.999 993 | 0.999 993 | 0.999 993 | 0.999 994 | 0.999 994 | 0.999 994 |
| 4.4 | 0.999 995 | 0.999 995 | 0.999 995 | 0.999 995 | 0.999 996 | 0.999 996 | 0.999 996 | 0.999 996 | 0.999 996 | 0.999 996 |
| 4.5 | 0.999 997 | 0.999 997 | 0.999 997 | 0.999 997 | 0.999 997 | 0.999 997 | 0.999 997 | 0.999 998 | 0.999 998 | 0.999 998 |
| 4.6 | 0.999 998 | 0.999 998 | 0.999 998 | 0.999 998 | 0.999 998 | 0.999 998 | 0.999 998 | 0.999 998 | 0.999 999 | 0.999 999 |
| 4.7 | 0.999 999 | 0.999 999 | 0.999 999 | 0.999 999 | 0.999 999 | 0.999 999 | 0.999 999 | 0.999 999 | 0.999 999 | 0.999 999 |
| 4.8 | 0.999 999 | 0.999 999 | 0.999 999 | 0.999 999 | 0.999 999 | 0.999 999 | 0.999 999 | 0.999 999 | 0.999 999 | 0.999 999 |
| 4.9 | 1.000 000 | 1.000 000 | 1.000 000 | 1.000 000 | 1.000 000 | 1.000 000 | 1.000 000 | 1.000 000 | 1.000 000 | 1.000 000 |

注：本表对于 $z$ 给出正态分布函数 $\Phi(z)$ 的数值。

例：对于 $z=1.33$，$\Phi(z)=0.908\ 241$。

## 表 4　正态分布分位数表

$$Z_p = \int_{-\infty}^{z} \frac{1}{\sqrt{2\pi}} e^{-\frac{x^2}{2}} dx = p$$

| p | 0.000 | 0.001 | 0.002 | 0.003 | 0.004 | 0.005 | 0.006 | 0.007 | 0.008 | 0.009 |
|---|---|---|---|---|---|---|---|---|---|---|
| 0.50 | 0.000 000 | 0.002 507 | 0.005 013 | 0.007 520 | 0.010 027 | 0.012 533 | 0.015 040 | 0.017 547 | 0.020 054 | 0.022 562 |
| 0.51 | 0.025 069 | 0.027 576 | 0.030 084 | 0.032 592 | 0.035 100 | 0.037 608 | 0.040 117 | 0.042 626 | 0.045 135 | 0.047 644 |
| 0.52 | 0.050 154 | 0.052 664 | 0.055 174 | 0.057 684 | 0.060 195 | 0.062 707 | 0.065 219 | 0.067 713 | 0.070 243 | 0.072 756 |
| 0.53 | 0.075 270 | 0.077 784 | 0.080 298 | 0.082 813 | 0.085 329 | 0.087 845 | 0.090 361 | 0.092 879 | 0.095 396 | 0.097 915 |
| 0.54 | 0.100 434 | 0.102 953 | 0.105 474 | 0.107 995 | 0.110 516 | 0.113 039 | 0.115 562 | 0.118 085 | 0.120 610 | 0.123 135 |
| 0.55 | 0.125 661 | 0.128 188 | 0.130 716 | 0.133 245 | 0.135 774 | 0.138 304 | 0.140 835 | 0.143 367 | 0.145 900 | 0.148 434 |
| 0.56 | 0.150 969 | 0.153 505 | 0.156 042 | 0.158 580 | 0.161 119 | 0.163 658 | 0.166 199 | 0.168 741 | 0.171 285 | 0.173 829 |
| 0.57 | 0.176 374 | 0.178 921 | 0.181 468 | 0.184 017 | 0.186 567 | 0.189 118 | 0.191 671 | 0.194 225 | 0.196 780 | 0.199 336 |
| 0.58 | 0.201 893 | 0.204 452 | 0.207 013 | 0.209 574 | 0.212 137 | 0.214 702 | 0.217 267 | 0.219 835 | 0.222 403 | 0.224 973 |
| 0.59 | 0.227 545 | 0.230 118 | 0.232 693 | 0.235 269 | 0.237 847 | 0.240 426 | 0.243 007 | 0.245 590 | 0.248 174 | 0.250 760 |
| 0.60 | 0.253 347 | 0.255 936 | 0.258 527 | 0.261 120 | 0.263 714 | 0.266 311 | 0.268 909 | 0.271 508 | 0.274 110 | 0.276 714 |
| 0.61 | 0.279 319 | 0.281 926 | 0.284 536 | 0.287 147 | 0.289 760 | 0.292 275 | 0.294 992 | 0.297 611 | 0.300 232 | 0.302 855 |
| 0.62 | 0.305 481 | 0.308 108 | 0.310 738 | 0.313 369 | 0.316 003 | 0.318 639 | 0.321 278 | 0.323 918 | 0.326 561 | 0.329 206 |
| 0.63 | 0.331 853 | 0.334 503 | 0.337 155 | 0.339 809 | 0.342 766 | 0.345 126 | 0.347 787 | 0.350 451 | 0.353 118 | 0.355 787 |
| 0.64 | 0.358 459 | 0.361 133 | 0.363 810 | 0.366 489 | 0.369 171 | 0.371 856 | 0.374 543 | 0.377 234 | 0.379 926 | 0.382 622 |
| 0.65 | 0.385 320 | 0.388 022 | 0.390 786 | 0.393 433 | 0.396 142 | 0.398 855 | 0.401 571 | 0.404 289 | 0.407 011 | 0.409 735 |
| 0.66 | 0.412 463 | 0.415 194 | 0.417 928 | 0.420 665 | 0.423 405 | 0.426 148 | 0.428 895 | 0.431 644 | 0.434 397 | 0.437 154 |
| 0.67 | 0.439 913 | 0.442 676 | 0.445 443 | 0.448 212 | 0.450 985 | 0.453 762 | 0.456 542 | 0.459 326 | 0.462 113 | 0.464 904 |
| 0.68 | 0.467 699 | 0.470 497 | 0.473 299 | 0.476 104 | 0.478 914 | 0.481 727 | 0.484 544 | 0.487 365 | 0.490 189 | 0.493 018 |
| 0.69 | 0.495 850 | 0.498 687 | 0.501 527 | 0.504 372 | 0.507 221 | 0.510 073 | 0.512 930 | 0.515 792 | 0.518 657 | 0.521 527 |
| 0.70 | 0.524 401 | 0.527 279 | 0.530 161 | 0.533 049 | 0.535 940 | 0.538 836 | 0.841 737 | 0.544 642 | 0.547 551 | 0.550 466 |
| 0.71 | 0.553 385 | 0.556 308 | 0.559 237 | 0.562 175 | 0.655 108 | 0.568 051 | 0.570 999 | 0.573 952 | 0.576 910 | 0.579 873 |
| 0.72 | 0.582 842 | 0.585 815 | 0.588 793 | 0.591 777 | 0.594 766 | 0.597 760 | 0.600 760 | 0.603 765 | 0.606 775 | 0.609 792 |
| 0.73 | 0.612 813 | 0.615 840 | 0.618 873 | 0.621 912 | 0.624 956 | 0.628 006 | 0.631 062 | 0.634 124 | 0.637 192 | 0.640 266 |
| 0.74 | 0.643 345 | 0.646 431 | 0.649 524 | 0.652 622 | 0.655 727 | 0.658 838 | 0.661 955 | 0.665 079 | 0.668 209 | 0.671 346 |
| 0.75 | 0.674 490 | 0.677 640 | 0.680 797 | 0.683 961 | 0.687 131 | 0.690 309 | 0.693 493 | 0.696 685 | 0.699 884 | 0.703 089 |

续表4

| p | 0.000 | 0.001 | 0.002 | 0.003 | 0.004 | 0.005 | 0.006 | 0.007 | 0.008 | 0.009 |
|---|---|---|---|---|---|---|---|---|---|---|
| 0.76 | 0.706 303 | 0.709 523 | 0.712 751 | 0.715 986 | 0.719 229 | 0.722 479 | 0.725 737 | 0.729 003 | 0.732 276 | 0.735 558 |
| 0.77 | 0.738 847 | 0.742 144 | 0.745 450 | 0.748 763 | 0.752 085 | 0.755 415 | 0.758 754 | 0.762 101 | 0.765 456 | 0.768 820 |
| 0.78 | 0.772 193 | 0.775 575 | 0.778 966 | 0.782 365 | 0.785 774 | 0.789 192 | 0.792 619 | 0.796 055 | 0.799 501 | 0.802 956 |
| 0.79 | 0.806 421 | 0.809 896 | 0.813 380 | 0.816 875 | 0.820 379 | 0.823 894 | 0.827 418 | 0.830 953 | 0.834 499 | 0.838 055 |
| 0.80 | 0.841 621 | 0.845 199 | 0.848 787 | 0.852 386 | 0.855 996 | 0.859 617 | 0.863 250 | 0.866 894 | 0.870 550 | 0.874 219 |
| 0.81 | 0.877 896 | 0.881 587 | 0.885 290 | 0.889 006 | 0.892 733 | 0.896 473 | 0.900 226 | 0.903 991 | 0.907 770 | 0.911 561 |
| 0.82 | 0.915 365 | 0.919 183 | 0.923 014 | 0.926 859 | 0.930 717 | 0.934 589 | 0.938 476 | 0.942 376 | 0.946 291 | 0.950 221 |
| 0.83 | 0.954 765 | 0.958 124 | 0.962 099 | 0.966 088 | 0.970 093 | 0.974 114 | 0.978 150 | 0.982 203 | 0.986 271 | 0.990 356 |
| 0.84 | 0.994 458 | 0.998 576 | 1.002 217 | 1.006 864 | 1.011 034 | 1.015 222 | 1.019 428 | 1.023 651 | 1.027 893 | 1.032 154 |
| 0.85 | 1.036 433 | 1.040 832 | 1.045 050 | 1.049 387 | 1.053 744 | 1.058 122 | 1.062 519 | 1.066 938 | 1.071 377 | 1.075 837 |
| 0.86 | 1.080 319 | 1.084 823 | 1.089 349 | 1.097 897 | 1.098 468 | 1.103 063 | 1.107 680 | 1.112 321 | 1.116 987 | 1.121 677 |
| 0.87 | 1.126 391 | 1.131 131 | 1.135 896 | 1.140 687 | 1.145 505 | 1.150 349 | 1.155 221 | 1.160 120 | 1.165 047 | 1.170 002 |
| 0.88 | 1.174 987 | 1.180 001 | 1.185 044 | 1.190 118 | 1.195 223 | 1.200 359 | 1.205 527 | 1.210 727 | 1.215 960 | 1.221 227 |
| 0.89 | 1.226 528 | 1.231 864 | 1.237 235 | 1.242 641 | 1.248 085 | 1.253 565 | 1.259 084 | 1.264 641 | 1.270 238 | 1.275 874 |
| 0.90 | 1.281 552 | 1.287 271 | 1.293 032 | 1.298 837 | 1.304 685 | 1.310 579 | 1.316 519 | 1.322 505 | 1.328 539 | 1.334 622 |
| 0.91 | 1.340 755 | 1.346 939 | 1.353 174 | 1.359 463 | 1.365 806 | 1.372 204 | 1.378 659 | 1.385 172 | 1.391 744 | 1.398 377 |
| 0.92 | 1.405 072 | 1.411 830 | 1.418 654 | 1.425 544 | 1.432 503 | 1.439 531 | 1.446 632 | 1.453 806 | 1.461 056 | 1.468 384 |
| 0.93 | 1.475 791 | 1.483 280 | 1.490 853 | 1.498 513 | 1.506 262 | 1.514 102 | 1.522 036 | 1.530 068 | 1.538 199 | 1.546 433 |
| 0.94 | 1.554 774 | 1.563 324 | 1.571 787 | 1.580 467 | 1.589 268 | 1.598 193 | 1.607 248 | 1.616 436 | 1.625 763 | 1.635 234 |
| 0.95 | 1.644 854 | 1.654 628 | 1.664 563 | 1.674 665 | 1.684 941 | 1.695 398 | 1.706 043 | 1.716 886 | 1.727 934 | 1.739 198 |
| 0.96 | 1.750 686 | 1.762 410 | 1.774 382 | 1.786 613 | 1.799 118 | 1.811 911 | 1.825 007 | 1.838 424 | 1.852 180 | 1.866 296 |
| 0.97 | 1.880 794 | 1.895 698 | 1.911 036 | 1.926 837 | 1.943 134 | 1.959 964 | 1.977 368 | 1.995 393 | 2.014 091 | 2.033 520 |
| 0.98 | 2.053 749 | 2.074 855 | 2.096 927 | 2.120 072 | 2.144 411 | 2.170 090 | 2.197 286 | 2.226 212 | 2.257 129 | 2.290 368 |
| 0.99 | 2.326 348 | 2.365 618 | 2.408 916 | 2.457 263 | 2.512 144 | 2.575 829 | 2.652 070 | 2.747 781 | 2.878 162 | 2.990 232 |

注：本表对于 $p \geq 0.5$ 概率输出正态分布的分位数 $Z_p$。

例：对于 $p=0.95$，$Z_p=1.644\ 854$。

当 $p<0.5$ 时，$Z_p=-Z_{1-p}$，例 $Z_{0.1}=-Z_{0.9}=-1.281\ 552$。

与双侧概率 $\alpha$ 相应的分位数为 $Z_{1-\frac{\alpha}{2}}$。例：对于 $\alpha=0.05$，$Z_{1-\alpha/2}=Z_{0.975}=1.959\ 964$。

## 表5 t分布表

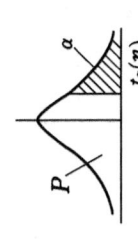

$P\{t(n) > t_\alpha(n)\} = \alpha$

| 自由度 n | α=2.5 | 0.10 | 0.05 | 0.025 | 0.01 | 0.005 | 自由度 n | α=2.5 | 0.10 | 0.05 | 0.025 | 0.01 | 0.005 |
|---|---|---|---|---|---|---|---|---|---|---|---|---|---|
| 1 | 1.000 0 | 3.077 7 | 6.313 8 | 12.706 2 | 31.820 7 | 63.657 4 | 24 | 0.684 8 | 1.317 8 | 1.710 9 | 2.063 9 | 2.492 2 | 2.796 9 |
| 2 | 0.816 5 | 1.885 6 | 2.920 0 | 4.302 7 | 6.964 6 | 9.924 8 | 25 | 0.684 4 | 1.316 3 | 1.708 1 | 2.059 5 | 2.485 1 | 2.787 4 |
| 3 | 0.764 9 | 1.637 7 | 2.353 4 | 3.182 4 | 4.540 7 | 5.840 9 | 26 | 0.684 0 | 1.315 0 | 1.705 6 | 2.055 5 | 2.478 6 | 2.778 7 |
| 4 | 0.740 7 | 1.533 2 | 2.131 8 | 2.776 4 | 3.746 9 | 4.604 1 | 27 | 0.683 7 | 1.313 7 | 1.703 3 | 2.051 8 | 2.472 7 | 2.770 7 |
| 5 | 0.726 7 | 1.475 9 | 2.015 0 | 2.570 6 | 3.364 9 | 4.032 2 | 28 | 0.683 4 | 1.312 5 | 1.701 1 | 2.048 4 | 2.467 1 | 2.763 3 |
| 6 | 0.717 6 | 1.439 8 | 1.943 2 | 2.446 9 | 3.142 7 | 3.707 4 | 29 | 0.683 0 | 1.311 4 | 1.699 1 | 2.045 2 | 2.462 0 | 2.756 4 |
| 7 | 0.711 1 | 1.414 9 | 1.894 6 | 2.364 6 | 2.998 0 | 3.499 5 | 30 | 0.682 8 | 1.310 4 | 1.697 3 | 2.042 3 | 2.457 3 | 2.750 0 |
| 8 | 0.706 4 | 1.396 8 | 1.859 5 | 2.306 0 | 2.896 5 | 3.355 4 | 31 | 0.682 5 | 1.309 5 | 1.695 5 | 2.039 5 | 2.452 8 | 2.744 0 |
| 9 | 0.702 7 | 1.383 0 | 1.833 1 | 2.262 2 | 2.821 4 | 3.249 8 | 32 | 0.682 2 | 1.308 6 | 1.693 9 | 2.036 9 | 2.448 7 | 2.738 5 |
| 10 | 0.699 8 | 1.372 2 | 1.812 5 | 2.228 1 | 2.763 8 | 3.169 3 | 33 | 0.681 8 | 1.308 3 | 1.688 3 | 2.032 2 | 2.441 1 | 2.728 4 |
| 11 | 0.697 4 | 1.363 4 | 1.795 9 | 2.201 0 | 2.718 1 | 3.105 8 | 34 | 0.681 6 | 1.306 2 | 1.689 6 | 2.030 1 | 2.437 7 | 2.723 8 |
| 12 | 0.695 5 | 1.356 2 | 1.782 3 | 2.178 8 | 2.681 0 | 3.054 5 | 35 | 0.681 4 | 1.305 9 | 1.687 1 | 2.028 1 | 2.454 3 | 2.719 5 |
| 13 | 0.693 8 | 1.350 2 | 1.770 9 | 2.160 4 | 2.650 3 | 3.012 3 | 36 | 0.681 2 | 1.304 9 | 1.687 1 | 2.026 2 | 2.431 4 | 2.715 4 |
| 14 | 0.692 4 | 1.345 0 | 1.761 3 | 2.144 8 | 2.624 5 | 2.976 8 | 37 | 0.681 0 | 1.304 2 | 1.686 6 | 2.024 4 | 2.428 6 | 2.711 6 |
| 15 | 0.691 2 | 1.340 6 | 1.753 1 | 2.131 5 | 2.602 5 | 2.946 7 | 38 | 0.680 8 | 1.303 6 | 1.684 9 | 2.022 7 | 2.425 8 | 2.707 9 |
| 16 | 0.690 1 | 1.368 8 | 1.745 9 | 2.119 9 | 2.583 5 | 2.920 8 | 39 | 0.680 7 | 1.303 0 | 1.683 9 | 2.021 1 | 2.423 3 | 2.704 5 |
| 17 | 0.689 2 | 1.333 4 | 1.739 6 | 2.109 8 | 2.566 9 | 2.898 2 | 40 | 0.680 5 | 1.302 2 | 1.682 9 | 2.019 5 | 2.420 8 | 2.701 2 |
| 18 | 0.688 4 | 1.330 4 | 1.734 1 | 2.100 9 | 2.552 4 | 2.878 4 | 41 | 0.680 4 | 1.302 0 | 1.682 0 | 2.018 1 | 2.418 5 | 2.698 1 |
| 19 | 0.687 6 | 1.327 7 | 1.729 1 | 2.093 0 | 2.539 5 | 2.860 9 | 42 | 0.680 4 | 1.301 6 | 1.681 1 | 2.016 7 | 2.416 3 | 2.695 1 |
| 20 | 0.687 0 | 1.325 3 | 1.724 7 | 2.086 0 | 2.528 0 | 2.845 3 | 43 | 0.680 2 | 1.301 1 | 1.680 2 | 2.015 4 | 2.414 1 | 2.692 3 |
| 21 | 0.684 6 | 1.323 2 | 1.720 7 | 2.079 6 | 2.517 7 | 2.831 4 | 44 | 0.680 0 | 1.300 6 | 1.679 4 | 2.014 1 | 2.412 1 | 2.689 6 |
| 22 | 0.685 8 | 1.321 2 | 1.717 1 | 2.073 9 | 2.508 3 | 2.818 8 | | | | | | | |
| 23 | 0.685 3 | 1.319 5 | 1.713 9 | 2.068 7 | 2.499 9 | 2.807 3 | | | | | | | |

## 表6 $\chi^2$ 分布表

$$P\{(\chi^2)(n) > Z^2_\alpha(n)\} = \alpha$$

| n | α=0.995 | 0.99 | 0.975 | 0.95 | 0.90 | 0.75 | 0.25 | 0.10 | 0.05 | 0.025 | 0.01 | 0.005 |
|---|---|---|---|---|---|---|---|---|---|---|---|---|
| 1 | — | — | 0.001 | 0.004 | 0.016 | 0.102 | 1.323 | 2.706 | 3.841 | 5.024 | 6.635 | 7.879 |
| 2 | 0.010 | 0.020 | 0.051 | 0.103 | 0.211 | 0.575 | 2.773 | 4.605 | 5.991 | 7.378 | 9.210 | 10.597 |
| 3 | 0.072 | 0.115 | 0.216 | 0.352 | 0.584 | 1.213 | 4.108 | 6.251 | 7.815 | 9.348 | 11.345 | 12.838 |
| 4 | 0.207 | 0.297 | 0.484 | 0.711 | 1.064 | 1.923 | 5.385 | 7.779 | 9.448 | 11.143 | 13.277 | 14.806 |
| 5 | 0.412 | 0.554 | 0.831 | 1.145 | 1.610 | 2.675 | 6.626 | 9.236 | 11.072 | 12.833 | 15.086 | 16.750 |
| 6 | 0.676 | 0.872 | 1.237 | 1.635 | 2.204 | 3.455 | 7.841 | 10.645 | 12.592 | 14.449 | 16.812 | 18.548 |
| 7 | 0.989 | 1.239 | 1.690 | 2.167 | 2.833 | 4.255 | 9.037 | 12.017 | 14.067 | 16.013 | 18.475 | 20.278 |
| 8 | 1.344 | 1.646 | 2.180 | 2.733 | 3.490 | 5.071 | 10.219 | 13.362 | 15.507 | 17.535 | 20.090 | 21.955 |
| 9 | 1.735 | 2.088 | 2.700 | 3.325 | 4.168 | 5.899 | 11.389 | 14.684 | 16.919 | 19.023 | 21.666 | 23.589 |
| 10 | 2.156 | 2.558 | 3.247 | 3.940 | 4.865 | 6.737 | 12.549 | 15.987 | 18.307 | 20.483 | 23.209 | 25.188 |
| 11 | 2.603 | 3.053 | 3.816 | 4.575 | 5.578 | 7.584 | 13.701 | 17.275 | 19.675 | 21.920 | 24.725 | 26.757 |
| 12 | 3.047 | 3.571 | 4.404 | 5.226 | 6.304 | 8.438 | 14.845 | 18.549 | 21.026 | 23.337 | 26.217 | 28.299 |
| 13 | 3.565 | 4.107 | 5.009 | 5.892 | 7.042 | 9.299 | 15.984 | 19.812 | 22.362 | 24.736 | 27.688 | 29.819 |
| 14 | 4.075 | 4.660 | 5.629 | 6.571 | 7.790 | 10.165 | 17.117 | 21.064 | 23.685 | 26.119 | 29.141 | 31.319 |
| 15 | 4.601 | 5.229 | 6.262 | 7.261 | 8.547 | 11.037 | 18.245 | 22.307 | 24.996 | 27.488 | 30.578 | 32.801 |
| 16 | 5.142 | 5.812 | 6.908 | 7.962 | 9.312 | 11.912 | 19.369 | 23.542 | 26.296 | 28.845 | 32.000 | 34.267 |
| 17 | 5.697 | 6.408 | 7.564 | 8.672 | 10.085 | 12.792 | 20.489 | 24.769 | 27.587 | 30.191 | 33.409 | 35.718 |
| 18 | 6.265 | 7.015 | 8.231 | 9.390 | 10.865 | 13.675 | 21.605 | 29.989 | 28.869 | 31.526 | 34.805 | 37.156 |
| 19 | 6.844 | 7.633 | 8.907 | 10.117 | 11.651 | 14.562 | 22.718 | 27.204 | 30.144 | 32.852 | 36.191 | 38.582 |
| 20 | 7.434 | 8.260 | 9.591 | 10.851 | 12.443 | 15.452 | 23.828 | 28.412 | 31.410 | 34.170 | 37.566 | 39.997 |
| 21 | 8.034 | 8.897 | 10.283 | 11.591 | 13.240 | 16.344 | 24.935 | 29.615 | 32.671 | 35.479 | 38.932 | 41.401 |
| 22 | 8.643 | 9.542 | 10.982 | 12.338 | 14.042 | 17.240 | 26.039 | 30.813 | 33.924 | 36.781 | 40.289 | 42.796 |
| 23 | 9.260 | 10.196 | 11.689 | 13.091 | 14.848 | 18.137 | 27.141 | 32.007 | 35.172 | 38.076 | 41.638 | 44.181 |
| 24 | 9.886 | 10.856 | 12.401 | 13.848 | 15.659 | 19.037 | 28.241 | 33.196 | 36.415 | 39.364 | 42.980 | 45.559 |

续表6

| n | $\alpha=0.995$ | 0.99 | 0.975 | 0.95 | 0.90 | 0.75 | 0.25 | 0.10 | 0.05 | 0.025 | 0.01 | 0.005 |
|---|---|---|---|---|---|---|---|---|---|---|---|---|
| 25 | 10.520 | 11.524 | 13.120 | 14.611 | 16.473 | 19.939 | 29.339 | 34.382 | 37.652 | 40.646 | 44.314 | 46.928 |
| 26 | 11.160 | 12.198 | 13.844 | 15.379 | 17.292 | 20.843 | 30.435 | 35.563 | 38.885 | 41.923 | 45.642 | 48.290 |
| 27 | 11.808 | 12.879 | 14.573 | 16.151 | 18.114 | 21.749 | 31.528 | 36.741 | 40.113 | 43.194 | 46.963 | 49.645 |
| 28 | 12.461 | 13.565 | 15.308 | 16.928 | 18.939 | 22.657 | 32.620 | 37.916 | 41.337 | 44.461 | 48.278 | 50.993 |
| 29 | 13.121 | 14.257 | 16.047 | 17.708 | 19.768 | 23.567 | 33.711 | 39.087 | 42.557 | 45.722 | 49.588 | 52.336 |
| 30 | 13.787 | 14.954 | 16.791 | 18.493 | 20.599 | 24.478 | 34.800 | 40.256 | 43.773 | 46.949 | 50.892 | 53.672 |
| 31 | 14.458 | 15.655 | 17.539 | 19.281 | 21.434 | 25.390 | 35.887 | 41.422 | 44.985 | 48.232 | 52.191 | 55.003 |
| 32 | 15.134 | 16.362 | 18.291 | 20.072 | 22.271 | 26.304 | 36.973 | 42.585 | 46.194 | 49.480 | 53.486 | 56.328 |
| 33 | 15.815 | 17.074 | 19.047 | 20.867 | 23.110 | 27.219 | 38.058 | 43.745 | 47.400 | 50.725 | 54.776 | 57.648 |
| 34 | 16.501 | 17.789 | 19.806 | 21.664 | 23.952 | 28.136 | 39.141 | 44.903 | 48.602 | 51.966 | 56.061 | 58.964 |
| 35 | 17.192 | 18.509 | 20.569 | 22.465 | 24.797 | 29.054 | 40.223 | 46.059 | 49.802 | 53.203 | 57.342 | 60.275 |
| 36 | 17.887 | 19.233 | 21.336 | 23.269 | 25.643 | 29.973 | 41.304 | 47.212 | 50.998 | 54.437 | 58.619 | 61.581 |
| 37 | 18.586 | 19.960 | 22.106 | 24.075 | 26.492 | 30.893 | 42.383 | 48.363 | 52.192 | 55.668 | 59.892 | 62.883 |
| 38 | 19.289 | 20.691 | 22.878 | 24.884 | 27.343 | 31.815 | 43.462 | 49.513 | 53.384 | 56.896 | 61.162 | 64.181 |
| 39 | 19.996 | 21.426 | 23.654 | 25.695 | 28.196 | 32.737 | 44.539 | 50.660 | 54.572 | 58.120 | 62.428 | 65.476 |
| 40 | 20.707 | 22.164 | 24.433 | 26.509 | 29.051 | 33.660 | 45.616 | 51.805 | 55.758 | 59.342 | 63.691 | 66.766 |
| 41 | 21.421 | 22.906 | 25.215 | 27.326 | 29.907 | 34.585 | 46.692 | 52.949 | 56.942 | 60.561 | 64.950 | 68.053 |
| 42 | 22.138 | 23.650 | 25.999 | 28.144 | 30.765 | 35.510 | 47.766 | 54.090 | 58.124 | 61.777 | 66.206 | 69.336 |
| 43 | 22.859 | 24.398 | 26.785 | 28.965 | 31.625 | 36.436 | 48.840 | 55.230 | 59.354 | 62.990 | 67.459 | 70.616 |
| 44 | 23.584 | 25.148 | 27.575 | 29.787 | 32.487 | 37.363 | 49.913 | 56.369 | 60.481 | 46.201 | 68.710 | 71.893 |
| 45 | 24.311 | 25.901 | 28.366 | 30.621 | 33.350 | 38.291 | 40.985 | 57.505 | 61.656 | 65.410 | 69.957 | 73.166 |

## 表7 F分布表

$$P\{F(n_1,n_2)>F_\alpha(n_1,n_2)\}=\alpha$$
($\alpha=0.10$)

| $n_1$ \ $n_2$ | 1 | 2 | 3 | 4 | 5 | 6 | 7 | 8 | 9 | 10 | 12 | 15 | 20 | 24 | 30 | 40 | 60 | 120 | 8 |
|---|---|---|---|---|---|---|---|---|---|---|---|---|---|---|---|---|---|---|---|
| 1 | 39.86 | 49.50 | 53.59 | 55.83 | 57.24 | 58.20 | 58.91 | 59.44 | 59.86 | 60.19 | 60.71 | 61.22 | 61.74 | 62.00 | 62.26 | 62.53 | 62.79 | 63.06 | 63.33 |
| 2 | 8.53 | 9.00 | 9.16 | 9.24 | 9.29 | 9.33 | 9.35 | 9.37 | 9.38 | 9.39 | 9.41 | 9.42 | 9.44 | 9.45 | 9.46 | 9.47 | 9.47 | 9.48 | 9.49 |
| 3 | 5.54 | 5.46 | 5.39 | 5.34 | 5.31 | 5.28 | 5.27 | 5.25 | 5.24 | 5.23 | 5.22 | 5.20 | 5.18 | 5.18 | 5.17 | 5.16 | 5.15 | 5.14 | 5.13 |
| 4 | 4.54 | 4.32 | 4.19 | 4.11 | 4.05 | 4.01 | 3.98 | 3.95 | 3.94 | 3.92 | 3.90 | 3.87 | 3.84 | 3.83 | 3.82 | 3.80 | 3.79 | 3.78 | 3.72 |
| 5 | 4.06 | 3.78 | 3.62 | 3.52 | 3.45 | 3.40 | 3.37 | 3.34 | 3.32 | 3.30 | 3.27 | 3.24 | 3.21 | 3.19 | 3.17 | 3.16 | 3.14 | 3.12 | 3.10 |
| 6 | 3.78 | 3.46 | 3.29 | 3.18 | 3.11 | 3.05 | 3.01 | 2.98 | 2.96 | 2.94 | 2.90 | 2.87 | 2.84 | 2.82 | 2.80 | 2.78 | 2.76 | 2.74 | 2.72 |
| 7 | 3.59 | 3.26 | 3.07 | 2.96 | 2.88 | 2.83 | 2.78 | 2.75 | 2.72 | 2.70 | 2.67 | 2.63 | 2.59 | 2.58 | 2.56 | 2.54 | 2.51 | 2.49 | 2.47 |
| 8 | 3.46 | 3.11 | 2.92 | 2.81 | 2.73 | 2.67 | 2.62 | 2.59 | 2.56 | 2.54 | 2.50 | 2.46 | 2.42 | 2.40 | 2.38 | 2.36 | 2.34 | 2.32 | 2.29 |
| 9 | 3.36 | 3.01 | 2.81 | 2.69 | 2.61 | 2.55 | 2.51 | 2.47 | 2.44 | 2.42 | 2.38 | 2.34 | 2.30 | 2.28 | 2.25 | 2.23 | 2.21 | 2.18 | 2.16 |
| 10 | 3.29 | 2.92 | 2.73 | 2.61 | 2.52 | 2.46 | 2.41 | 2.38 | 2.35 | 2.32 | 2.28 | 2.24 | 2.20 | 2.18 | 2.16 | 2.13 | 2.11 | 2.08 | 2.06 |
| 11 | 3.23 | 2.86 | 2.66 | 2.54 | 2.45 | 2.39 | 2.34 | 2.30 | 2.27 | 2.25 | 2.21 | 2.17 | 2.12 | 2.10 | 2.08 | 2.05 | 2.03 | 2.00 | 1.97 |
| 12 | 3.18 | 2.81 | 2.61 | 2.48 | 2.39 | 2.33 | 2.28 | 2.24 | 2.21 | 2.19 | 2.15 | 2.10 | 2.06 | 2.04 | 2.01 | 1.99 | 1.96 | 1.93 | 1.90 |
| 13 | 3.14 | 2.76 | 5.56 | 2.43 | 2.35 | 2.28 | 2.23 | 2.20 | 2.16 | 2.14 | 2.10 | 2.05 | 2.01 | 1.98 | 1.96 | 1.93 | 1.90 | 1.88 | 1.85 |
| 14 | 3.10 | 2.73 | 2.52 | 2.39 | 2.31 | 2.24 | 2.19 | 2.15 | 2.12 | 2.10 | 2.05 | 2.01 | 1.96 | 1.94 | 1.91 | 1.89 | 1.86 | 1.83 | 1.80 |
| 15 | 3.07 | 2.70 | 2.49 | 2.36 | 2.27 | 2.21 | 2.16 | 2.12 | 2.09 | 2.06 | 2.02 | 1.97 | 1.92 | 1.90 | 1.87 | 1.85 | 1.82 | 1.79 | 1.76 |
| 16 | 3.05 | 2.67 | 2.46 | 2.33 | 2.24 | 2.18 | 2.13 | 2.09 | 2.06 | 2.03 | 1.99 | 1.94 | 1.89 | 1.87 | 1.84 | 1.81 | 1.78 | 1.75 | 1.72 |
| 17 | 3.03 | 2.64 | 2.44 | 2.31 | 2.22 | 2.15 | 2.10 | 2.06 | 2.03 | 2.00 | 1.96 | 1.91 | 1.86 | 1.84 | 1.81 | 1.78 | 1.75 | 1.72 | 1.69 |
| 18 | 3.01 | 2.62 | 2.42 | 2.29 | 2.20 | 2.13 | 2.08 | 2.04 | 2.00 | 1.98 | 1.93 | 1.89 | 1.84 | 1.81 | 1.78 | 1.75 | 1.72 | 1.69 | 1.66 |
| 19 | 2.99 | 2.61 | 2.40 | 2.27 | 2.18 | 2.11 | 2.06 | 2.02 | 1.98 | 1.96 | 1.91 | 1.86 | 1.81 | 1.79 | 1.76 | 1.73 | 1.70 | 1.67 | 1.63 |
| 20 | 2.97 | 2.59 | 2.38 | 2.25 | 2.16 | 2.09 | 2.04 | 2.00 | 1.96 | 1.94 | 1.89 | 1.84 | 1.79 | 1.77 | 1.74 | 1.71 | 1.68 | 1.68 | 1.61 |
| 21 | 2.96 | 2.57 | 2.36 | 2.23 | 2.14 | 2.08 | 2.02 | 1.98 | 1.95 | 1.92 | 1.87 | 1.83 | 1.78 | 1.75 | 1.72 | 1.69 | 1.66 | 1.62 | 1.59 |

续表 7

| $n_2$ \ $n_1$ | 1 | 2 | 3 | 4 | 5 | 6 | 7 | 8 | 9 | 10 | 12 | 15 | 20 | 24 | 30 | 40 | 60 | 120 | ∞ |
|---|---|---|---|---|---|---|---|---|---|---|---|---|---|---|---|---|---|---|---|
| 22 | 2.95 | 2.56 | 2.35 | 2.22 | 2.13 | 2.06 | 2.01 | 1.97 | 1.93 | 1.90 | 1.86 | 1.81 | 1.76 | 1.73 | 1.70 | 1.67 | 1.64 | 1.60 | 1.57 |
| 23 | 2.94 | 2.55 | 2.34 | 2.21 | 2.11 | 2.05 | 1.99 | 1.95 | 1.92 | 1.89 | 1.84 | 1.80 | 1.74 | 1.72 | 1.69 | 1.66 | 1.62 | 1.59 | 1.55 |
| 24 | 2.93 | 2.54 | 2.33 | 2.19 | 2.10 | 2.04 | 1.98 | 1.94 | 1.91 | 1.88 | 1.83 | 1.78 | 1.73 | 1.70 | 1.67 | 1.64 | 1.61 | 1.57 | 1.53 |
| 25 | 2.92 | 2.53 | 2.32 | 2.18 | 2.09 | 2.02 | 1.97 | 1.93 | 1.89 | 1.87 | 1.82 | 1.77 | 1.72 | 1.69 | 1.66 | 1.63 | 1.59 | 1.56 | 1.52 |
| 26 | 2.91 | 2.52 | 2.31 | 2.17 | 2.08 | 2.01 | 1.96 | 1.92 | 1.88 | 1.86 | 1.81 | 1.76 | 1.71 | 1.68 | 1.65 | 1.61 | 1.58 | 1.54 | 1.50 |
| 27 | 2.90 | 2.51 | 2.30 | 2.17 | 2.07 | 2.00 | 1.95 | 1.91 | 1.87 | 1.85 | 1.80 | 1.75 | 1.70 | 1.67 | 1.64 | 1.60 | 1.57 | 1.53 | 1.49 |
| 28 | 2.89 | 2.50 | 2.29 | 2.16 | 2.06 | 2.00 | 1.94 | 1.90 | 1.87 | 1.84 | 1.79 | 1.74 | 1.69 | 1.66 | 1.63 | 1.59 | 1.56 | 1.52 | 1.48 |
| 29 | 2.89 | 2.50 | 2.28 | 2.15 | 2.06 | 1.99 | 1.93 | 1.89 | 1.86 | 1.83 | 1.78 | 1.73 | 1.68 | 1.65 | 1.62 | 1.58 | 1.55 | 1.51 | 1.47 |
| 30 | 2.89 | 2.49 | 2.28 | 2.14 | 2.05 | 1.98 | 1.93 | 1.88 | 1.85 | 1.82 | 1.77 | 1.72 | 1.67 | 1.64 | 1.61 | 1.57 | 1.54 | 1.50 | 1.46 |
| 40 | 2.84 | 2.44 | 2.23 | 2.09 | 2.00 | 1.93 | 1.87 | 1.83 | 1.79 | 1.76 | 1.71 | 1.66 | 1.61 | 1.57 | 1.54 | 1.51 | 1.47 | 1.42 | 1.38 |
| 60 | 2.79 | 2.39 | 2.18 | 2.04 | 1.95 | 1.87 | 1.82 | 1.77 | 1.74 | 1.71 | 1.66 | 1.60 | 1.54 | 1.51 | 1.48 | 1.44 | 1.40 | 1.35 | 1.29 |
| 120 | 2.75 | 2.35 | 2.13 | 1.99 | 1.90 | 1.82 | 1.77 | 1.72 | 1.68 | 1.60 | 1.60 | 1.55 | 1.48 | 1.45 | 1.41 | 1.37 | 1.32 | 1.26 | 1.19 |
| ∞ | 2.71 | 2.30 | 2.08 | 1.94 | 1.85 | 1.77 | 1.72 | 1.67 | 1.63 | 1.65 | 1.55 | 1.49 | 1.42 | 1.38 | 1.38 | 1.30 | 1.24 | 1.17 | 1.00 |

($\alpha = 0.05$)

| $n_2$ \ $n_1$ | 1 | 2 | 3 | 4 | 5 | 6 | 7 | 8 | 9 | 10 | 12 | 15 | 20 | 24 | 30 | 40 | 60 | 120 | ∞ |
|---|---|---|---|---|---|---|---|---|---|---|---|---|---|---|---|---|---|---|---|
| 1 | 161.40 | 199.50 | 215.70 | 244.60 | 230.20 | 234.00 | 236.80 | 238.90 | 240.50 | 241.90 | 243.9 | 245.9 | 248.0 | 249.1 | 250.1 | 251.1 | 252.3 | 253.3 | 254.3 |
| 2 | 18.51 | 19.00 | 19.16 | 19.25 | 19.30 | 19.33 | 19.35 | 19.37 | 19.38 | 19.40 | 19.41 | 19.43 | 19.45 | 19.45 | 19.46 | 19.47 | 19.48 | 19.49 | 19.50 |
| 3 | 10.13 | 9.55 | 9.28 | 9.12 | 9.01 | 8.94 | 8.89 | 8.85 | 8.81 | 8.79 | 8.74 | 8.70 | 8.66 | 8.64 | 8.62 | 8.59 | 8.57 | 8.55 | 8.53 |
| 4 | 7.71 | 6.94 | 6.59 | 6.39 | 6.26 | 6.16 | 6.09 | 6.04 | 6.00 | 5.96 | 5.91 | 5.86 | 5.80 | 5.77 | 5.75 | 5.72 | 5.69 | 5.66 | 5.63 |
| 5 | 6.61 | 5.79 | 5.41 | 5.19 | 5.05 | 4.95 | 4.88 | 4.82 | 4.77 | 4.74 | 4.68 | 4.62 | 4.56 | 4.53 | 4.50 | 4.46 | 4.43 | 4.40 | 4.36 |
| 6 | 5.99 | 5.14 | 4.76 | 4.53 | 4.39 | 4.28 | 4.21 | 4.15 | 4.10 | 4.06 | 4.00 | 3.94 | 3.87 | 3.84 | 3.81 | 3.77 | 3.74 | 3.70 | 3.67 |
| 7 | 5.59 | 4.74 | 4.35 | 4.12 | 3.97 | 3.87 | 3.79 | 3.73 | 3.68 | 3.64 | 3.57 | 3.51 | 3.44 | 3.41 | 3.83 | 3.34 | 3.30 | 3.27 | 3.23 |
| 8 | 5.32 | 4.46 | 4.07 | 3.84 | 3.69 | 3.58 | 3.50 | 3.44 | 3.39 | 3.35 | 3.28 | 3.22 | 3.15 | 3.12 | 3.08 | 3.04 | 3.01 | 2.97 | 2.93 |
| 9 | 5.12 | 4.26 | 3.86 | 3.63 | 3.48 | 3.37 | 3.29 | 3.23 | 3.18 | 3.14 | 3.07 | 3.01 | 2.94 | 2.90 | 2.86 | 2.83 | 2.79 | 2.75 | 2.71 |
| 10 | 4.96 | 4.10 | 3.71 | 3.48 | 3.33 | 3.22 | 3.14 | 3.07 | 3.02 | 2.98 | 2.91 | 2.85 | 2.77 | 2.74 | 2.70 | 2.66 | 2.62 | 2.58 | 2.54 |
| 11 | 4.84 | 3.98 | 3.59 | 3.36 | 3.20 | 3.09 | 3.01 | 2.95 | 2.90 | 2.85 | 2.79 | 2.72 | 2.65 | 2.61 | 2.57 | 2.53 | 2.49 | 2.45 | 2.40 |
| 12 | 4.75 | 3.89 | 3.49 | 3.26 | 3.11 | 3.00 | 2.91 | 2.85 | 2.80 | 2.75 | 2.69 | 2.62 | 2.54 | 2.51 | 2.47 | 2.43 | 2.38 | 2.34 | 2.30 |
| 13 | 4.67 | 3.81 | 3.41 | 3.18 | 3.03 | 2.92 | 2.83 | 2.77 | 2.71 | 2.67 | 2.60 | 2.53 | 2.46 | 2.42 | 2.38 | 2.34 | 2.30 | 2.25 | 2.21 |

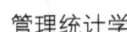

续表7

| $n_2$ \ $n_1$ | 1 | 2 | 3 | 4 | 5 | 6 | 7 | 8 | 9 | 10 | 12 | 15 | 20 | 24 | 30 | 40 | 60 | 120 | ∞ |
|---|---|---|---|---|---|---|---|---|---|---|---|---|---|---|---|---|---|---|---|
| 14 | 4.60 | 3.74 | 3.34 | 3.11 | 2.96 | 2.85 | 2.76 | 2.70 | 2.65 | 2.60 | 2.53 | 2.46 | 2.39 | 2.35 | 2.31 | 2.27 | 2.22 | 2.18 | 2.13 |
| 15 | 4.54 | 3.68 | 3.29 | 3.06 | 2.90 | 2.79 | 2.71 | 2.64 | 2.59 | 2.54 | 2.48 | 2.40 | 2.33 | 2.29 | 2.25 | 2.20 | 2.16 | 2.11 | 2.07 |
| 16 | 4.49 | 3.63 | 3.24 | 3.01 | 2.85 | 2.74 | 2.66 | 2.59 | 2.54 | 2.49 | 2.42 | 2.35 | 2.28 | 2.24 | 2.19 | 2.15 | 2.11 | 2.06 | 2.01 |
| 17 | 4.45 | 3.59 | 3.20 | 2.96 | 2.81 | 2.70 | 2.61 | 2.55 | 2.49 | 2.45 | 2.38 | 2.31 | 2.23 | 2.19 | 2.15 | 2.10 | 2.06 | 2.01 | 1.96 |
| 18 | 4.41 | 3.55 | 3.16 | 2.93 | 2.77 | 2.66 | 2.58 | 2.51 | 2.46 | 2.41 | 2.34 | 2.27 | 2.19 | 2.15 | 2.11 | 2.06 | 2.02 | 1.97 | 1.92 |
| 19 | 4.38 | 3.52 | 3.13 | 2.90 | 2.74 | 2.63 | 2.54 | 2.48 | 2.42 | 2.38 | 2.31 | 2.23 | 2.16 | 2.11 | 2.07 | 2.03 | 1.98 | 1.93 | 1.88 |
| 20 | 4.35 | 3.49 | 3.10 | 2.87 | 2.71 | 2.60 | 2.51 | 2.45 | 2.39 | 2.35 | 2.28 | 2.20 | 2.12 | 2.08 | 2.04 | 1.99 | 1.95 | 1.90 | 1.84 |
| 21 | 4.32 | 3.47 | 3.07 | 2.84 | 2.68 | 2.57 | 2.49 | 2.42 | 2.37 | 2.32 | 2.25 | 2.18 | 2.10 | 2.05 | 2.01 | 1.96 | 1.92 | 1.87 | 1.81 |
| 22 | 4.30 | 3.44 | 3.05 | 2.82 | 2.66 | 2.55 | 2.46 | 2.40 | 2.34 | 2.30 | 2.23 | 2.15 | 2.07 | 2.03 | 1.98 | 1.94 | 1.89 | 1.84 | 1.78 |
| 23 | 4.28 | 3.42 | 3.03 | 2.80 | 2.64 | 2.53 | 2.44 | 2.37 | 2.32 | 2.27 | 2.20 | 2.13 | 2.05 | 2.01 | 1.96 | 1.91 | 1.86 | 1.81 | 1.76 |
| 24 | 4.26 | 3.40 | 3.01 | 2.78 | 2.62 | 2.51 | 2.42 | 2.36 | 2.30 | 2.25 | 2.18 | 2.11 | 2.03 | 1.98 | 1.94 | 1.89 | 1.84 | 1.79 | 1.73 |
| 25 | 4.24 | 3.39 | 2.99 | 2.76 | 2.60 | 2.49 | 2.40 | 2.34 | 2.28 | 2.24 | 2.16 | 2.09 | 2.01 | 1.96 | 1.93 | 1.87 | 1.82 | 1.77 | 1.71 |
| 26 | 4.23 | 3.37 | 2.98 | 2.74 | 2.59 | 2.47 | 2.39 | 2.32 | 2.27 | 2.22 | 2.15 | 2.07 | 1.99 | 1.95 | 1.90 | 1.85 | 1.80 | 1.75 | 1.69 |
| 27 | 4.21 | 3.35 | 2.95 | 2.73 | 2.57 | 2.46 | 2.37 | 2.31 | 2.25 | 2.20 | 2.13 | 2.06 | 1.97 | 1.93 | 1.88 | 1.84 | 1.79 | 1.73 | 1.67 |
| 28 | 4.20 | 3.34 | 2.96 | 2.71 | 2.56 | 2.45 | 2.36 | 2.29 | 2.24 | 2.19 | 2.12 | 2.04 | 1.96 | 1.91 | 1.87 | 1.82 | 1.77 | 1.71 | 1.65 |
| 29 | 4.18 | 3.33 | 2.93 | 2.70 | 2.55 | 2.43 | 2.35 | 2.28 | 2.22 | 2.18 | 2.10 | 2.03 | 1.94 | 1.90 | 1.85 | 1.81 | 1.75 | 1.70 | 1.64 |
| 30 | 4.17 | 3.32 | 2.92 | 2.69 | 2.53 | 2.42 | 2.33 | 2.27 | 2.21 | 2.16 | 2.09 | 2.01 | 1.93 | 1.89 | 1.84 | 1.79 | 1.74 | 1.68 | 1.62 |
| 40 | 4.08 | 3.23 | 2.84 | 2.61 | 2.45 | 2.34 | 2.25 | 2.18 | 2.12 | 2.08 | 2.00 | 1.92 | 1.84 | 1.79 | 1.74 | 1.69 | 1.64 | 1.58 | 1.51 |
| 60 | 4.00 | 3.15 | 2.76 | 2.53 | 2.37 | 2.25 | 2.17 | 2.10 | 2.04 | 1.99 | 1.92 | 1.84 | 1.75 | 1.70 | 1.65 | 1.59 | 1.53 | 1.47 | 1.39 |
| 120 | 3.92 | 3.07 | 2.68 | 2.45 | 2.29 | 2.17 | 2.09 | 2.02 | 1.96 | 1.91 | 1.83 | 1.75 | 1.66 | 1.61 | 1.55 | 1.50 | 1.43 | 1.35 | 1.25 |
| ∞ | 3.84 | 3.00 | 2.60 | 2.37 | 2.21 | 2.10 | 2.01 | 1.94 | 1.88 | 1.83 | 1.75 | 1.67 | 1.57 | 1.52 | 1.46 | 1.39 | 1.32 | 1.22 | 1.00 |

($\alpha = 0.025$)

| $n_2$ \ $n_1$ | 1 | 2 | 3 | 4 | 5 | 6 | 7 | 8 | 9 | 10 | 12 | 15 | 20 | 24 | 30 | 40 | 60 | 120 | ∞ |
|---|---|---|---|---|---|---|---|---|---|---|---|---|---|---|---|---|---|---|---|
| 1 | 647.8 | 799.5 | 864.2 | 899.6 | 921.8 | 937.1 | 948.2 | 956.7 | 963.3 | 968.6 | 976.7 | 984.9 | 993.1 | 997.2 | 1001 | 1006 | 1010 | 1014 | 1018 |
| 2 | 38.51 | 39.00 | 39.17 | 39.25 | 39.30 | 39.33 | 39.36 | 39.37 | 39.39 | 39.40 | 39.41 | 39.43 | 39.45 | 39.46 | 39.46 | 39.47 | 39.48 | 39.49 | 39.50 |
| 3 | 17.44 | 16.04 | 15.44 | 15.10 | 14.88 | 14.73 | 14.62 | 14.54 | 14.47 | 14.42 | 14.34 | 14.25 | 14.17 | 14.12 | 14.08 | 14.04 | 13.99 | 13.95 | 13.90 |
| 4 | 12.22 | 10.65 | 9.98 | 9.60 | 9.36 | 9.20 | 9.07 | 8.98 | 8.90 | 8.84 | 8.75 | 8.66 | 8.65 | 8.51 | 8.46 | 8.41 | 8.36 | 8.31 | 8.26 |
| 5 | 10.01 | 8.43 | 7.76 | 7.39 | 7.15 | 6.98 | 6.85 | 6.76 | 6.68 | 6.62 | 6.52 | 6.34 | 6.33 | 6.28 | 6.32 | 6.18 | 6.12 | 6.07 | 6.02 |

续表 7

| $n_1 \backslash n_2$ | 1 | 2 | 3 | 4 | 5 | 6 | 7 | 8 | 9 | 10 | 12 | 15 | 20 | 24 | 30 | 40 | 60 | 120 | ∞ |
|---|---|---|---|---|---|---|---|---|---|---|---|---|---|---|---|---|---|---|---|
| 6 | 8.81 | 7.26 | 6.60 | 6.23 | 5.99 | 5.82 | 5.70 | 5.60 | 5.52 | 5.45 | 5.37 | 5.27 | 5.17 | 5.12 | 5.07 | 5.01 | 4.96 | 4.90 | 4.85 |
| 7 | 8.07 | 6.54 | 5.89 | 5.52 | 5.29 | 5.12 | 4.99 | 4.90 | 4.82 | 4.76 | 4.67 | 4.57 | 4.47 | 4.42 | 4.36 | 4.31 | 4.25 | 4.20 | 4.14 |
| 8 | 7.57 | 6.06 | 5.42 | 5.05 | 4.82 | 4.65 | 4.53 | 4.43 | 4.36 | 4.30 | 4.20 | 4.10 | 4.00 | 3.95 | 3.89 | 3.84 | 3.78 | 3.73 | 3.67 |
| 9 | 7.21 | 5.71 | 5.08 | 4.72 | 4.48 | 4.32 | 4.20 | 4.10 | 4.03 | 3.96 | 3.87 | 3.77 | 3.67 | 3.61 | 3.56 | 3.51 | 3.45 | 3.39 | 3.33 |
| 10 | 6.94 | 5.46 | 4.83 | 4.47 | 4.24 | 4.07 | 3.95 | 3.85 | 3.78 | 3.72 | 3.62 | 3.52 | 3.42 | 3.37 | 3.31 | 3.26 | 3.20 | 3.14 | 3.08 |
| 11 | 6.72 | 5.26 | 4.63 | 4.28 | 4.04 | 3.88 | 3.76 | 3.66 | 3.59 | 3.53 | 3.43 | 3.33 | 3.23 | 3.17 | 3.12 | 3.06 | 3.00 | 2.94 | 2.88 |
| 12 | 6.55 | 5.10 | 4.47 | 4.12 | 3.89 | 3.73 | 3.61 | 3.51 | 3.44 | 3.37 | 3.28 | 3.18 | 3.07 | 3.02 | 2.96 | 2.91 | 2.85 | 2.79 | 2.72 |
| 13 | 6.41 | 4.97 | 4.35 | 4.00 | 3.77 | 3.60 | 3.48 | 3.39 | 3.31 | 3.25 | 3.15 | 3.05 | 2.95 | 2.89 | 2.84 | 2.78 | 2.72 | 2.66 | 2.60 |
| 14 | 6.30 | 4.86 | 4.24 | 3.89 | 3.66 | 3.50 | 3.38 | 3.29 | 3.21 | 3.15 | 3.05 | 2.95 | 2.84 | 2.79 | 2.73 | 2.67 | 2.61 | 2.55 | 2.49 |
| 15 | 6.20 | 4.77 | 4.15 | 3.80 | 3.58 | 3.41 | 3.29 | 3.20 | 3.12 | 3.06 | 2.96 | 2.86 | 2.76 | 2.70 | 2.64 | 2.59 | 2.52 | 2.46 | 2.40 |
| 16 | 6.12 | 4.69 | 4.08 | 3.73 | 3.50 | 3.34 | 3.22 | 3.12 | 3.05 | 2.99 | 2.89 | 2.79 | 7.68 | 2.63 | 2.57 | 2.51 | 2.45 | 2.38 | 2.32 |
| 17 | 6.04 | 4.62 | 4.01 | 3.66 | 3.44 | 3.28 | 3.16 | 3.06 | 2.98 | 2.92 | 2.82 | 2.72 | 2.62 | 2.56 | 2.50 | 2.44 | 2.38 | 2.32 | 2.25 |
| 18 | 5.98 | 4.56 | 3.95 | 3.61 | 3.38 | 3.22 | 3.10 | 3.01 | 2.93 | 2.87 | 2.77 | 2.67 | 2.56 | 2.50 | 2.44 | 2.38 | 2.32 | 2.26 | 2.19 |
| 19 | 5.92 | 4.51 | 3.90 | 3.56 | 3.33 | 3.17 | 3.05 | 2.96 | 2.88 | 2.82 | 2.72 | 2.62 | 2.51 | 2.45 | 2.39 | 2.33 | 2.27 | 2.20 | 2.13 |
| 20 | 5.87 | 4.46 | 3.86 | 3.51 | 3.29 | 3.13 | 3.01 | 2.91 | 2.84 | 2.77 | 2.68 | 2.57 | 2.46 | 2.41 | 2.35 | 2.29 | 2.22 | 2.16 | 2.09 |
| 21 | 5.83 | 4.42 | 3.82 | 3.48 | 3.25 | 3.09 | 2.97 | 2.87 | 2.80 | 2.73 | 2.64 | 2.53 | 2.42 | 2.37 | 2.31 | 2.25 | 2.18 | 2.11 | 2.04 |
| 22 | 5.79 | 4.38 | 3.78 | 3.44 | 3.22 | 3.05 | 2.93 | 2.84 | 2.76 | 2.70 | 2.60 | 2.50 | 2.39 | 2.33 | 2.27 | 2.21 | 2.14 | 2.08 | 2.00 |
| 23 | 5.75 | 4.35 | 3.75 | 3.41 | 3.18 | 3.02 | 2.90 | 2.81 | 2.73 | 2.67 | 2.57 | 2.47 | 2.36 | 2.30 | 2.24 | 2.18 | 2.11 | 2.04 | 1.97 |
| 24 | 5.72 | 4.32 | 3.72 | 3.38 | 3.15 | 2.99 | 2.87 | 2.78 | 2.70 | 2.64 | 2.54 | 2.44 | 2.33 | 2.27 | 2.21 | 2.15 | 2.08 | 2.01 | 1.94 |
| 25 | 5.69 | 4.29 | 3.69 | 3.35 | 3.13 | 2.97 | 2.85 | 2.75 | 2.68 | 2.61 | 2.51 | 2.41 | 2.30 | 2.24 | 2.18 | 2.12 | 2.05 | 1.98 | 1.91 |
| 26 | 5.66 | 4.27 | 3.67 | 3.33 | 3.10 | 2.94 | 2.82 | 2.73 | 2.65 | 2.59 | 2.49 | 2.39 | 2.28 | 2.22 | 2.16 | 2.09 | 2.03 | 1.95 | 1.88 |
| 27 | 5.63 | 4.24 | 3.65 | 3.31 | 3.08 | 2.92 | 2.80 | 2.71 | 2.63 | 2.57 | 2.47 | 2.36 | 2.25 | 2.19 | 2.13 | 2.07 | 2.00 | 1.93 | 1.85 |
| 28 | 5.61 | 4.22 | 3.63 | 3.29 | 3.06 | 2.90 | 2.78 | 2.69 | 2.61 | 2.55 | 2.45 | 2.34 | 2.23 | 2.17 | 2.11 | 2.05 | 1.98 | 1.91 | 1.83 |
| 29 | 5.59 | 4.20 | 3.61 | 3.27 | 3.04 | 2.88 | 2.76 | 2.67 | 2.59 | 2.53 | 2.43 | 2.32 | 2.21 | 2.15 | 2.09 | 2.03 | 1.96 | 1.89 | 1.81 |
| 30 | 5.57 | 4.18 | 3.59 | 3.25 | 3.03 | 2.87 | 2.75 | 2.65 | 2.57 | 2.51 | 2.41 | 2.31 | 2.20 | 2.14 | 2.07 | 2.01 | 1.94 | 1.87 | 1.79 |

续表7

($\alpha = 0.01$)

| $n_1$ \ $n_2$ | 1 | 2 | 3 | 4 | 5 | 6 | 7 | 8 | 9 | 10 | 12 | 15 | 20 | 24 | 30 | 40 | 60 | 120 | $\infty$ |
|---|---|---|---|---|---|---|---|---|---|---|---|---|---|---|---|---|---|---|---|
| 1 | 4 052 | 4 999.5 | 5 403 | 5 625 | 5 764 | 5 859 | 5 928 | 5 982 | 6 022 | 6 056 | 6 106 | 6 157 | 6 209 | 6 235 | 6 261 | 6 287 | 6 313 | 6 339 | 6 366 |
| 2 | 98.50 | 99.00 | 99.17 | 99.25 | 99.30 | 99.33 | 99.36 | 99.37 | 99.39 | 99.40 | 99.42 | 99.43 | 99.45 | 99.46 | 99.47 | 99.47 | 99.48 | 99.49 | 99.50 |
| 3 | 34.12 | 3.82 | 29.46 | 28.71 | 28.24 | 27.91 | 27.67 | 27.49 | 27.35 | 27.23 | 24.05 | 26.87 | 26.69 | 26.60 | 26.50 | 26.41 | 26.32 | 26.22 | 26.13 |
| 4 | 21.20 | 18.00 | 16.69 | 15.98 | 15.52 | 15.21 | 14.98 | 14.80 | 14.66 | 14.55 | 14.37 | 14.20 | 14.02 | 13.93 | 13.84 | 13.75 | 13.65 | 13.56 | 13.46 |
| 5 | 16.26 | 13.27 | 12.06 | 11.39 | 10.97 | 10.67 | 10.46 | 10.29 | 10.16 | 10.05 | 9.89 | 9.72 | 9.55 | 9.47 | 9.38 | 9.29 | 9.20 | 9.11 | 9.02 |
| 6 | 13.75 | 10.92 | 9.78 | 9.15 | 8.75 | 8.47 | 8.26 | 8.10 | 7.98 | 7.87 | 7.72 | 7.56 | 7.40 | 7.31 | 7.23 | 7.14 | 7.06 | 6.97 | 6.88 |
| 7 | 12.25 | 9.55 | 8.45 | 7.85 | 7.46 | 7.19 | 6.99 | 6.84 | 6.72 | 6.62 | 6.47 | 6.31 | 6.16 | 6.07 | 5.99 | 5.91 | 5.82 | 5.74 | 5.65 |
| 8 | 11.26 | 8.65 | 7.59 | 7.01 | 6.63 | 6.37 | 6.18 | 6.03 | 5.91 | 5.81 | 5.67 | 5.52 | 5.39 | 5.28 | 5.20 | 5.12 | 5.03 | 4.95 | 4.86 |
| 9 | 10.56 | 8.02 | 6.99 | 6.42 | 6.06 | 5.80 | 5.61 | 5.47 | 5.35 | 5.26 | 5.11 | 4.96 | 4.81 | 4.73 | 4.65 | 4.57 | 4.48 | 4.40 | 4.31 |
| 10 | 10.04 | 7.56 | 6.55 | 5.99 | 5.64 | 5.39 | 5.20 | 5.06 | 4.94 | 4.85 | 4.71 | 4.56 | 4.41 | 4.33 | 4.25 | 4.17 | 4.08 | 4.00 | 3.91 |
| 11 | 9.65 | 7.21 | 6.22 | 5.67 | 5.32 | 5.07 | 4.89 | 4.74 | 4.63 | 4.54 | 4.40 | 4.25 | 4.10 | 4.02 | 3.94 | 3.86 | 3.78 | 3.69 | 3.60 |
| 12 | 9.33 | 6.93 | 5.95 | 5.41 | 5.06 | 4.82 | 4.64 | 4.50 | 4.39 | 4.30 | 4.16 | 4.01 | 3.86 | 3.78 | 3.70 | 3.62 | 3.54 | 3.45 | 3.36 |
| 13 | 9.07 | 6.70 | 5.74 | 5.21 | 4.86 | 4.62 | 4.44 | 4.30 | 4.19 | 4.10 | 3.96 | 3.82 | 3.66 | 3.59 | 3.51 | 3.43 | 3.34 | 3.25 | 3.17 |
| 14 | 8.86 | 6.51 | 5.56 | 5.04 | 4.69 | 4.46 | 4.28 | 4.14 | 4.03 | 3.94 | 3.80 | 3.66 | 3.51 | 3.43 | 3.35 | 3.27 | 3.18 | 3.09 | 3.00 |
| 15 | 8.68 | 6.36 | 5.42 | 4.89 | 4.56 | 4.32 | 4.14 | 4.00 | 3.89 | 3.80 | 3.67 | 3.52 | 3.37 | 3.29 | 3.21 | 3.13 | 3.05 | 2.96 | 2.87 |
| 16 | 8.53 | 6.23 | 5.29 | 4.77 | 4.44 | 4.20 | 4.03 | 3.89 | 3.78 | 3.69 | 3.55 | 3.41 | 3.26 | 3.18 | 3.10 | 3.02 | 2.93 | 2.84 | 2.75 |
| 17 | 8.40 | 6.11 | 5.18 | 4.67 | 4.34 | 4.10 | 3.93 | 3.79 | 3.68 | 3.59 | 3.46 | 3.31 | 3.16 | 3.08 | 3.00 | 2.92 | 2.83 | 2.75 | 2.65 |
| 18 | 8.29 | 6.01 | 5.09 | 4.58 | 4.25 | 4.01 | 3.84 | 3.71 | 3.60 | 3.51 | 3.37 | 3.23 | 3.08 | 3.00 | 2.92 | 2.84 | 2.75 | 2.66 | 2.57 |
| 19 | 8.18 | 5.93 | 5.01 | 4.50 | 4.17 | 3.94 | 3.77 | 3.63 | 3.52 | 3.43 | 3.30 | 3.15 | 3.00 | 2.92 | 2.84 | 2.76 | 2.67 | 2.58 | 2.49 |
| 20 | 8.10 | 5.85 | 4.94 | 4.43 | 4.10 | 3.87 | 3.70 | 3.56 | 3.46 | 3.37 | 3.23 | 3.09 | 2.94 | 2.86 | 2.78 | 2.69 | 2.61 | 2.52 | 2.42 |
| 21 | 8.02 | 5.78 | 4.87 | 4.37 | 4.04 | 3.81 | 3.64 | 3.51 | 3.40 | 3.31 | 3.17 | 3.03 | 2.88 | 2.80 | 2.72 | 2.64 | 2.55 | 2.46 | 2.36 |
| 22 | 7.95 | 5.72 | 4.82 | 4.31 | 3.99 | 3.76 | 3.59 | 3.45 | 3.35 | 3.26 | 3.12 | 2.98 | 2.83 | 2.75 | 2.67 | 2.58 | 2.50 | 2.40 | 2.31 |
| 23 | 7.88 | 5.66 | 4.76 | 4.26 | 3.94 | 3.71 | 3.54 | 3.41 | 3.30 | 3.21 | 3.07 | 2.93 | 2.78 | 2.70 | 2.62 | 2.54 | 2.45 | 2.35 | 2.26 |
| 40 | 5.42 | 4.05 | 3.46 | 3.13 | 2.90 | 2.74 | 2.62 | 2.53 | 2.45 | 2.39 | 2.29 | 2.18 | 2.07 | 2.01 | 1.94 | 1.88 | 1.80 | 1.72 | 1.64 |
| 60 | 5.29 | 3.93 | 3.34 | 3.01 | 2.79 | 2.63 | 2.51 | 2.41 | 2.33 | 2.27 | 2.17 | 2.06 | 1.94 | 1.88 | 1.82 | 1.74 | 1.67 | 1.58 | 1.48 |
| 120 | 5.15 | 3.80 | 3.23 | 2.89 | 2.67 | 2.52 | 2.39 | 2.30 | 2.22 | 2.16 | 2.05 | 1.94 | 1.82 | 1.76 | 1.69 | 1.61 | 1.53 | 1.43 | 1.31 |
| $\infty$ | 5.02 | 3.69 | 3.12 | 2.79 | 2.57 | 2.41 | 2.29 | 2.19 | 2.11 | 2.05 | 1.94 | 1.83 | 1.77 | 1.64 | 1.57 | 1.48 | 1.39 | 1.27 | 1.00 |

续表7

| $n_1$ \ $n_2$ | 1 | 2 | 3 | 4 | 5 | 6 | 7 | 8 | 9 | 10 | 12 | 15 | 20 | 24 | 30 | 40 | 60 | 120 | ∞ |
|---|---|---|---|---|---|---|---|---|---|---|---|---|---|---|---|---|---|---|---|
| 24 | 7.82 | 5.61 | 4.72 | 4.22 | 3.90 | 3.67 | 3.50 | 3.36 | 3.26 | 3.17 | 3.03 | 2.89 | 2.74 | 2.66 | 2.58 | 2.49 | 2.40 | 2.31 | 2.21 |
| 25 | 7.77 | 5.57 | 4.68 | 4.18 | 3.85 | 3.63 | 3.46 | 3.32 | 3.22 | 3.13 | 2.99 | 2.85 | 2.70 | 2.62 | 2.54 | 2.45 | 2.36 | 2.27 | 2.17 |
| 26 | 7.72 | 5.53 | 4.64 | 4.14 | 3.82 | 3.59 | 3.42 | 3.26 | 3.18 | 3.09 | 2.96 | 2.81 | 2.66 | 2.58 | 2.50 | 2.42 | 2.33 | 2.23 | 2.13 |
| 27 | 7.68 | 5.49 | 4.60 | 4.11 | 3.78 | 3.56 | 3.39 | 3.26 | 3.15 | 3.06 | 2.93 | 2.78 | 2.63 | 2.55 | 2.47 | 2.38 | 2.29 | 2.20 | 2.10 |
| 28 | 7.64 | 5.45 | 4.57 | 4.07 | 3.75 | 3.53 | 3.36 | 3.23 | 3.12 | 3.03 | 2.90 | 2.75 | 2.60 | 2.52 | 2.44 | 2.35 | 3.26 | 2.17 | 2.06 |
| 29 | 7.60 | 5.42 | 4.54 | 4.04 | 3.73 | 3.50 | 3.33 | 3.20 | 3.09 | 3.00 | 2.87 | 2.73 | 2.57 | 2.49 | 2.41 | 2.33 | 2.23 | 2.14 | 2.03 |
| 30 | 7.56 | 5.39 | 4.51 | 4.02 | 3.70 | 3.47 | 3.30 | 3.17 | 3.07 | 2.98 | 2.84 | 2.70 | 2.55 | 2.47 | 2.39 | 2.30 | 2.21 | 2.11 | 2.01 |
| 40 | 7.31 | 5.18 | 4.31 | 3.83 | 3.51 | 3.29 | 3.12 | 2.99 | 2.89 | 2.80 | 2.66 | 2.52 | 2.37 | 2.29 | 2.20 | 2.11 | 2.02 | 1.92 | 1.80 |
| 60 | 7.08 | 4.98 | 4.13 | 3.65 | 3.34 | 3.12 | 2.95 | 2.82 | 2.72 | 2.63 | 2.50 | 2.35 | 2.20 | 2.12 | 2.03 | 1.94 | 1.84 | 1.73 | 1.60 |
| 120 | 6.85 | 4.79 | 3.95 | 3.48 | 3.17 | 2.96 | 2.79 | 2.66 | 2.56 | 2.47 | 2.34 | 2.19 | 2.03 | 1.95 | 1.86 | 1.76 | 1.66 | 1.53 | 1.38 |
| ∞ | 6.63 | 4.61 | 3.78 | 3.32 | 3.02 | 2.80 | 2.64 | 2.51 | 2.41 | 2.32 | 2.18 | 2.04 | 1.88 | 1.79 | 1.70 | 1.59 | 1.47 | 1.32 | 1.00 |

($\alpha = 0.005$)

| $n_1$ \ $n_2$ | 1 | 2 | 3 | 4 | 5 | 6 | 7 | 8 | 9 | 10 | 12 | 15 | 20 | 24 | 30 | 40 | 60 | 120 | ∞ |
|---|---|---|---|---|---|---|---|---|---|---|---|---|---|---|---|---|---|---|---|
| 1 | 16 211 | 20 000 | 21 615 | 22 500 | 23 056 | 23 437 | 23 715 | 23 925 | 24 091 | 24 224 | 24 426 | 24 630 | 24 836 | 24 940 | 25 044 | 25 148 | 25 253 | 25 359 | 25 465 |
| 2 | 198.5 | 199.0 | 199.2 | 199.2 | 199.3 | 199.3 | 199.4 | 199.4 | 199.4 | 199.4 | 199.4 | 199.4 | 199.4 | 199.5 | 199.5 | 199.5 | 199.5 | 199.5 | 199.5 |
| 3 | 55.55 | 49.80 | 47.47 | 46.19 | 45.39 | 44.84 | 44.44 | 44.13 | 43.88 | 43.69 | 43.39 | 43.08 | 42.78 | 42.62 | 42.47 | 42.31 | 42.15 | 41.99 | 41.83 |
| 4 | 31.33 | 26.28 | 24.26 | 23.15 | 22.46 | 21.97 | 21.62 | 21.35 | 21.14 | 20.97 | 20.76 | 20.44 | 20.17 | 20.03 | 19.89 | 19.75 | 19.61 | 19.47 | 19.32 |
| 5 | 22.78 | 18.31 | 16.53 | 15.56 | 14.94 | 14.51 | 14.20 | 13.96 | 13.77 | 13.62 | 13.38 | 13.15 | 12.90 | 12.78 | 12.66 | 12.53 | 12.40 | 12.27 | 12.14 |
| 6 | 18.63 | 14.54 | 12.92 | 12.03 | 11.46 | 11.07 | 10.79 | 10.57 | 10.39 | 10.25 | 10.03 | 9.81 | 9.59 | 9.47 | 9.39 | 9.24 | 9.12 | 9.00 | 8.88 |
| 7 | 16.24 | 12.40 | 1.88 | 1.05 | 9.52 | 9.16 | 8.89 | 8.68 | 8.51 | 8.38 | 8.18 | 7.97 | 7.75 | 7.65 | 7.53 | 7.42 | 7.31 | 7.19 | 7.08 |
| 8 | 14.69 | 11.04 | 9.60 | 8.81 | 8.30 | 7.95 | 7.69 | 7.50 | 7.34 | 7.21 | 7.01 | 6.81 | 6.61 | 6.50 | 6.40 | 6.29 | 6.18 | 6.06 | 5.95 |
| 9 | 13.61 | 10.11 | 8.72 | 7.96 | 7.47 | 7.13 | 6.88 | 6.69 | 6.54 | 6.42 | 6.23 | 6.03 | 5.83 | 5.73 | 5.62 | 5.52 | 5.41 | 5.30 | 5.19 |
| 10 | 12.83 | 9.43 | 8.08 | 7.34 | 6.87 | 6.54 | 6.30 | 6.12 | 5.97 | 5.85 | 5.66 | 5.47 | 5.27 | 5.17 | 5.07 | 4.97 | 4.86 | 4.75 | 4.64 |
| 11 | 12.23 | 8.91 | 7.60 | 6.88 | 6.42 | 6.10 | 5.86 | 5.68 | 5.54 | 5.42 | 5.24 | 5.05 | 4.86 | 4.76 | 4.65 | 4.55 | 4.44 | 4.34 | 4.23 |
| 12 | 11.75 | 8.51 | 7.23 | 6.52 | 6.07 | 5.76 | 5.52 | 5.35 | 5.20 | 5.09 | 4.91 | 4.72 | 4.53 | 4.43 | 4.33 | 4.23 | 4.12 | 4.01 | 3.90 |
| 13 | 11.37 | 8.19 | 6.93 | 6.23 | 2.79 | 5.48 | 5.25 | 5.08 | 4.94 | 4.82 | 4.64 | 4.46 | 4.27 | 4.17 | 4.07 | 3.97 | 3.87 | 3.76 | 3.65 |
| 14 | 11.06 | 7.92 | 6.68 | 6.00 | 5.56 | 5.26 | 5.03 | 4.86 | 4.72 | 4.60 | 4.43 | 4.25 | 4.06 | 3.96 | 3.86 | 3.76 | 3.66 | 3.55 | 3.44 |
| 15 | 10.80 | 7.70 | 6.48 | 5.80 | 5.37 | 5.07 | 4.85 | 4.67 | 4.54 | 4.42 | 4.25 | 4.07 | 3.88 | 3.79 | 3.69 | 3.58 | 3.48 | 3.37 | 3.26 |

续表 7

| $n_2$ \ $n_1$ | 1 | 2 | 3 | 4 | 5 | 6 | 7 | 8 | 9 | 10 | 12 | 15 | 20 | 24 | 30 | 40 | 60 | 120 | ∞ |
|---|---|---|---|---|---|---|---|---|---|---|---|---|---|---|---|---|---|---|---|
| 16 | 10.58 | 7.51 | 6.30 | 5.64 | 5.21 | 4.91 | 4.69 | 4.52 | 4.38 | 4.27 | 4.10 | 3.92 | 3.73 | 3.64 | 3.54 | 3.44 | 3.33 | 3.32 | 3.11 |
| 17 | 10.38 | 7.35 | 6.16 | 5.50 | 5.07 | 4.78 | 4.56 | 4.39 | 4.25 | 4.14 | 3.97 | 3.79 | 3.61 | 3.51 | 3.41 | 3.31 | 3.21 | 3.10 | 2.98 |
| 18 | 10.22 | 7.21 | 6.03 | 5.37 | 4.96 | 4.66 | 4.44 | 4.28 | 4.14 | 4.03 | 3.86 | 3.68 | 3.50 | 3.40 | 3.30 | 3.20 | 3.10 | 2.99 | 2.87 |
| 19 | 10.77 | 7.09 | 5.92 | 5.27 | 4.85 | 4.56 | 4.34 | 4.18 | 4.04 | 3.39 | 3.76 | 3.59 | 3.40 | 3.31 | 3.21 | 3.11 | 3.00 | 2.89 | 2.78 |
| 20 | 9.94 | 6.99 | 5.82 | 5.17 | 4.76 | 4.47 | 4.26 | 4.09 | 3.96 | 3.85 | 3.68 | 3.50 | 3.32 | 3.22 | 3.12 | 3.02 | 2.92 | 2.81 | 2.69 |
| 21 | 8.83 | 6.89 | 5.73 | 5.09 | 4.68 | 4.39 | 4.18 | 4.01 | 3.88 | 3.77 | 3.60 | 3.43 | 3.24 | 3.15 | 3.05 | 2.95 | 2.84 | 2.73 | 2.61 |
| 22 | 9.73 | 6.81 | 5.65 | 5.02 | 4.61 | 4.32 | 4.11 | 3.94 | 3.81 | 3.70 | 3.54 | 3.36 | 3.18 | 3.08 | 2.98 | 2.88 | 2.77 | 2.66 | 2.55 |
| 23 | 9.63 | 6.73 | 5.58 | 4.95 | 4.54 | 4.26 | 4.05 | 3.88 | 3.75 | 3.64 | 3.47 | 3.30 | 3.12 | 3.02 | 2.92 | 2.82 | 2.71 | 2.60 | 2.48 |
| 24 | 9.55 | 6.66 | 5.52 | 4.89 | 4.49 | 4.20 | 3.99 | 3.83 | 3.69 | 3.59 | 3.42 | 3.25 | 3.06 | 2.97 | 2.87 | 2.77 | 2.66 | 2.55 | 2.43 |
| 25 | 9.48 | 6.60 | 5.46 | 4.84 | 4.43 | 4.15 | 3.94 | 3.78 | 3.64 | 3.54 | 3.37 | 3.20 | 3.01 | 2.92 | 2.82 | 2.72 | 2.61 | 2.50 | 2.38 |
| 26 | 9.41 | 6.54 | 5.41 | 4.79 | 4.38 | 4.10 | 3.89 | 3.73 | 3.60 | 3.49 | 3.33 | 3.15 | 2.97 | 2.87 | 2.77 | 2.67 | 2.56 | 2.45 | 2.33 |
| 27 | 9.34 | 6.49 | 5.36 | 4.74 | 4.34 | 4.06 | 3.85 | 3.69 | 3.56 | 3.45 | 3.28 | 3.11 | 2.93 | 2.83 | 2.73 | 2.63 | 2.52 | 2.41 | 2.29 |
| 28 | 9.28 | 6.44 | 5.32 | 4.70 | 4.30 | 4.02 | 3.81 | 3.65 | 3.52 | 3.41 | 3.25 | 3.07 | 2.89 | 2.79 | 2.69 | 2.59 | 2.48 | 2.37 | 2.25 |
| 29 | 9.23 | 6.40 | 5.28 | 4.66 | 4.26 | 3.89 | 3.77 | 3.61 | 3.48 | 3.38 | 3.21 | 3.04 | 2.86 | 2.76 | 2.66 | 2.52 | 2.45 | 2.33 | 2.21 |
| 30 | 9.18 | 6.35 | 5.24 | 4.62 | 4.23 | 3.95 | 3.74 | 3.58 | 3.45 | 3.34 | 3.18 | 2.01 | 2.82 | 2.73 | 2.63 | 2.52 | 2.42 | 2.30 | 2.18 |
| 40 | 8.83 | 6.07 | 4.98 | 4.37 | 3.99 | 3.71 | 3.51 | 3.35 | 3.22 | 3.12 | 2.95 | 2.78 | 2.60 | 2.50 | 2.40 | 2.30 | 2.18 | 2.06 | 1.93 |
| 60 | 8.49 | 5.79 | 4.73 | 4.14 | 3.76 | 3.49 | 3.29 | 3.13 | 3.01 | 2.90 | 2.74 | 2.57 | 2.39 | 2.29 | 2.19 | 2.08 | 1.96 | 1.83 | 1.69 |
| 120 | 8.18 | 5.54 | 4.50 | 3.92 | 3.55 | 3.28 | 3.09 | 2.93 | 2.81 | 2.71 | 2.54 | 2.37 | 2.19 | 2.09 | 1.98 | 1.87 | 1.75 | 1.61 | 1.43 |
| ∞ | 7.88 | 5.30 | 4.28 | 3.72 | 3.35 | 3.09 | 2.90 | 2.74 | 2.62 | 2.52 | 2.36 | 2.19 | 2.00 | 1.90 | 1.79 | 1.67 | 1.53 | 1.36 | 1.00 |

($\alpha = 0.001$)

| $n_2$ \ $n_1$ | 1 | 2 | 3 | 4 | 5 | 6 | 7 | 8 | 9 | 10 | 12 | 15 | 20 | 24 | 30 | 40 | 60 | 120 | ∞ |
|---|---|---|---|---|---|---|---|---|---|---|---|---|---|---|---|---|---|---|---|
| 1 | 4 053+ | 5 000+ | 5 404+ | 5 625+ | 5 764+ | 5 859+ | 5 929+ | 5 981+ | 6 023+ | 6 056+ | 6 107+ | 6 158+ | 6 209+ | 6 235+ | 6 261+ | 6 287+ | 6 313+ | 6 340+ | 6 366+ |
| 2 | 998.5 | 999.0 | 999.2 | 999.2 | 999.3 | 999.3 | 999.4 | 999.4 | 999.4 | 999.4 | 999.4 | 999.4 | 999.4 | 999.5 | 999.5 | 999.5 | 999.5 | 999.5 | 999.5 |
| 3 | 167.0 | 148.5 | 141.1 | 137.1 | 134.6 | 132.8 | 131.66 | 13.6 | 129.9 | 129.2 | 128.3 | 127.4 | 126.4 | 125.9 | 125.4 | 125.0 | 124.5 | 124.0 | 123.5 |
| 4 | 74.14 | 61.25 | 56.18 | 53.44 | 51.71 | 50.53 | 49.66 | 49.00 | 48.47 | 48.05 | 47.41 | 46.76 | 46.10 | 45.77 | 45.43 | 45.09 | 44.75 | 44.40 | 44.05 |
| 5 | 47.18 | 37.12 | 33.20 | 31.09 | 29.75 | 28.84 | 28.16 | 27.64 | 27.24 | 26.92 | 26.42 | 25.91 | 25.39 | 25.14 | 24.87 | 24.60 | 24.33 | 24.60 | 23.79 |

注：+ 表示要将此乘以 100。

续表7

| $n_2$ \ $n_1$ | 1 | 2 | 3 | 4 | 5 | 6 | 7 | 8 | 9 | 10 | 12 | 15 | 20 | 24 | 30 | 40 | 60 | 120 | ∞ |
|---|---|---|---|---|---|---|---|---|---|---|---|---|---|---|---|---|---|---|---|
| 6 | 35.51 | 27.00 | 23.70 | 21.92 | 20.81 | 20.03 | 19.46 | 19.03 | 18.69 | 18.41 | 17.99 | 17.56 | 17.12 | 16.89 | 16.67 | 16.44 | 16.21 | 15.99 | 15.75 |
| 7 | 29.25 | 21.69 | 18.77 | 17.19 | 16.21 | 15.52 | 15.02 | 14.63 | 14.33 | 14.08 | 13.71 | 13.32 | 12.93 | 12.73 | 12.53 | 12.33 | 12.12 | 11.91 | 11.70 |
| 8 | 25.42 | 18.49 | 15.83 | 14.39 | 13.49 | 12.86 | 12.40 | 12.04 | 11.77 | 11.54 | 11.19 | 10.48 | 10.48 | 10.30 | 10.11 | 9.92 | 9.73 | 9.53 | 9.33 |
| 9 | 22.86 | 16.39 | 13.90 | 12.56 | 11.71 | 11.13 | 10.70 | 10.37 | 10.11 | 9.89 | 9.57 | 9.24 | 8.90 | 8.72 | 8.55 | 8.37 | 8.19 | 8.00 | 7.81 |
| 10 | 21.04 | 14.91 | 12.55 | 11.28 | 10.48 | 9.29 | 9.52 | 9.20 | 8.96 | 8.75 | 8.45 | 8.13 | 7.80 | 7.64 | 7.47 | 7.30 | 7.12 | 6.94 | 6.76 |
| 11 | 19.69 | 13.81 | 11.56 | 10.35 | 9.58 | 9.05 | 8.66 | 8.35 | 8.12 | 7.92 | 7.63 | 6.35 | 7.32 | 7.01 | 6.85 | 6.68 | 6.52 | 6.17 | 6.00 |
| 12 | 18.64 | 12.97 | 10.80 | 9.63 | 8.89 | 8.38 | 8.00 | 7.71 | 7.48 | 7.29 | 7.00 | 6.71 | 6.40 | 6.25 | 6.09 | 5.93 | 5.76 | 5.59 | 5.42 |
| 13 | 17.81 | 12.31 | 1.21 | 9.07 | 8.35 | 7.86 | 7.49 | 7.21 | 6.98 | 6.80 | 6.52 | 6.23 | 5.93 | 5.78 | 5.63 | 5.47 | 5.30 | 5.14 | 4.97 |
| 14 | 17.14 | 11.78 | 9.73 | 8.62 | 7.92 | 7.43 | 7.08 | 6.80 | 6.58 | 6.40 | 6.13 | 5.85 | 5.56 | 5.41 | 5.25 | 5.10 | 4.94 | 4.77 | 4.60 |
| 15 | 16.59 | 11.34 | 9.34 | 8.25 | 7.57 | 7.09 | 6.74 | 6.47 | 6.26 | 6.08 | 5.81 | 5.54 | 5.25 | 5.10 | 4.95 | 4.80 | 4.64 | 4.47 | 4.31 |
| 16 | 16.12 | 10.97 | 9.00 | 7.94 | 7.27 | 6.81 | 6.46 | 6.19 | 5.98 | 5.81 | 5.55 | 5.27 | 4.99 | 4.85 | 4.70 | 4.54 | 4.39 | 4.23 | 4.06 |
| 17 | 15.72 | 10.66 | 8.73 | 7.68 | 7.02 | 7.56 | 6.22 | 5.96 | 5.75 | 5.58 | 5.32 | 5.05 | 4.78 | 4.63 | 4.48 | 4.33 | 4.18 | 4.02 | 3.85 |
| 18 | 15.38 | 10.39 | 8.49 | 7.46 | 6.81 | 6.35 | 6.02 | 5.76 | 5.56 | 5.39 | 5.13 | 4.87 | 4.59 | 4.45 | 4.30 | 4.15 | 4.00 | 3.84 | 3.67 |
| 19 | 15.08 | 10.16 | 8.28 | 7.26 | 6.62 | 6.18 | 5.85 | 5.59 | 5.39 | 5.22 | 4.97 | 4.70 | 4.43 | 4.29 | 4.14 | 3.99 | 3.84 | 3.68 | 3.51 |
| 20 | 14.82 | 9.95 | 8.10 | 7.10 | 6.46 | 6.02 | 5.69 | 5.44 | 5.24 | 5.08 | 4.82 | 4.56 | 4.29 | 4.15 | 4.00 | 3.86 | 3.70 | 3.54 | 3.38 |
| 21 | 14.59 | 9.77 | 7.94 | 6.95 | 6.32 | 5.88 | 5.56 | 5.31 | 5.11 | 4.95 | 4.70 | 4.44 | 4.17 | 4.03 | 3.88 | 3.74 | 3.58 | 3.42 | 3.26 |
| 22 | 14.38 | 9.61 | 7.80 | 6.81 | 6.19 | 5.76 | 5.44 | 5.19 | 4.99 | 4.83 | 4.58 | 5.33 | 4.06 | 3.92 | 3.78 | 3.63 | 3.48 | 3.32 | 3.15 |
| 23 | 14.19 | 9.47 | 7.67 | 6.69 | 6.08 | 5.65 | 5.33 | 5.09 | 4.89 | 4.73 | 4.48 | 4.23 | 3.96 | 3.82 | 3.68 | 3.53 | 3.38 | 3.22 | 3.05 |
| 24 | 14.03 | 9.34 | 7.55 | 6.59 | 5.98 | 5.55 | 5.23 | 4.99 | 4.80 | 4.64 | 4.39 | 4.14 | 3.87 | 3.74 | 3.59 | 3.45 | 3.29 | 3.14 | 2.97 |
| 25 | 13.88 | 9.22 | 7.45 | 6.49 | 5.88 | 5.46 | 5.15 | 4.91 | 4.71 | 4.56 | 4.31 | 4.06 | 3.79 | 3.66 | 3.52 | 3.37 | 3.22 | 3.08 | 2.89 |
| 26 | 13.74 | 9.12 | 7.36 | 6.41 | 5.80 | 5.38 | 5.07 | 4.83 | 4.64 | 4.48 | 4.24 | 3.99 | 3.72 | 3.59 | 3.44 | 3.30 | 3.15 | 2.99 | 2.82 |
| 27 | 13.61 | 9.02 | 7.27 | 6.33 | 5.73 | 5.31 | 5.00 | 4.76 | 4.57 | 4.41 | 4.17 | 3.92 | 3.66 | 3.52 | 3.38 | 3.23 | 3.08 | 2.92 | 2.75 |
| 28 | 13.50 | 8.93 | 7.19 | 6.25 | 5.66 | 5.24 | 4.93 | 4.69 | 4.50 | 4.35 | 4.11 | 3.86 | 3.60 | 3.46 | 3.32 | 3.18 | 3.02 | 2.86 | 2.69 |
| 29 | 13.39 | 8.35 | 7.12 | 6.19 | 5.59 | 5.18 | 4.87 | 4.64 | 4.45 | 4.29 | 4.05 | 3.80 | 3.54 | 3.41 | 3.27 | 3.12 | 2.97 | 2.81 | 2.64 |
| 30 | 13.29 | 8.77 | 7.05 | 6.12 | 55.53 | 5.12 | 4.82 | 4.52 | 4.39 | 4.24 | 4.00 | 3.75 | 3.49 | 3.36 | 3.22 | 3.07 | 2.92 | 2.76 | 2.59 |
| 40 | 12.61 | 8.25 | 6.60 | 5.70 | 5.13 | 4.73 | 4.44 | 4.21 | 4.02 | 3.87 | 3.64 | 3.40 | 3.15 | 3.01 | 3.87 | 2.73 | 2.57 | 2.41 | 2.23 |
| 60 | 11.97 | 7.76 | 6.17 | 5.31 | 4.76 | 4.37 | 4.09 | 3.87 | 3.69 | 3.54 | 3.31 | 3.08 | 2.83 | 2.69 | 2.55 | 2.41 | 2.25 | 2.08 | 1.89 |
| 120 | 11.38 | 7.22 | 5.79 | 4.95 | 4.42 | 4.04 | 3.77 | 3.55 | 3.38 | 3.24 | 3.02 | 2.78 | 2.53 | 2.40 | 2.26 | 2.11 | 1.95 | 1.76 | 1.54 |
| ∞ | 10.83 | 6.91 | 5.42 | 4.62 | 4.10 | 3.74 | 3.47 | 3.27 | 3.10 | 2.96 | 2.74 | 2.51 | 2.27 | 2.13 | 1.99 | 1.84 | 1.66 | 1.45 | 1.00 |

### 表8  威尔科克森对差等级和检验的临界值表

a. $\alpha = 0.025$ 单尾；$\alpha = 0.05$ 双尾

| $n_2$ \ $n_1$ | 3 | | 4 | | 5 | | 6 | | 7 | | 8 | | 9 | | 10 | |
|---|---|---|---|---|---|---|---|---|---|---|---|---|---|---|---|---|
| | $T_L$ | $T_U$ | $T_L$ | $T_U$ | $T_L$ | $T_U$ | $T_L$ | $T_U$ | $T_L$ | $T_U$ | $T_L$ | $T_U$ | $T_L$ | $T_U$ | $T_L$ | $T_U$ |
| 3 | 5 | 16 | 6 | 18 | 6 | 21 | 7 | 23 | 7 | 26 | 8 | 28 | 8 | 31 | 9 | 33 |
| 4 | 6 | 18 | 11 | 25 | 12 | 28 | 12 | 32 | 13 | 35 | 14 | 38 | 15 | 41 | 16 | 44 |
| 5 | 6 | 21 | 12 | 28 | 18 | 37 | 19 | 41 | 20 | 45 | 21 | 49 | 22 | 53 | 24 | 56 |
| 6 | 7 | 23 | 12 | 32 | 19 | 41 | 26 | 52 | 28 | 56 | 29 | 61 | 31 | 65 | 32 | 70 |
| 7 | 7 | 26 | 13 | 35 | 20 | 45 | 28 | 56 | 37 | 68 | 39 | 73 | 41 | 78 | 43 | 83 |
| 8 | 8 | 28 | 14 | 38 | 21 | 49 | 29 | 61 | 39 | 73 | 49 | 87 | 51 | 93 | 54 | 98 |
| 9 | 8 | 31 | 15 | 41 | 22 | 53 | 31 | 65 | 41 | 78 | 51 | 93 | 63 | 108 | 66 | 114 |
| 10 | 9 | 33 | 16 | 44 | 24 | 56 | 32 | 70 | 43 | 83 | 54 | 98 | 66 | 114 | 79 | 131 |

b. $\alpha = 0.05$ 单尾；$\alpha = 0.10$ 双尾

| $n_2$ \ $n_1$ | 3 | | 4 | | 5 | | 6 | | 7 | | 8 | | 9 | | 10 | |
|---|---|---|---|---|---|---|---|---|---|---|---|---|---|---|---|---|
| | $T_L$ | $T_U$ | $T_L$ | $T_U$ | $T_L$ | $T_U$ | $T_L$ | $T_U$ | $T_L$ | $T_U$ | $T_L$ | $T_U$ | $T_L$ | $T_U$ | $T_L$ | $T_U$ |
| 3 | 6 | 15 | 7 | 17 | 7 | 20 | 8 | 22 | 9 | 24 | 9 | 27 | 10 | 29 | 11 | 31 |
| 4 | 7 | 17 | 12 | 24 | 13 | 27 | 14 | 30 | 15 | 33 | 16 | 36 | 17 | 39 | 18 | 42 |
| 5 | 7 | 20 | 13 | 27 | 19 | 36 | 20 | 40 | 22 | 43 | 24 | 46 | 25 | 50 | 26 | 54 |
| 6 | 8 | 22 | 14 | 30 | 20 | 40 | 28 | 50 | 30 | 54 | 32 | 58 | 33 | 63 | 35 | 67 |
| 7 | 9 | 24 | 15 | 33 | 22 | 43 | 30 | 54 | 39 | 66 | 41 | 71 | 43 | 76 | 46 | 80 |
| 8 | 9 | 27 | 16 | 36 | 24 | 46 | 32 | 58 | 41 | 71 | 52 | 84 | 54 | 90 | 57 | 95 |
| 9 | 10 | 29 | 17 | 39 | 25 | 50 | 33 | 63 | 43 | 76 | 54 | 90 | 66 | 105 | 69 | 111 |
| 10 | 11 | 31 | 18 | 42 | 26 | 54 | 35 | 67 | 46 | 80 | 57 | 95 | 69 | 111 | 83 | 127 |

## 参考文献

［1］刘素荣，张伟伟，齐建民，等. 管理统计学［M］. 修订版. 北京：电子工业出版社，2015.
［2］柯惠新，黄京华，沈浩. 调查研究中的统计分析法［M］. 2版. 北京：中国传媒大学出版社，2005.
［3］马庆国. 管理统计［M］. 北京：科学出版社，2010.
［4］袁卫，庞浩，曾五一. 统计学［M］. 北京：高等教育出版社，2001.
［5］卫海英. 应用统计学［M］. 广州：暨南大学出版社，2002.
［6］何晓群. 统计学［M］. 6版. 北京：中国人民大学出版社，2015.
［7］Terry Sincich. 例解商务统计学［M］. 5版. 陈鹤琴，等，译. 北京：清华大学出版社，2001.
［8］金秀，于春海. 统计学［M］. 北京：清华大学出版社，2014.
［9］连玉明. 大数据［M］. 北京：团结出版社，2016.
［10］大数据战略重点实验室. 块数据2.0［M］. 北京：中信出版集团，2016.
［11］维克托·迈尔·舍恩伯格，肯尼思·库克耶. 大数据时代——生活、工作与思维的大变革［M］. 盛杨燕，周涛，译. 杭州：浙江人民出版社，2013.
［12］宋光辉. 管理统计学［M］. 3版. 广州：华南理工大学出版社，2012.

配套PPT